KB128838

매일
3분 생각

매일 3분 생각

정신과 전문의 **조성준** 저

학지사

머리말

언제나 기억하라. 우리는 우리의 목표로 다른 사람을 통제하고 싶다. 그러나 그들이 겉으론 수긍하겠지만 통제될 수는 없다. 우리는 다른 사람들에게 인정받으려고 한다. 하지만 인정받는 순간엔 즐겁지만 사실은 가식적 칭찬이 대부분이라는 것을 결국 알게 되고 허탈감에 빠진다. 우리는 우리 삶의 길을 모르기에 다른 사람들에게 의존하려고 한다.

어떠한 문제점들이 해결되기를 바라는가? 어떠한 결정을 내리고 싶은가? 당신의 커리어에 어떠한 것들이 일어나기를 바라는가? 당신과 당신의 주변에 어떠한 것들이 일어나기를 바라는가?

알다시피, 우리의 삶에는 우리의 통제를 벗어난 것들이 생겨난다. 예상치 못했던 일들이 기분 좋은 놀라움으로, 그리고 때론 최악의 재앙으로 나타난다. 다른 사람들에게 인정받고자 했던 노력이 비난의 화살로 돌아오고, 무의미한 헛수고로 물거품이 되며, 오히려 무시당하기도 한다.

그러면 우리는 어떻게 생각하고 행동해야 하나? 언제까지 타인에게 의존하고 주변에 매달리며 전전긍긍하며 고민해야 하나?

필자는 지금으로부터 17년 전, 멜로디 비아띠(Melody Beattie)의 『그냥 놓아 버려라(The Language of Letting Go)』를 번역하여 출간했다. 독자들의 호평이 있어 그 책의 일부 내용을 기본 소재로 하면서 필자의 생각을 더하여 이번에 이 책으로 새롭게 선보이게 되었다. 아무쪼록 일상에 쫓기는 현대인에게 조금이나마 위안이 되었으면 하는 바람이다.

2018년 兒老 조성준

차례

이 책을 읽는 법

매일 한 가지씩 아무거나 눈에 밟히는 대로 읽어라.

건전한 한계

경계선은 회복에 필수 조건이다. 건전한 한계를 갖고, 설정하는 것은 회복의 모든 면과 연관되어 있다. 자기 존중하는 법을 키워 나가는 것, 자신의 감정을 다스릴 줄 아는 것, 그리고 진정으로 자아를 사랑하고 소중히 할 줄 아는 것.

한계라는 것은 우리 자아의 깊숙한 곳에서 생성된다. 그것은 지나친 죄의식과 부끄러움을 버리는 것과 자신의 가치에 대한 생각을 바꾸는 것과 연결되어 있다. 이러한 것들에 대한 생각을 확실하게 할수록, 우리의 한계도 분명해질 것이다. 한계는 또한 적절한 시간과도 연관이 있다. 우리는 우리가 준비되었을 때, 어떠한 한계를 지정할 것이다. 다른 사람도 마찬가지이다.

자신의 한계를 설정할 준비가 되었다는 것은 마술과도 같은 것이다. 그 경지에 이르렀다는 것은 우리가 진정으로 우리가 추구하는 것을 확실히 이해한다는 뜻이고, 남들이 우리를 심각하게 받아들일 수 있게 된다는 뜻이다. 우리가 스스로를 통제하기 때문에 외부환경이 변하는 것이 아니고, 우리가 변했기 때문에 그 환경이 변하는 것이다.

오늘, 삶에 있어 필요한 한계를 나의 역량에 맞춰 배우고, 키우고, 설정하겠다는 나의 결심을 믿는다. 그리고 이러한 결심은 가장 적절한 언젠가 이루어질 것이다.

자기 관리

한계를 설정함에 있어 참고서는 존재하지 않는다. 각각 다른 가이
드가 각자의 내부에 존재한다. 회복을 하기 위해 계속해서 노력하
면, 우리의 한계는 상향조정될 것이다. 그것은 건강해질 것이고, 예
민해질 것이다. 우리의 자아가 우리가 해야 할 것들에 대해 알려줄
것이고, 우리는 자아에 귀를 기울일 수 있도록 우리 자신을 사랑할
것이다.

                                        - 상호의존을 벗어나자

자아를 돌보기 위해서는 어떤 것들을 해야 할까?

내부의 목소리에 귀를 기울여라. 무엇이 당신을 화나게 만드는가?
무엇이 당신으로 하여금 더 이상 못 참게 만드는가? 당신은 무엇을
불신하나? 무엇이 부당하다고 생각되는가? 무엇이 당신을 불편하게
만드는가? 무엇을 원하나? 어떻게 하면 기분이 좋아질 것 같나?

회복에 있어 스스로를 돌보는 것은 신의 섭리나 우리의 삶을 계획
하는 것과 연결되어 있다. 스스로를 돌보는 것은 당연히 우리의 최대
목표와 같이 병행해야 한다.

내부의 목소리를 키우는 방법에 대해 배워라. 우리는 우리 자신을
신뢰할 수 있다. 우리는 스스로를 돌볼 수 있다. 우리는 우리가 생각
하는 것보다 현명하다. 우리의 가이드는 우리의 안에 항상 함께 존재
한다. 가이드를 경청하고, 신뢰하고, 키워라.

오늘, 나 자신과 우주에 '나'라는 존재가 선물이라는 사실을 확인한다. 또한 나를 돌보는 것이 그 선물을 가장 최상의 형태로 나와 그들에게 전달할 수 있음을 기억하라.

가족사에서 분리되기

우리는 자신과 가족 사이에 건전한 선을 그을 수 있어야 한다. 즉, 때로는 가족사에서 스스로를 분리시켜 생각할 수 있어야 한다.

가족의 일원 중 알코올이나 다른 약품에 중독되었으나 아직 회복하지 못하고 있는 사람이 있을 수 있다. 가족에게 너무나 의존적인 일원이 있을 수도 있고, 고통, 아픔, 피해의식 등에 싸여 있는 일원이 있을 수도 있다. 가족의 일원 중 일, 음식, 또는 섹스에 중독된 사람이 있을 수 있다. 또 가족 전체가 궁지에 몰려 있을 수도 있고, 관계가 소원한 일원이 있을 수도 있다.

우리는 가족의 다른 일원과 닮았을 수 있고, 가족을 사랑할 수 있다. 하지만 우리 개개인은 권리와 이슈가 존재하는 하나의 독립된 개체이다. 가장 기본적인 권리 중 하나는 다른 가족 일원이 어떻게 반응하든가에 상관없이 '나는 전진하고 있다.'는 감정을 느낄 권리이다.

행복한 삶을 찾는 것을 죄스럽게 생각할 필요가 없다. 또한 우리가 가족에게 충실하다는 것을 보이기 위해, 사랑한다는 것을 보이기 위해 가족사를 전부 떠안을 필요도 없다.

종종 가족들을 다시 옛날의 시스템으로 끌어들이고 예전의 역할을 다시 부여하기 위해 때론 은밀한, 그리고 때론 공공연한 시도를 한다. 하지만 우리는 옛날의 그 자리로 되돌아 갈 필요가 없다. 우리를 예전 그대로의 자리로 갖다 놓으려고 하는 것은 그들의 바람이다. 스스로에게 투자하고, 건강해지고, 행복해지는 것이 우리가 가족을 더 이상 사랑하지 않는다는 것을 의미하지는 않는다. 그것은 단지, 우리가 우리의 일에 신경을 쓰기 시작했다는 말일 뿐이다.

그들이 단지 가족의 일원이기에 그들이 하는 행동을 전부 다 받아줄 필요도 없다.

이제 우리는 자유롭다. 우리 자신의 일을 돌볼 수 있을 만큼 자유롭다. 우리의 자유는 우리가 그들의 문제를 인식하고, 그 문제들을 다시 정중하지만 단호하게 그들에게 돌려주었을 때 시작된다.

도움을 받아들이자

때론 우린 소외되었다는 느낌이 너무나 강하여, 우리가 혼자가 아니라는 생각을 잊어버린다. 그래서 모든 일을 혼자서 처리해야 한다고 생각한다. 버림을 받은 적이 있으며, 사랑 없이 꿋꿋해야 했던 적이 있었으며, 주변에 아무도 없음을 뼈저리게 느껴야 했던 적이 있었을 것이다. 또 살기 위해 몸부림친 적이 있으며, 힘들게 교훈을 얻은 적도 있을 것이다.

하지만 우리에겐 신이 항상 우리 곁에 존재한다. 또한 우리를 도와줄 사람들도 분명 존재한다. 우리가 원하기만 한다면, 자기환상에 빠지지만 않는다면, 우리는 사랑, 지지, 편안함 등의 도움을 받을 수 있다. 겸손하게 손만 내밀면, 더 큰 힘이 우리를 이끌어 줄 것이다.

관계

관계가 없어 불행하다면, 관계를 맺어도 불행할 것이다. 관계가 우리의 삶을 시작하지 않는다. 관계가 우리의 삶이 되는 것은 아니다. 관계는 우리 삶의 지속되는 부분에 불과하다.

관계라는 것은 회복의 큰 축복이자, 독이다.

우리는 매일 몇몇의 다양한 관계를 접하게 된다. 때에 따라 필요한 관계를 선택하는데, 선택 시 우리의 행동이 고려 요인이 된다. 예를 들어, 의존성에서 벗어나고자 할 때 우리의 목표는 책임감을 나타내는 행동을 취하는 것일 것이고, 그것에 적합한 관계를 선택하게 된다.

우리는 우리가 맺는 관계 속에서 스스로를 돌볼 수 있는 힘을 인식하는 것을 배울 수 있다. 우리는 가능할 때, 사람들과 친밀감을 높이는 방법에 대해 배울 수 있다. 회복은 '관계'라는 맥락을 떠나 생각할 수 없다. 관계 속에서 자신의 힘을 인식하고, 스스로를 돌볼 수 있을 때 회복은 이루어진다. 그러나 관계가 끊어지는 것을 두려워하면 건강한 관계 형성이 어렵다.

고통스러운 감정에 대처하는 법

상처받았을 때 또는 화가 났을 때의 감정은 우리가 감당하기 어려울 때가 많다. 우리는 이때 너무나도 무기력함을 느끼고, 두려워지며, 힘이 빠진다. 그리고 여기에서 그치는 것이 아니라 과거의 비슷한 감정까지 떠올리게 된다.

때로는 이 감정들을 풀기 위해 우리 주변의 사람을 고통스럽게 하기도 한다. 하지만 이러한 행위는 단지 일시적 만족감을 가져다 줄 뿐이고, 오히려 우리의 고통을 연장시킬 뿐이다. 상처받는다는 것이 꼭 두려울 필요는 없고, 꼭 피해 가야만 하는 감정도 아니다. 기분 좋은 감정은 아니지만 여러 감정 중 하나일 뿐이다.

우리는 서두를 필요가 없고, 다른 사람에까지 고통을 전가할 필요가 없다. 다른 사람들과 감정을 나누면서, 안도감을 느끼고 감정을 치유하면 된다. 결과적으로, 고통스러운 감정을 치유할 수 있는 진정한 힘은 그 감정을 받아들이고, 우리 자신을 그 감정에 노출시킬 수 있을 때 나온다. 우리가 우리 자신을 돌볼 수 있을 때, 그리고 그 감정에 대한 책임을 남이 아닌 나 자신으로 돌릴 수 있을 때 우린 진정한 힘을 얻게 되는 것이다.

책임감

　'caretaking(돌보는, 관리하는)'이란 우리 자신의 책임은 간과하면서 다른 사람의 책임은 떠안는 행위를 뜻한다. 우리가 다른 사람의 감정, 생각, 선택, 문제, 운명 등에 대해 내적으로 책임감을 느낄 때 우리는 caretakers(관리인, 돌보는 사람)이라 불린다. caretakers가 문제가 될 수 있는 이유는, 그들이 잠재적으로 다음과 같이 생각할 수 있기 때문이다. 즉, 그들이 타인에 대해 책임을 느끼는 것처럼 타인도 그들의 행복에 책임이 있다는 생각을 가지고 있을 수 있기 때문이다.

　'caretaking'은 우리의 감정뿐 아니라 타인의 감정까지 상하게 한다. 돌봄과 관리를 당한 사람들은 화가 나게 되고, 이용당했다는 느낌이 들고, 피해자라는 생각을 갖게 된다.

　가장 친절하고 관대한 처사는 우리 자신의 생각, 감정, 바람, 욕구 등에 대한 책임을 지는 것이다. 자신에게 진실하고, 각자 책임을 스스로 지는 것이 가장 이로운 행동이라 하겠다.

두려움

당신의 행동에 대해 너무 조심하고 소심해 할 필요는 없다. 모든 삶은 실험이다. 더 많은 실험을 할수록 삶은 더 좋아진다. 실험이 약간 거칠어 당신의 옷이 조금 더럽혀지거나 찢어지면 어떤가? 실패를 하게 되어 몇 번 진흙에서 뒹굴면 어떤가? 다시 일어서면 될 뿐이다. 넘어지는 것을 절대 두려워해서는 안 된다.

                                  - Ralph Waldo Emerson

많은 이에게 두려움(부서질 것에 대한 두려움, 실패, 실수에 대한 두려움, 타인의 시선에 대한 두려움, 성공에 대한 두려움)은 큰 장애물이 될 수 있다. 우리는 종종 생각을 행동으로 옮기기 전에 다음 행동이나 말에 대해 너무나도 많은 추측을 한다.

"전에도 실패했는걸!" "난 잘할 수 없어!" "전과 같은 일이 되풀이되면 어쩌지?" "만약?"과 같은 말들은 두려움을 감추고 있고, 때론 두려움이 창피함을 감추고 있기도 하다.

여유를 찾아라. 최선만 다하면 된다. 그 결과는 생각보다 더 뛰어날 수 있다. 그리고 실패한다 하더라도 그것은 더 큰 성공으로 이어질 중요한 경험을 우리에게 선사할 것이다.

두려움을 느끼고, 그것을 날려 보내라. 일에 뛰어들어 그것이 무엇이든 하라. 당신의 본능이 당신을 그곳으로 인도했다면, 그곳이 당신이 있을 곳이다.

중간 지점

회복의 가장 큰 목적은 내 안의 중간 지점을 찾는 것이다.

우리 중 다수는 극에서 극으로 달려온 경우가 많다. 즉, 수년은 자신을 제외한 다른 사람만 돌보다가 갑자기 돌변해 또 다른 수년은 오로지 자신의 필요와 욕구만을 채우는 경우가 있다.

자신의 정체성, 감정 등을 부정하면서 살다가도 갑자기 어느 날 우리의 몸을 뚫고 지나가는 감정에 집착하게 되는 경우가 있다. 또 무기력함, 피해의식 등에 무릎을 꿇고 살다가도, 한 순간에 돌변해 이러한 감정들을 공격적으로 정복하기도 한다.

우리는 스스로를 돌보면서도 다른 사람에게 베풀 수 있음을 배워야 한다. 우리는 육체적, 정신적, 영적 욕구를 감당하듯이 우리의 감정을 감당할 수 있다. 우리는 타인과의 관계에서 동등한 힘을 소유하고 있다는 암묵적인 자신감을 키워 나갈 수 있다.

회복의 가장 큰 목적은 중간 지점을 찾는 것이다.

좋은 감정

회복이라는 주제에 대해 말할 때, 우리는 세 가지 싫은 감정, 고통, 두려움, 노여움에 종종 주목하게 된다. 하지만 분명 감정에는 다른 성질의 것도 존재한다. 행복감, 즐거움, 평화스러움, 만족감, 사랑, 친밀감 등이 그 예이다.

긍정적 감정을 느끼는 것이 나쁜 것이 아니다. 좋은 감정을 표현할 때 걱정할 필요가 없다. 안 좋은 결과를 생각하며 괜히 겁먹을 필요도 없고, 우리의 행복감을 줄일 필요도 없다. 그런데 우리는 종종 엉뚱한 행동을 저지르고 만다. 좋은 감정을 가질 때 그것을 분석하고, 판단하고, 정의 내리려 하지 마라. 괜히 안 좋은 생각을 하여 좋은 감정을 감소시키거나 스스로를 우울하게 만들 필요가 없다. 좋은 감정을 즐겨라.

노여움 받아들이기

화라는 것은 우리 삶이 우리에게 미치는 심오한 영향 중 하나이다. 화는 우리 감정의 하나이다. 우리는 이 감정이 우리에게 다가왔을 때 이를 있는 그대로 느낄 것이다.

— 『Codependent No More』(Melody Beattie)

'내가 좋은 프로그램에 참여하고 있다면 화내지 않을 텐데' '내가 얼마나 행복한지에 대해 계속 긍정하면, 화내지 않을 텐데.' 이런 메시지는 우리의 감정을 방해하는 말이다. 화를 내는 것도 인생의 일부분이다. 화를 일부러 내거나 유지할 필요는 없으나, 그것을 무시해서도 안 된다.

회복할 때, 우리는 화를 포함한 모든 감정을 아무 거리낌 없이 느낄 수 있다는 것, 그리고 그러면서도 화가 났을 때 하는 행동에 대해 책임을 질 수 있다는 것을 배운다. 만약 자신이 화나는 것을 억누르려 하면, 결국 그 화에 의해 조정당하게 된다.

감사하면서 살고, 긍정적으로 건강하게 산다고 하여 화가 안 나는 것이 아니다. 오히려 이는 필요한 때 화도 내면서 산다는 것을 의미한다.

스스로를 변호하기

다른 사람을 변호하는 것은 너무나 쉽다. 그 사람이 이용당하고 있고, 조종되고 있다는 것을 간파하기도 쉬울 뿐더러, 그들이 잘 싸울 수 있도록 도와주고 지지하는 것도 너무 쉽다. "당신의 권리가 지금 침해당하고 있습니다. 당장 일어서십시오, 그리고 당당히 맞서십시오."라고 우리는 그들에게 말한다.

하지만 자신의 이익을 위해 힘을 내는 것은 왜 힘든 것인가? 자신이 이용당하고 있고, 다른 사람에게 조종당하고 있으며, 권리가 침해당하고 있다는 것을 알기가 왜 그리 힘든 것인가? 또한 스스로를 위해 일어서는 것은 왜 그리 힘든 것일까?

살다 보면 조용조용히 인생의 길을 걸어갈 때도 있지만, 때론 스스로를 위해 일어서야 하는 때도 있다. 즉, 조용조용함이 다른 사람으로 하여금 우리를 막 대하게 했을 때, 우리는 자신을 위해 일어서야 하는 경우가 있는 것이다. 우리가 배우고 적용해야 하는 가르침 중 하나는 한계를 설정하는 일이다. 또 한 가지의 가르침은 자신과 자신의 권리를 지키는 것에 관한 것이다. 우리가 가르침을 행동으로 옮기기 전까지 가르침은 멈추지 않을 것이다.

기도하는 사람

사실은 기도만이 진정한 행동이다. 왜냐하면 사람의 성격을 바꾸는 유일한 것이 기도이기 때문이다. 성격에 있어서의 변화, 영혼에 있어서의 변화가 바로 진정한 변화이다.

－『The Sermon On the Mount』(Emmet Fox)

에리카 정(Erica Jong)이 말하길, 우리 인간은 영적 존재라 했다. 회복의 12단계의 11과정과 같은 프로그램들이 제시하는 원칙이기도 한 기도, 명상은 우리의 영혼을 돌보는 방법이다.

기도나 명상이 항상 특정 종교와 연관이 있는 것은 아니다. 기도나 명상은 우리 자신을, 삶을, 그리고 우리의 성장을 이롭게 하기 위해 더 위대한 힘과의 관계를 개선하는 방법이다.

우리는 우리의 감정과 마음, 그리고 육체적 필요를 감당함으로써 행동을 변화시키는 것에 관해 배우고 있다. 이뿐만 아니라 우리의 영혼을 돌보는 것에 대해서도 배우고 있다. 왜냐하면 영혼을 돌볼 수 있어야만이 진정한 변화를 가져올 수 있기 때문이다.

"……라면"

  '……라면'이라고 생각하며 행동하는 것은 회복의 큰 도구가 될 수 있다.

  이 행동은 긍정적인 면을 공부하기 위한 긍정적 가장이다. 즉, 부정적 사고가 우리 자신을 통제하려 할 때, '……인 것처럼' 행동하는 것은 '괜찮다.' '앞으로 괜찮아질 거야.'와 같은 생각을 의식적으로 하는데 도움을 준다.

  또한 어떤 문제를 직면하게 되었을 때, 우리는 그 문제가 잘 해결될 것 같이, 또는 이미 잘 해결된 것처럼 행동함으로써 그 난관을 잘 헤쳐 나가게 된다.

  이러한 행동은 우리가 어떠한 난관을 인식하게끔 해 주고, 그것을 해결하기 위해 그 문제에 뛰어들게끔 해 준다. 다른 회복의 원칙들과 합쳐져 이러한 행동은 여러 분야에서 우리가 실제로 추구하는 것들에 다가갈 수 있게 해 준다. 우리 자신을 사랑하는 것처럼 행동하여 실제로 스스로를 돌보는 단계에 다다를 수 있고, 'No'라고 말 할 수 있는 권리가 있는 것처럼 행동하여 실제로 그런 권리가 나에게 있음을 깨달을 수 있다.

감사하는 마음

때론 모든 것이 너무나 빨리 일어난다. 한 문제를 해결하기 전에 또 다른 문제가 보이기 시작한다. 또 아침에는 기분이 좋았다가 밤이 되서는 절망감에 빠진 우리 자신을 발견한다.

하루하루 우리는 방해, 연기, 변화, 도전 등을 맞닥뜨리며 내적 갈등, 실망을 경험한다. 그런데 많은 경우, 우리는 이러한 감정에 너무나도 빠져 있어 이러한 경험에서 아무것도 배우지 못한다.

스트레스가 극도로 쌓인 상태를 극복 가능케 하는 한 가지 간단한 개념이 있다. 감사라는 것이다. 우리가 직면한 문제와 감정들에 대해 "감사합니다."라고 말을 할 수 있어야 한다. 내가 처한 상황이 싫긴 하지만 어쨌든 감사하다고 말할 수 있어야 한다. 감사함이 나의 일상의 일부분이 될 때까지 이러한 감정을 주입하라. 이러한 마음은 우리가 결과를 통제하려 시도하는 것을 막아 준다. 즉, '감사함'은 긍정적 에너지가 우리 삶에 충만할 수 있게끔 해 줄 뿐 아니라, 문제를 축복으로, 예상치 못했던 것들을 선물로 바꿔 주는 연금술과도 같은 기능을 한다.

나의 힘

우리가 특별히 주의해야 할 감정이 있다. 피해의식이 바로 그것이다. 우리는 이 감정에 적응해서는 안 된다. 피해의식에 사로잡히면 어떤 감정을 갖게 될까?

무기력감, 분노, 좌절감 등이다.

피해의식을 갖는 것은 매우 위험하다. 종종 이러한 감정은 우리를 무언가에 중독시키던가, 충동적인 행동을 하게끔 한다. 우리는 피해의식을 언제 느끼고, 실제로 언제 피해자인지, 그리고 왜 피해의식을 갖게 됐는지를 알아차리는 방법을 배우고 있다. 즉, 우리의 힘을 인식하여 스스로를 돌보고, 피해자라는 생각을 제거하는 것을 배우는 것이다.

때론 스스로의 힘을 인식한다는 것이 다른 사람이 나에게 전혀 상처를 주고 있지 않는데 스스로를 피해자로 간주하고 있다는 것을 인식함을 뜻한다. 남은 단지 그들의 삶을 살고 있을 뿐인데 우리가 그들의 행동으로 피해를 입었다고 느끼는 큰 이유는 우리가 그들의 과정을 통제하려 하기 때문이고, 그들이 우리의 기대만큼 우리를 돌봐주기를 바라기 때문이다. 만약 남에 대한 의존성이 크다면, 내가 피해자라는 생각을 종종 하게 될 것이다. 내 행복과 운명은 다른 사람의 손에 달려 있다고 느끼게 된다. 그러나 실제로 아무도 나의 행복과 운명을 결정할 수는 없다.

새로운 시작

분노는 자신과 타인을 사랑하는 것을 막으며, 타인에게 고통을 주지 않고 나 자신에게 고통을 준다. 분노는 화가 축적된 것으로 좋은 감정을 느끼는 것과 삶을 즐기는 것을 방해하며, 우리가 세상과 조화롭게 사는 것을 막는다. 이러한 분노는 용서를 할 때 그리고 그 감정에 대한 집착을 버릴 때 비로소 없어진다.

분노를 누그러뜨린다는 것이 타인이 우리에게 하고 싶은 것을 모두 하게끔 허락한다는 것을 뜻하지 않는다. 이 말은 우리가 과거에 일어난 일을 받아들이고, 미래에 대한 새로운 경계선을 긋는다는 뜻이다. 우리는 분노를 버리고서도 자신만의 경계선을 가질 수 있다.

우리가 분노를 느꼈던 다른 사람의 좋은 점을 보려 노력해야 하고, 분노를 느꼈던 상황에서 초래된 결과 중 좋은 면을 보도록 해야 한다. 그런 다음, 그 사건을 접는다.

욕구와 필요

스스로에게 책임을 진다는 것은 자신의 욕구와 필요에 대해서 책임을 지고, 자신이 추구하는 바가 괜찮은 건지에 대해서 안다는 것을 뜻한다.

내적 소리에 귀 기울이는 것을 배우는 것은 예술과도 같은 것이다. 그것은 연습을 요한다. 우리의 능력을 이용하여 다른 사람이 무엇을 원하는지 그리고 무엇을 필요로 하는지 알 수 있고, 그 능력을 우리 자신에게도 똑같이 적용할 수 있다.

내가 무엇을 원하고 무엇을 필요로 하는가? 무엇이 나의 기분을 나아지게 해 줄까? 나의 감정이 지금 무엇을 뜻하나? 나의 몸, 마음, 그리고 본능은 무엇을 말하고 있는가? 이러한 질문을 던진 뒤, 내적 소리에 귀를 기울여라. 그럼 답이 들릴 것이다.

우리는 스스로가 생각하는 것보다 현명하고, 믿을 만하다.

우리의 욕구나 필요는 중요한 것들로, 이러한 것들에 생각하는 것이 나쁜 것이 아니다. 인내력을 가지고 나의 욕구나 필요에 대해 알아보아라.

과거를 소중히 하기

과거의 실수나 불행에 대해 부정적으로 생각하기가 쉽다. 하지만 경험, 수용, 그리고 성장의 관점에서 스스로를 돌아보고 과거를 돌아보는 것이 훨씬 치유가 된다. 우리의 과거는 우리를 더 나은 삶과 사랑으로 인도할 가르침의 연속이다.

발은 디뎠으나 끝나버린 관계는 우리에게 필요한 가르침을 준다. (한 예로, 가장 고통스러운 상황을 겪은 사람은 자신이 누구이며 무엇을 원하는지에 대한 강한 통찰력을 얻었을 수 있다.) 우리의 실수, 좌절, 실패, 성장하고 발전하기 위한 어설픈 시도들 또한 우리에게 필요한 것들로 가르침을 선사한다. 한 단계를 거쳐 갈 때마다 우리는 가르침을 얻는다. 현재의 우리가 되기 위해 꼭 필요한 바로 그 경험들을 우리는 경험한 것이다. 각 단계를 거쳐갈 때마다 우리는 발전했다. 우리의 과거가 실수일까? 아니다. 우리가 할 수 있는 단 한 가지 실수는 바로 그러한 생각을 심각하게 받아들이는 것이다.

오점 지우기

자신에게 줄 수 있는 가장 큰 선물 중 하나는 바로 사랑스럽고 열린 마음이다. 과거의 부정적 생각에 집착하는 것은 이러한 선물을 받는 것에 방해가 된다.

대다수의 사람에게는 이미 끝나 버린 관계가 있다. 이러한 관계를 뒤돌아 볼 때, 우리는 그 당시 가지고 있던 감정을 깨끗이 할 필요가 있다. 아직까지 화나 분노를 간직하고 있지는 않는가? 아직도 피해의식에 시달리고 있지는 않는가? 자신을 패배자로 이끄는 생각('여자는 믿을 수 없어' '상사라는 작자들은 사람을 이용하기만 해' '좋은 관계란 존재할 수 없는 거야')에 사로잡혀 있지는 않는가?

현재의 관계에 장애가 되는 모든 것은 이제 날려 보내라. 우리가 원하는 사랑을 주고받는 데 낡아빠진 감정과 패배 의식이 장애가 될 수 있다는 것을 우리는 안다. 과거의 감정은 깨끗이 지울 수 있다. 인식, 솔직함, 열린 마음이 그 첫 발걸음이다. 과거를 받아들이고 과거 속에서 평화를 찾을 수 있을 때 우린 그 마지막 단계에 이를 것이다.

잘못된 길

우리는 건전하지 못하고 자기 파괴적인 행동(care-taking, 남을 통제하려는 행동, 자신은 믿지 못하되 거짓은 믿는 행동 등)에 빠지지 않는 방법을 배울 수 있다. 우리는 함정을 분간할 수 있도록, 그리고 함정에 빠지지 않는 방법을 배워야 한다.

종종 사람들은 우리가 의존성이라 부르는 자기 패배적인 행동을 의식적으로 또는 무의식적으로 보여 준다. 그런데 함정이라 할 수 있는 이러한 행동은 의도적인 경우가 많으며, 그 결과는 뻔하다.

어떤 사람이 우리 옆에 다가와 특정 문제에 대해 암시를 하거나 한숨을 쉰다. 이때 그들은 그들의 암시나 한숨이 우리로 하여금 그들을 돕도록 한다는 것을 알거나 최소한 희망한다. 이것은 명백히 '조종'에 해당한다. 그들이 그들의 문제에 대해 힌트를 주고 한숨을 쉴 때 그들은 말한다. "상관하지마. 네가 걱정할 일이 아니야." 우리가 이때 맘을 굳게 먹지 않으면 그들의 문제에 함께 휘말리고 만다. 다른 사람이 원하는 것이나 필요한 것이 있으면, 우리에게 직접 말할 것이라고 스스로에게 주장해야 한다.

어떤 말, 사인, 표정, 암시, 그리고 큐(cue)가 우리를 예측 가능하고, 자기 패배적인 행동으로 이끄는 것일까? 무엇이 당신으로 하여금 연민의 정을 느끼게 하는가? 죄책감, 아니면 타인에 대한 책임감?

우리는 다른 사람의 일에 너무나 많은 관심을 갖는다. 우리의 약점은 우리가 대하는 사람들을 과소평가 한다는 데 있다. 그들은 그들이

취하는 행도에 대해 안다. 사람들은 항상 자신의 이익만을 생각하지 않는다는 우리의 순진한 가정을 버려야 한다.

우리 또한 타인에 대해 너무 의존적이지 않도록 조심해야 한다. 다른 사람이 자신을 도와주기 바라면서 어떤 표정이나 사인, 그리고 큐를 보이지는 않는가? 다른 사람이 우리를 특정 문제에서 구해 줄 거라고 기대하지 말고, 직접적이고 정직한 방식으로 다른 사람을 대하자.

타인이 필요할 때

타인에게 너무나 의존하는 성향과 타인의 도움을 일체 거부하는 성향 사이의 중간 지점을 찾도록 하자.

우리 중 다수는 매우 의존적일 수 있다. 하지만 타인이 우리를 맹목적으로 사랑해 주고 우리의 욕구를 채워 주기를 바랄 때 그 대상을 잘못 고를 수 있다. 또한 사랑에 굶주려 타인을 너무 많이 필요로 하기 때문에 오히려 사람들을 멀어지게 하는 경우도 있다.

이와는 정반대로, 우리가 필요로 할 때조차 다른 사람이 우리 주위에 없었던 것에 너무나도 익숙해 있어 다른 사람을 밀어내는 사람도 있다. 이러한 우리는 불필요할 정도로 독립적이 되어 다른 사람을 필요로 하는 감정과 갈등하기도 한다. 즉, 남이 우리를 도와주지 못하게끔 하는 것이다.

어떤 경우에 속하든 바람직하지 못하다. 우리는 더 나은 것을 대우를 받을 권리가 있다. 우리가 변할 때 우리 주변의 환경도 변할 것이다.

우리가 너무나도 의존적이라면, 우선 그러한 면을 자신의 일부로 받아들이도록 한다. 그리고 과거의 욕구가 채워지지 못함으로써 받았던 고통을 치유받도록 한다. 우리가 바라고 원하던 방식으로 사랑받지 못했다고 하여 우리가 사랑받지 못할 사람이라고 스스로 자학하는 것을 그만두도록 한다.

만약 타인을 필요로 했던 마음을 굳게 잠그고 있었다면, 이제는 마음을 열도록 하자. 그리고 사랑을 받도록 하자. 타인을 필요로 하는 마음을 받아들이도록 한다.

우리가 사랑받을 수 있는 사람이란 사실을 믿고, 그럴 수 있는 상황을 허락할 때에만, 우리가 필요로 하고 원하는 사랑을 얻을 것이다.

현재에 충실하기

우리가 많이 하는 질문 중 하나는 "무엇이 일어날까?"이다. 우리는 타인과의 관계, 직업 경력, 회복기, 삶에 대해 이 질문을 던진다. 걱정에 스스로를 묶고 사는 것은 쉽다.

무엇이 일어날지에 대해 전전긍긍하며 사는 태도는 오늘 하루를 효과적으로 보내는 데 장애물이 된다. 즉, 현재에 최선을 다하며 사는 것을 막으며, 그날그날의 가르침에서 배우는 것을 방해한다. 스스로에게 내일도 최선의 일이 일어날 것이라고 확신하기 위해서 필요한 것은 단지 주어진 오늘 하루를 충실히 사는 것이다.

미래에 일어날 일에 대해 걱정하는 것은 우리의 미래에 부정적으로 기여할 뿐이다. 지금을 충실히 사는 것이 우리가 오늘과 내일을 위해 할 수 있는 최선의 길이다. 그것이 우리의 관계나 직업, 회복, 그리고 삶에 긍정적으로 기여한다.

일은 잘 풀릴 것이다.

만약 미래에 대해 꼭 생각해야 한다면, 우리가 할 일은 모든 것이 잘될 것이라는 확신을 스스로에게 심어 주는 것뿐이다.

모임에 참석하기

어떻게 내가 미팅에 나가 나 자신에 대한 이야기를 그리 쉽게 하는
지 모르겠다. 또한 그 미팅에 참가함으로써 기분이 좋아진다는 것
이 너무나도 놀랍다.

- 무명씨

기분을 나아지게 할 수 있는 것을 왜 거부하나? 모임에 참가하면
기분이 나아질 수 있는데, 왜 절망감에 휩싸여 가만히 앉아 있어야 하
나? 너무 바빠서? 한 주는 168시간으로 구성되어 있다. 모임을 위해
168시간 중 한두 시간을 할애하는 것은 나머지 166시간의 잠재성을
최대화할 수 있음을 뜻한다. 다시 의존성 같은 것에 빠지게 되면, 우
리는 깨어 있는 많은 시간을 앉아서 아무것도 안 하거나, 침대에 누워
의기소침한 채 또는 다른 사람이 필요 한 것들만 쫓아다니며 보내게
된다. 일주일에 2시간만 할애하면, 우린 나머지 시간을 낭비하지 않
고 쓸 수 있다.

너무 피곤한가? 예전으로 돌아가는 것만큼 비활력적인 것은 없다.
모임에 참가하는 것은 활력을 다시 찾는 데 도움을 준다.

종교의 자유

'우리보다 위대한 힘' '우리가 이해한 그대의 신'

우리는 우리보다 위대한 힘(신)에 대해 자유롭게 정의하고, 이해할 수 있다. 다시 말해, 우리는 우리를 도와주는 회복 모임에 종교적 가치관을 끌어들이지 않는다는 것이다. 우리의 그룹이나 모임을 종교적 전환을 가져오는 수단으로 이용해서는 안 되고, 신에 대한 우리의 종교적 믿음이나 이해를 다른 구성원에게 강요해서도 안 된다.

우리 자신에게, 그리고 개개인의 구성원들에게 위대한 힘을 나름대로 해석하고 이해할 수 있는 권리를 주도록 한다.

우리가 필요한 것을 구하기

어느 날 저녁, 난 혼자였으며 피곤했다.

긴 여행이 중반에 접어들었을 시점으로 친구와 가족들과 연락이 끊긴 상태였다. 그날 난 집으로 갔다. 하지만 아무도 내가 왔다는 것을 알아채는 것 같지 않았다. 그들은 내가 없는 것에 익숙해져 있었다.

그날 밤늦게 난 신에게 따지기 시작했다.

"난 열심히 일하고 있습니다. 하지만 외롭습니다. 누군가가 나를 걱정하고 있다는 것을 알고 싶습니다. 당신은 말했습니다. 내가 필요한 것이 있으면 당신에게 구하라고. 신이여, 오늘 밤 난 나를 친구처럼 돌봐 줄 수 있는 남성이 필요합니다. 들어주실 거죠?"

나는 소파에 누워 눈을 감았다. 너무나 피곤해 아무것도 생각할 수가 없었다. 그때 전화가 울렸다. 내 친구가 된 동료에게서 온 전화였다. 그가 말했다. "많이 피곤하고, 누군가가 필요한 것 같은데. 거기 꼼짝 말고 있어. 내가 금방 가서 네게 필요한 발 마사지 해 줄게."

30분 후 그는 나의 문을 두드렸다. 그는 작은 오일 병을 들고 왔는데, 그것으로 내 발을 마사지해 주었다. 그러고는 나를 한 번 안아 주며, 나를 많이 걱정하고 있다고 말해 주었다. 그리고 갔다.

난 미소 지었다. 내가 필요한 것을 얻었기 때문이다.

너의 수치심을 놓아 버려라

우리보다 더 위대한 힘이 우리를 다시 정상으로 돌릴 수 있다는 것을 믿기 시작했다.

다른 사람이 실제로 회복하고 있는 것을 보고, 듣고 하면서 우리는 더 나은 삶에 대해 믿게 된다. 우리보다 위대한 힘은 존재한다. 그리고 모든 것이 달라지고 현재보다 나아질 거라는 희망도 존재한다.

변하기 위해 의지력을 소진할 필요도, 강제로 회복하려 할 필요도 없다. 우리를 도와줄 더 큰 힘이 있다는 것을 알자. 위대한 힘은 우리로 하여금 다시 정상적이고 이로운 삶으로 돌아가게 해 줄 것이다. 우리는 그 힘을 믿기만 하면 된다.

주변의 사람들을 보고 관찰하라. 그들이 치유되는 것을 보아라. 그다음 믿음을 가지고 당신도 치유되어라.

수치심은 우리 삶에 큰 영향력을 행사할 수 있다. 그것은 문제가 있는 가족의 전형적인 특징이기도 하다.

죄는 유의미적인 맥락에서 봤을 때, 우리의 행동이 잘못되었다고 느낄 때 갖는 감정이자 생각이다. 죄는 우리의 행동이 변화되거나 개선되어야 함을 나타낸다. 수치심은 매우 부정적인 생각으로 우리 자신 자체가 잘못됐다고 느끼는 것이다. 수치심은 어떠한 긍정적 효과도 가져올 수 없다. 우리의 행동을 변화시킬 순 있으나, 우리 자신 자체를 바꿀 수는 없기 때문이다. 수치심은 우리를 자기 패배적인 행동, 더 나아가 자기 파괴적인 행동으로 이끈다. 무엇이 우리로 하여금 수치심을 느끼게 할까? 우리는 우리 자신에게 또는 우리가 사랑하는 누군가에게 문제가 있을 때 수치심을 느끼고, 실수를 하거나 성공을 했을 때 수치심을 느낀다. 또한 특정 감정이나 생각에 대해 수치심을 느낄 수 있고, 우리가 좋은 감정을 가지게 되었을 때, 남에게 나를 보여 줄 만큼 약해졌을 때 수치심을 느낄 수 있다. 때론 자신의 존재 자체만으로도 이러한 감정을 느끼기도 한다. 수치심이라는 것은 다른 사람이 우리를 통제하고 특정 문제 속에 가두어 두기 위해 우리에게 거는 최면과도 같은 것인데, 우린 스스로에게 그것을 거는 방법을 터득하고 말았다.

수치심을 거부하는 방법을 배우면, 삶의 질을 변화시킬 수 있다. 현재의 우리 모습, 우리의 감정, 우리의 과거에 대해 부끄러워 할 필요가 없다. 문제가 있어도 되고, 실수를 해도 되며, 우리의 길을 찾기 위해 몸부림쳐도 된다. 인간이기에 인간처럼 행동하고, 인간미를 소중히 해도 괜찮다.

회복을 즐기자

이만한 여행이 또 있을까?

성장과 변화의 과정은 우리를 변화무쌍한 길로 인도한다. 때론 그 길이 힘들다. 우린 산을 올라가기도 하고, 미끄러져 버리기도 한다. 때론 휴식을 취하기도 한다. 때론 어둠 속을 헤매기도 하고, 때론 밝은 태양에 눈이 부시기도 하다. 때론 많은 사람과 동행할 때도 있고, 때론 나 혼자 외로이 가야 하는 때도 있다.

길은 변화무쌍하며, 언제나 흥미롭다. 그 길은 항상 우리를 더 나은 곳으로 인도한다.

이만한 여행이 또 있을까?

재정적 책임

우리는 스스로의 재정에 대해 책임을 져야 한다.

돈, 재정에 대해 책임을 진다는 것은 어른 같은 생각으로 매우 두려운 일이다. 우리 중 다수는 재정적 책임을 다른 사람의 무엇과 맞바꾼 경우가 많다. 사랑이 아닌 필요와 절박함에 의해 다른 사람과 긴밀한 유대감을 형성하고 있는 우리의 감정적 의존성은 재정적 의존성과 직접적으로 연관이 있다. 재정적 책임에 대한 두려움이나 소극성은 회복 시 우리가 추구하는 자유의 걸림돌이 될 수 있다.

재정적 책임은 자세라 할 수 있다. 필수품, 사치품을 사기 위해 돈은 나가고, 돈이 나가기 위해 돈은 들어와야 한다. 지출과 수입이 균형을 이루기 위해서는 어느 정도의 돈이 들어와야 하나?

세금, 저축 계획, 적절한 소비 습관 등은 모두 재정적 책임에 대한 자세를 보여 준다. 돈을 관리하는 것도 사는 것의 일부분이다. 돈에 관한 한 특정 인물에게 의존할 수 있다는 건전한 계약을 타인과 맺고 있다고 하더라도, 우리는 돈에 대해 알아야 한다. 즉, 스스로를 위해 재정에 대한 특정한 자세를 가져야 하는 것이다.

우리의 힘

무기력함과 내적 힘에 대해 구분을 지을 필요가 있다.

회복의 첫 단계는 바로 특정 부분에서 자신의 무기력함을 인정하는 것이다. 다른 사람을 변화시키고, 그들의 문제를 해결해 주는 것과 같은 일들은 아무리 많은 시간과 노력을 투자하더라도 우리가 할 수 없는 일이라는 것을 알아야 한다. 또 자신에 있어서는 자신의 감정, 생각, 그리고 어떤 상황이나 사람이 우리에게 끼치는 영향에 대해서 무기력할 수 있다는 것을 알아야 한다.

무기력함에 굴복할 수 있는 것은 중요한 일이다. 하지만 그와 동시에 내적 힘을 지니는 것도 중요하다. 때론 함정에 빠진 것 같고, 어떻게 해 볼 수 없는 일에 봉착한 것 같아도 실제로는 그렇지 않은 경우가 있다. 우리 모두에게는 신이 주신 힘과 어떠한 상황이나 어떤 사람을 만나든 스스로를 돌볼 수 있는 권리가 있음을 기억하자. 그리고 남을 조종하는 것과 남에게 조종을 당하는, 두 가지 극과 극 사이에 스스로를 돌볼 수 있는 바탕이 존재함을 알고, 우리의 권리와 책임감을 자신하며 그 길을 걷자.

죄의식을 버리기

스스로에게 좋은 감정을 느끼는 것은 선택의 문제이다. 죄의식도 마찬가지이다.

죄의식이 정상적으로 작동할 때는 우리가 어떤 궤도를 벗어나고 있다는 것을 경고해 주는 신호로 작용한다. 그것으로 자기의 임무를 마친다. 하지만 만약 우리가 죄의식에서 헤어 나오지 못하고 있다면, 죄의식은 우리로 하여금 스스로를 평가 절하하게 만들고, 다른 사람이 우리를 통제할 수 있는 상황을 만들어 준다. 그것은 자신만의 경계선을 설정하는 것을 막을 뿐 아니라, 자신을 돌보기 위해 취하는 건전한 행동을 방해하기도 한다.

어쩌면 이제껏 삶의 본능적인 반응의 하나로 죄의식을 느꼈을 수 있다. 하지만 이제 우리는 그런 식으로 죄의식을 느끼지 않아도 된다는 것을 안다. 설령, 우리가 특정 가치를 위배하는 행동을 취해 그 행동에 대해 죄의식을 갖게 된다 하더라도, 지나친 죄의식은 문제 해결에 도움을 주지 못한다. 오히려 그 문제를 연장시킬 뿐이다. 따라서 충분히 죄의식의 정체를 성찰하고 잘못이 있었다면 언젠가 어떤 식으로든 대가를 치를 것이다. 오늘 지금 너무 불안해 하지 말자. 개선할 방법을 찾고 행동을 변화시킨 뒤, 죄의식을 날려 보내라.

사랑 안에서 놓아 버리기

그렇다. 단호하고 단정적일 필요가 있을 때가 있다. 즉, 우리 자신을 변화시키고 있을 때, 우리가 새로운 행동을 나의 것으로 만들고자 할 때, 그리고 우리 자신과 다른 사람들에게 나에게도 권리가 있음을 인식시킬 때, 우리는 그러한 행동을 취할 필요가 있다.

하지만 항상 단호하고 단정적일 필요는 없다. 어떤 결정을 내리고 경계선을 설정할 때 화를 내야 하는 경우가 있을 수도 있지만, 그 상태를 계속 유지할 수는 없다. 우리를 괴롭혔던 사람에 대해 연민의 정을 느끼는 것은 물론 힘든 일이다. 그러나 우리 자신을 피해자 목록에서 제외시킬 수 있는 단계에 다다르면 가해자에 대한 연민을 가질 수 있다.

우리의 길은 사랑으로 충만하다. 자신을 사랑하고, 다른 사람을 사랑하라. 자신의 경계선을 설정하고, 그 안에서 자신을 돌보되, 모든 일을 사랑으로 행하라.

신이여, 오늘 그리고 언제나 나를 비롯하여 주변 사람들에게 공손하게 하소서. 진지한 고려에서 비롯된 적극적인 행동과 타인에 대한 사랑 사이에 존재하는 균형을 발견하게 하소서. 이 두 가지 상반된 것이 때로는 하나임을 알게 하시고 나를 올바른 길로 인도하소서.

슬픔에서 벗어나기

　즐거움과 사랑의 차단이 과거의 해결하지 못한 슬픔 때문일 수 있다.

　과거에 우리는 고통을 부인하기 위해 여러 가지 것을 스스로에게 말했다.

　"고통이 그렇게 심한 건 아니야……."

　"시간이 지나면, 상황이 달라질 거야……."

　"이건 아무것도 아니야. 난 잘 견뎌 낼 수 있어."

　"다른 사람을 변화시키려 노력하면 나 자신을 변화시키지 않아도 될 거야."

　우리는 고통을 느끼기 싫었기 때문에 고통 그 자체를 부인해 왔다. 하지만 해결되지 않는 일은 그냥 없어지지 않는다. 해결되지 않은 일은 우리가 그것을 인정하고, 느끼고, 해결하여 치유할 때까지 계속해서 반복될 뿐이다. 이것이 의존성의 문제를 해결할 때 우리가 배우는 가르침 중 하나이다.

　우리 중 다수는 과거에 고통을 인정하고 받아들이기 위해 필요했던 도구, 지지, 안전한 감정 등을 모두 결핍했다. 하지만 지금은 괜찮다. 이제 우린 안전하다. 우린 천천히 그리고 조심스럽게 우리의 마음을 열기 시작할 수 있다. 비난하거나 수치심을 느끼기 위해서가 아닌 더 나은 삶을 위한 치유를 위해, 그토록 오랫동안 부인해 왔던 그 감정들을 이제 하나하나씩 꺼내 보자.

매우 오랫동안 가슴속에 담아 두었던 슬픔을 느끼며 울어도 좋다. 울면서 우린 그 감정에서 벗어날 수 있다. 큰 슬픔을 겪는 것은 정화 과정이자 수용 과정으로 우리를 과거로부터 현재로 이끌어 준다. 더 나아가 우리를 파괴적 행위로부터 자유롭고 더 많은 선택의 여지가 존재하는 더 나은 미래로 이끌어 준다.

신성하게 이끎

저에게 옳은 생각, 말, 행동을 보내 주십시오. 나의 다음 행동이 무엇이어야 하는지를 보여 주십시오. 의심과 결정이 힘든 시기에 당신의 영감과 인도를 저에게 보내 주십시오.

- 무명씨

우리보다 더 위대한 힘 앞에 우리 자신과 우리 삶을 굴복시키는 좋은 이유 중 하나는 상상치도 못했던 큰 계획과 우리를 조화시킬 수 있다는 점이다.

누군가가 우리의 생각, 말, 행동을 이끌어 주고 있다는 것을 알고 있는 것보다 더 좋은 선물이 있을 수 있을까?

우리는 문제아가 아니다.

또한 우리의 실수를 만회하기 위해 평생 자신과 다른 사람에게 스트레스를 줄 필요도 없다. 가장 이상했고, 무계획적이었으며, 고통을 안겨 주었던 것들과 우리가 실수라 부르는 것들조차 조화로 발전할 수 있다.

자신을 돌보기 필요한 것들이 무엇인지에 대해 인도받을 것이다. 이제부터는 우리의 본능, 감정, 생각을 믿게 될 것이며, 언제 시작하고, 끝내고, 기다릴지 알게 될 것이다. 우리는 위대한 진실에 대한 가르침을 받을 것이다. 우리가 무슨 실수를 저지르든 그 계획은 현실로 다가올 것이다.

자신을 믿자

우리 자신 자체가 큰 선물이다. 그리고 선물에 대한 답례는 내 안의 소리에 귀를 기울이고 우리의 본능과 직관을 믿는 것이다.

우리의 내부에서 자연스럽게 들려오는 인도와 가르침에 주의를 기울이지 않는다는 것은 얼마나 어리석은 일인가? 그 인도와 가르침이 궁극적으로 우리를 신의 크신 계획에 다다르게 해 준다는 것을 언제 깨우칠 것인가? 이제부터는 내 안의 소리를 듣고, 믿고, 그리고 따름으로써 배워 나갈 것이다. 시간이 무엇을 해 줄까? …… 나를 돌보기 위해서는 무엇을 해야 할까? …… 나는 무엇에 다다르고자 하는 것일까? …… 난 무엇을 알고 있을까?

내부의 목소리를 경청하면, 우리는 질문에 대한 답을 구할 수 있을 것이다.

통제

과거의 케케묵은 감정이 물밀 듯 되살아나는 우울한 날은 때론 우리를 두렵게 한다.

우리는 이런 날 누군가를 절실히 필요로 하고, 괜히 무언가를 두려워하며, 수치심을 느끼는 등 자신을 통제하지 못할 것 같은 감정을 느낄 수 있다. 이러한 감정이 들 때, 자신을, 타인을, 삶의 좋은 면을, 그리고 더 높은 힘의 선한 의도를 신뢰하기란 매우 힘들다. 문제는 더 크게 보이고, 과거는 무의미해 보이며, 미래는 보이지 않는다. 마치 우리가 원하는 일은 절대 일어나지 않을 것 같은 감정이 든다.

이때, 우리의 행복은 우리 외부의 손에 달려 있다고 확신하게 된다. 그러면서 고통을 감추기 위해 다른 사람과 상황을 통제하려 들고, 사람들은 이에 대해 부정적으로 반응한다.

외부에서 행복을 찾으려 하고, 다른 사람이 우리의 평안과 안정을 제공해 주기만을 기다리기만 하는 상황이 도래했을 때 기억하라. 우리가 상황과 사람을 통제할 수 있고 우리가 원하는 것을 얻었다 하더라도, 우린 우리 자신일 뿐이다. 우리의 감정은 계속해서 소용돌이치지 결코 가라앉지 않을 것이다.

분리하기

무엇을 놓아 버린다는 개념이 우리를 혼란스럽게 할 수 있다. 사람과 결과를 통제하기 위해 언제 많이 노력하고 적게 노력해야 하는가? 언제 우리를 돌보는 것이 옳은 일인가? 무엇이 우리의 책임인가?

규칙이 책에 명시되어 있는 것은 아니다. 너무나 완벽하게 치유되고자 할 필요도 없고 완벽하게 치유되지 못하고 있는 것에 대해 두려워하거나 극도의 스트레스를 받을 필요도 없다. 만약 특정 행동이 필요하다고 느껴지면 그 행동을 행하고, 아직 때가 아니라고 느껴지면, 잠시 그 행동을 보류하면 된다. 적절한 한계선, 경계선을 설정하는 것은 숨 막히는 과정이 아니다. 자신의 경계선을 설정한다는 것은 스스로를 어느 정도의 실험, 실수, 가르침, 성장에 내던질 수 있느냐를 대략 정해 놓는 것이기 때문이다.

타인에게 또는 우리 자신에게 질문을 하자. 우리가 해야 하거나 배워야 하는 것이 있으면, 그것은 우리 눈앞에 보일 것이다. 만약 스스로를 잘 돌보고 있지 못하다면, 그것을 느낄 것이고, 너무나 통제적이 되어가고 있다면, 그것도 느끼게 될 것이다.

모든 것이 잘될 것이다. 문제를 해결할 방법이 보일 것이다.

오늘, 나는 적절한 행동을 취할 것이다. 나는 나머지 것들을 놓아 버릴 것이다. 나는 노력할 것이다. 나 자신에 대한 책임과 타인들에 관한 책임, 그냥 놔버리는 것에 대한 균형을 찾을 것이다.

수용

항상 기적을 가져오는 회복의 기본적인 개념은 바로 '수용'이다.

한순간에 수용을 성취할 수는 없다.

신기루와도 같은 감정들—화, 분노, 수치심, 자기 동정, 슬픔과 같은 감정—을 극복해야만 어떤 상황, 일, 사람을 수용할 수 있다. 하지만 수용하는 것이 우리의 목적이라면, 우리는 그것을 달성하게 될 것이다.

우리의 약점에 대해 웃을 수 있고, 우리의 강점에 대해 감사할 수 있는 것보다 더 자유로운 상태가 있을까? 우리의 감정, 생각, 경향, 그리고 살아온 날들에 대해 아는 것은 수용을 위해 필요한 일이고, 그것은 곧 치유된 감정이라는 선물을 우리에게 줄 것이다.

우리의 환경을 있는 그대로 받아들이는 것도 치유에 매우 중요하다. 무언가를, 누군가를 변화시키고 싶다면, 우선 자신과 다른 사람, 그리고 있는 그대로의 상황을 받아들여야만 한다. 그다음 한 단계를 더 밟아야 한다. 즉, 자신과 자신의 환경에 대해 감사할 줄 알아야 한다. "현재로서는 이것이 최선이라는 것을 알아."라고 얘기해 보자.

우리가 아무리 혼란스럽다 하더라도, 회복의 바탕이 되는 것들은 우리를 치유해 줄 것이다.

올바른 존재

회복한다는 것은 옳은 결정을 내린다는 것과 관계가 없다. 회복한다는 것은 있는 그대로의 우리 자신과 타인을 받아들이게끔 하는 것이다.

흑백을 강조하던 사회에 젖어 있는 다수의 우리에게는 이 개념이 어려울 수도 있다. 우리가 속해 있던 사회에서는 틀린 결정을 내린 사람으로 하여금 항상 수치심을 느끼게 하였고, 모든 가치는 옳은 결정을 내리는 것과 관계가 있었으며, 틀린 결정을 내렸다는 것은 자신과 자기 존중의 파멸을 의미했다.

회복할 때 우리는 남보다 우위에 설 수 있는 방법을 배우는 것이 아니고, 어떻게 하면 우리의 관계 속에 사랑을 충만케 할 수 있는지를 배운다. 물론, 어떤 때는 다른 사람의 행동이 옳고 그른지를 판단해야 하는 경우가 있다. 예를 들어, 만약 어떤 사람이 우리에게 고통을 주고 있다면, 우린 스스로를 보호하기 위해 일어나야 한다. 즉, 우리에게는 경계선을 설정하고 자신을 돌볼 책임이 있다. 하지만 다른 사람을 책망하면서까지 자신을 돌보는 것을 합리화할 수는 없다. 즉, 자신이 아닌 다른 사람에게 초점을 맞추는 함정에 빠져서는 안 된다.

우리의 종교

같은 그룹 안의 어떤 사람과 몇 시간을 같이 보냈는데, 이 사람이 저를 매우 난감하게 합니다. 이 여자가 말하길, 제가 속해 있는 프로그램에서 회복의 성과를 보이기 위해서는 그녀가 다니고 있는 교회에 나가고, 그 교회의 종교적 규칙을 따라야 한다고 합니다. 그녀는 이를 계속 강요하고 강조합니다. 그녀는 이 프로그램에 저보다 훨씬 먼저 참가했기 때문에 자꾸 이 여자가 말하는 것이 신빙성이 있어 보입니다. 하지만 마음으로는 이것이 받아들여지지 않고 있습니다. 지금 너무나도 두렵고 혼란스러우며, 죄의식과 수치심도 느낍니다.

- 무명씨

다른 사람이 그들의 종교를 우리에게 강요하는 것을 참을 필요가 없다. 또한 우리도 그들의 종교를 믿지 않는다고 하여 그들보다 못하다는 생각이나 수치심, 두려움을 느낄 필요가 없다. 그들이 하나님, 사랑, 회복이라는 미명 아래 행하는 행동을 받아 줄 필요가 없다.

회복의 결과로 얻을 영적인 경험은 우리 자신의 경험이 될 것이다. 즉, 각자가 이해한 신과 나와의 관계가 성립되는 것이다.

우리는 각자 자신의 영적 길을 찾아야 하고, 각자가 이해한 신과 나와의 관계를 스스로 만들어 나가야 한다. 회복에 있어서 우리보다 더 큰 힘의 존재는 꼭 필요하다. 하지만 그것을 풀어 나가는 것은 전적으로 우리의 선택에 달려 있다.

스스로에게 맞는 길 결정하기

다른 사람이 우리에게 가지는 기대에 대해서 우린 무기력하다. 그들이 그들 자신에게나 우리에게 원하는 것이나 기대하는 것을 우리가 통제할 수는 없다. 하지만 타인의 기대에 대한 우리의 반응은 우리가 통제할 수 있다. 회복 기간 중 몇몇 사람이 우리의 시간, 재능, 에너지, 금전, 그리고 감정에 대해 특정 요구를 할 수 있다.

이때, 우린 "No"라고 말하는 것에 죄책감을 느껴 모든 요구에 "Yes"라고 말할 필요가 없다. 타인의 요구가 우리의 삶을 통제하게끔 하지 말자. 우리의 삶을 타인의 요구, 기대에 맞춰 사느라 낭비하지 말자. 타인의 요구에 어디까지 부응해 줄지 자신만의 경계선을 설정하도록 하자. 내면의 소리에 귀를 기울이고 그 소리를 신뢰함으로써 우리 삶의 목표와 방향을 설정하고 자신을 소중히 하도록 하자.

시간을 내라. 그리고 자신이 무엇을 원하는지, 타인의 요구에 응하는 것이 자신의 삶에 어떤 영향을 주는지를 생각해 보라. 타인의 기대, 요구가 우리 삶을 통제하지 못하도록 하는 것이 바로 우리 삶을 우리가 사는 것이다. 다른 사람의 요구, 기대, 감정은 우리의 통제 대상이 아니나, 그 요구, 기대, 감정 중 무엇을 취할지는 우리 스스로가 선택할 수 있어야 한다.

현재에 살기

현재만이 실제로 우리가 가지고 있는 것의 전부이다.

물론, 우리에겐 미래에 대한 계획과 목표, 그리고 비전이 있다. 하지만 현재 우리의 손 안에 있는 것은 현재이며, 그것으로 족하다.

어제에 대한 잔여를 없애고, 미래에 대한 두려움을 없애도록 하며, 미래를 더욱 충만하게 맞기 위해 우리에게 주어진 현재에 충실하도록 하자. 두려움, 후회를 하지 말라. 자신의 분노를 깨끗이 씻어 버려라. 내가 당신의 고통을 가져가겠다. 당신에게는 현재가 있을 뿐이다. 현재에 충실하라. 그리고 믿어라. 당신에게는 현재가 있을 뿐이며, 그것으로 충분하다.

문제 해결

당신의 영광으로 내가 문제들을 잘 극복할 수 있도록 도와주십시오.

           - 무명씨

우리 중 다수는 특정 문제를 규정하고, 그것에 대해 얘기를 할 수 없었던 상황을 살아야 했다. 그리고 그럼으로써 부정하며 사는 것이 문제를 해결하는 한 방법이 되어 버렸다. 회복 과정 중 아직도 다수의 우리는 직면한 문제를 두려워한다. 문제를 해결하는데 보다 문제에 반응하는 데 시간을 더 소비함으로써 종종 가르침을 놓친다. 문제는 삶의 일부분일 뿐이다. 해결책도 마찬가지이다. 문제가 삶의 끔찍함을 뜻하는 것은 아니다. 또한 문제가 있다고 하여 그 당사자가 무능한 것도 아니다. 모든 사람은 각자가 극복해야 할 문제를 안고 있다.

오늘 당면한 문제를 해결하라. 내일 있을 문제에 대해 미리 걱정하지 말라. 내일 문제는 내일이 되면, 해결 방법이 나타날 것이다. 더 큰 힘의 도움을 받아 문제를 직면하고 해결하는 것은, 우리가 이 세상에 살고 있다는 것과 우리가 성장하고 있다는 것을 뜻한다.

힘

강하기 위해서 항상 강할 필요는 없다. 상처받기 쉬워 보일 때 우리의 힘이 보이는 경우도 있고, 다시 힘을 얻기 위해 자신이 부서져야 하는 경우도 있다.

누구에게나 더 이상, 자신에 대한 의심이나 두려움을 떨쳐 버리지 못하는 때가 있고, 더 이상 강해질 수 없는 때가 있다. 책임감을 계속 지고 있기가 힘든 때도 있다. 그래서 우린 남 앞에서 울기도 하고, 지침과 피곤함, 짜증, 그리고 화를 노출시키기도 한다. 때로는 이렇게 행동해도 괜찮다. 정말 괜찮다.

스스로를 돌본다는 의미 속에는 필요하다고 느껴질 때 무너지는 자신을 허용함도 포함된다.

우리 자신이 강한 힘의 상징이 될 필요는 없다. 우리는 강하고, 그 것을 증명해 왔다. 우리가 두려움, 약함 같은 감정도 느낄 수 있는 용기가 있다면, 우리의 힘은 지속될 것이다.

감정 인식하기

만약 과거에 경험이 없다면, 감정 그 자체를 느낀다는 것은 우리에게 도전이 될 수 있다. 우리가 느끼는 감정이 무엇인지를 정의할 수 있다는 것은 매우 어려운 일로 하룻밤 사이에 달성할 수 없다. 또한 그 감정을 완벽하게 감당할 필요도 없다.

당신이 감정을 인식하고, 감당하는 데 도움이 될 몇 가지를 적어 보겠다.

종이를 한 장 꺼내라. 그리고 종이의 상단에 적어라. "만약 내가 느끼는 감정을 느끼는 것이 잘못된 일이 아니고, 그 감정으로 인해 내가 비난을 받지 않는다면, 무슨 감정을 느낄 것 같은가?" 그다음, 처음 생각나는 감정들을 적어라. 종종 일기를 쓰거나 보내지 않을 편지들을 써보거나, 생각을 종이에 낙서처럼 써 보는 것도 좋을 것이다.

객관적 입장에 있는 제3자처럼 스스로에게 귀를 기울여라. 무슨 말이 어떤 목소리로 말해지는지 들어 보라. 무엇이 들리는가? 슬픔, 두려움, 화, 행복감?

당신의 몸은 무엇을 말하는가? 화로 인해 몸이 굳고, 뻣뻣해지지는 않는가? 두려움이 온몸을 훑고 지나가는가? 슬픔으로 인해 몸이 무거운가? 즐거움으로 인해 춤을 추고 싶은가?

불완전성을 수용하자

"스스로에게 왜 이러는 걸까요?"

체중을 줄이고 싶어 하는 어떤 여성이 물었다.

"전 다이어트 식단에는 나와 있지 않던 쿠키의 반쪽을 먹어 버렸다는 심한 자책감에 시달리면서 회복 지지 그룹에 참가했습니다. 그곳에서 전 모든 사람이 조금씩은 그 식단에 유연한 태도를 보이고 있고, 일부는 그 식단을 아주 많이 벗어난 식사를 하고 있다는 사실을 알았습니다. 미팅에 참가하기 전에는 마치 저 혼자 그 다이어트 식단을 따르지 않는 것 같아 심한 수치심을 느꼈으나, 이제는 제가 비교적 다이어트 프로그램을 잘 따르고 있는 사람 중 한 명이라는 것을 알았습니다."

왜 스스로에게 이러는 걸까? 난 단순히 다이어트에 대해 말하는 것이 아니다. 삶에 대해 말하는 것이다. 다른 사람은 관계, 회복, 특정일 등에 완벽하다는 전제를 설정하고 우리는 그들보다 못하다는 생각을 함으로써 왜 스스로를 자책하는 것일까?

우리 자신을 또는 타인을 판단하는 것은 똑같은 동전의 양면 중 우리가 또는 타인이 어디에 해당하는가를 묻는 것과 같은 것으로, 답이 있을 수가 없다.

우리 자신과 우리가 하는 일 정도면 꽤 괜찮은 것이라 스스로에게 말해 주는 것이 훨씬 이로운 일이란 것을 알자. 물론 이런 말이 앞으로는 실수를 하지 않을 것이라는 것을 뜻하는 것도 아니고, 우리가 정해 놓은 길에서 벗어나지 않을 것이라는 것을 뜻하는 것도 아니다. 또한 앞으로 우리는 발전하지 못할 것이라는 것을 뜻하는 것도 아니다. 이 말의 뜻은 우리가 실수를 하고 방황을 한다 하더라도 우린 우리의 목표를 향해 잘 가고 있다는 것이다. 스스로에게 용기를 심어주고, 스스로를 인정하는 길이 바로 우리 자신이 원하는 목표를 달성하게끔 돕는 길이다.

다른 사람에게 자신을 맞추는 사람들

다른 사람의 비위만을 맞추려 노력하는 사람들을 가까이 한 적이 있는가? 그들과 함께 있는 것은 그다지 유쾌한 일이 아니다. 그들은 종종 우리를 짜증나게 한다.

남의 비위를 맞추려는 행동은 아마도 가족 안에서 생존하기 위해 습득되었을 것이다. 우리는 우리가 받을 만한 사랑과 관심을 못 받았을 수도 있다. 우린 다른 사람을 기쁘게 해도 된다는 허락이나, 자신을 믿어도 된다는 허락, 그리고 자기 신뢰를 표현하는 행동을 선택해도 된다는 허락을 받지 못했을 수도 있다.

남의 비위를 맞추는 것은 은밀히 행해질 수도, 공공연히 행해질 수도 있다. 다른 사람과 큰 소란을 피우며 얘기를 하지만 결국은 하고자 했던 이야기가 "내가 당신의 기분을 좋게 하고 있다면 좋겠네요." 일 수 있다. 아니면, 다른 사람을 기쁘게 하는 것에 기초를 둔 중요한 결정을 조용히 내리면서 더욱 은밀한 방법으로 남의 비위를 맞출 수도 있다.

다른 사람의 필요와 욕구를 고려 대상에 넣는 일은 우리의 관계에 중요한 일부분을 차지한다. 우리는 친구, 가족, 그리고 고용주에 대해 책임감을 가지고 있다. 우리는 나 아닌 다른 사람을 사랑하고, 보살펴야 할 강한 내적 책임감을 가지고 있다. 하지만 남의 비위만을 맞추려 노력하는 것은 오히려 역효과가 난다. 다른 사람이 우리에게 짜증을 느낄 뿐만 아니라, 다른 사람에게 투자한 노력이 우리의 계획처럼 그들을 기쁘게 하지 못하면 우리 자신도 짜증을 느끼게 된다. 가장 편안함을 느낄 수 있는 사람은 바로 다른 사람을 배려하되, 궁극적으로는 자기 자신을 기쁘게 하는 사람이다.

당신은 사랑스럽다

당신은 사랑스럽다. 그렇다. 당신은 사랑스럽다.

주변에 누군가가 있어 주지 못했다고 하여, 특정 인물이 사랑을 보여 주지 못했다고 하여, 누군가와의 관계가 실패했다고 하여, 당신이 사랑스럽지 않은 것은 아니다. 당신은 가르침을 얻은 것이다. 때론 그 가르침이 아플 수도 있다.

이제 고통에서 벗어나라. 사랑에 대해 마음을 열어라.

당신은 사랑스럽다.

당신은 사랑받고 있다.

노여움에서 벗어나기

노여움이라는 것은 강하면서도 두려운 감정이다. 이것이 분노로 발전하지 않고, 사람을 벌하거나 학대하는 수단으로만 쓰이지 않는 다면, 이로운 감정이기도 하다.

노여움은 경고와 같은 것으로, 문제가 무엇인지를 보여 준다. 때론 우리가 해결해야 할 문제가 무엇인지를 보여 주기도 한다. 때론 우리 가 설정해야 할 경계선을 보여 주기도 한다. 때로는 무언가를 놓아 버릴 때 마지막으로 느끼는 감정이기도 하고, 어떤 것을 수용하기 위 해 느끼는 감정이기도 하다.

노여움이라는 것이 반드시 어떤 이유가 있어야 하는 것은 아니다. 보통 하나의 작은 상자 속에 집어넣을 수 있는 것이 아니다. 노여움 은 우리나 우리의 에너지를 숨 막히게 하지도 않는다.

노여움을 느낄 때마다 죄책감을 느낄 필요가 없다. 죄책감을 느낄 필요가 전혀 없다.

숨을 깊게 들이마셔라. 노여움을 비롯한 모든 감정을 있는 그대로 느끼면서도 우리의 행동에 대해 책임을 질 수 있다.

때론 삶의 다른 면과 같이 감정은 느껴지고 수용되는 것이다. 감정 은 우리 안의 문제를 제시해 주기도 하고, 다른 사람과 함께 풀어 나 가야 할 문제를 보여 주기도 한다.

때론 우리의 감정은 우리에게 방향을 제시해 주기도 한다.

때론 감정은 메시지나 두려움과 연관이 있기도 하다. 난 결코 성공하지 못해……. 내가 갖고 싶은 것을 절대 얻지 못해……. 나는 더 잘 해야 하는데…….

때론 영적인 접근이나 치유가 해결책일 수도 있다. 기억하라. 삶의 모든 면에 영적인 접근을 시도할 때마다 우린 좋은 결과를 얻을 것이다.

우리가 감정을 똑바로 직시하고 감정에 대처할 때까지 우린 가르침이 무엇인지 모를 것이다.

스스로를 인정하기

한 여자가 운전을 하고 있다. 그 여자의 시선이 앞 차 번호판에 머무른다. 번호판에 "너 자신이 되라!"라고 쓰여 있다. 그녀는 생각한다. '어떻게 그럴 수 있지? 난 내가 누구인지 모르는 걸…….'

다른 사람이 우리에게 우리 자신이 되라고 용기를 북돋아 주면 우린 혼란스러울 수 있다. 수년을 다른 사람의 필요에 가려 자신을 잊고 살았는데 어떻게 우리가 누군지 알 수 있고 우리 자신이 되어 살수 있을까? 우리에게는 자아가 있다. 우리는 매일매일 우리 자신에 대해 더 많은 것을 발견하고 있고, 사랑을 받을 가치가 있는 우리라는 것을 배우고 있다.

현재하고 있는 것처럼 우리는 우리 자신을 받아들이는 것에 대해 배우고 있고, 우리의 감정, 생각, 단점, 욕구, 필요, 희망을 받아들이는 것에 대해 배우고 있다. 우리의 생각과 감정이 혼란스럽다면, 그것도 받아들인다.

우리 자신이 되어 산다는 것은 우리의 과거, 역사를 있는 그대로 받아들인다는 것이다.

우리 자신이 된다는 것은 현재와 미래의 우리 견해와 믿음에 대한 권리를 부여받았다는 것을 의미한다.

남이 아닌 자신이 되라

사람을 만나거나 새로운 관계를 갖게 될 때, 난 스스로에게 억압적인 구속을 하기 시작한다. 난 나의 감정, 욕구, 필요, 역사를 갖지 못하게 된다. 내가 원하는 행동을 할 수 없고, 내가 느끼는 감정을 느낄 수 없게 되며, 내가 할 말을 못하게 된다. 난 내 자신이 되는 대신 억제된 로봇이 되고 만다.

- 무명씨

때론 새로운 상황에 직면하게 되면, 우리의 본능은 자신이 되질 말라고 한다. 그럼 우린 누가 되어야 하는 걸까? 당신은 누가 되고 싶은가? 우리는 다른 어떤 사람도 될 필요가 없다. 어디를 가든 가장 좋은 관계를 형성할 수 있는 가장 좋은 방법은 바로 자기 자신이 되는 것이다.

다른 사람이 나를 좋아하지 않는다고 생각할 수 있다. 자기 자신이 자유롭게 행동하면 다른 사람이 나를 피하지는 않을까 겁먹을 수 있다. 다른 사람이 어떻게 생각하는지 걱정할 수 있다. 하지만 사람들은 뻣뻣하고 억제되었을 때보다 편안하게 자기 자신이 되어 행동할 때, 우리 주변에 있는 것을 더 좋아한다. 우리 주변에 있는 것이 재미있어진다.

다른 사람이 우리를 인정해 주지 않을 때, 우린 그 사람들 주변에 있고 싶은가? 다른 사람의 견해가 우리와 우리의 행동을 좌지우지하게 내버려 둘 필요가 있는가?

자신이 되도록 스스로를 허락하는 것은 우리의 관계에 치유 효과를 줄 수 있다. 어조가 편안해지고, 우리가 편안해지며, 상대방이 편안해진다. 그럼 모든 사람이 진실을 알았기에 수치심을 덜 느끼게 된다.

우리 자신이 우리가 될 수 있는 전부이고, 우리가 되려는 전부이다. 이것으로 족하다. 좋다. 우리 자신에 대한 우리의 견해만이 중요하다. 그리고 우린 자신에게 필요한 만큼의, 그리고 원하는 만큼의 인정을 줄 수 있다.

평안

갈등, 문제, 그리고 두려움에 대해서까지 우리의 첫 번째 반응은 걱정이다. 그리고 이러한 때, 모든 것에서 스스로를 분리시켜 평안을 느끼는 것이 어쩌면 말도 안 되는 행동처럼 보일 수도 있다.

우리는 생각한다. 내가 이것을 진정으로 생각한다면, 난 걱정해야 해. 이것이 나에게 중요한 일이라면, 슬퍼해야 해. 걱정하는 시간에 비례해 긍정적 결과가 나올 것이라는 것을 스스로에게 확신시킨다.

문제를 해결하는 가장 좋은 자원은 평안이다. 해결책은 평안한 상태에서 쉽게 그리고 자연스럽게 나온다. 종종 두려움과 걱정은 방해가 될 뿐이다. 걱정은 문제 자체에 힘을 실어 주는 것이지 해결책을 주지 않는다. 걱정은 전혀 도움이 되지 않는다.

우리가 선택만 한다면, 평안은 우리 손 안에 있다.

혼란스럽고, 문제는 해결되지 않았지만, 모든 것이 잘될 것이다. 우리는 우주의 자원인 물, 흙, 태양, 산보, 기도인, 친구 등등으로 우리 자신을 둘러쌀 수 있다.

안정을 취한 뒤, 평안을 느끼도록 하자.

오늘, 나는 혼란 속에 떠도는 나의 욕망을 놓아
버릴 것이다. 나는 가만히 평화를 키우면서 기다
릴 것이다. 적절한 때에 해답이 주어질 것이며,
자연스럽게 그리고 조화롭게 그것이 평화 속에
서 탄생될 것이다. 나는 의식적으로 놓아 버리며
신이 알아서 하게끔 할 것이다.

충만

"내가 필요한 것은 모두 오늘 제공될 것이다. 모든 것이⋯⋯."

이 말을 믿을 때까지 계속 말하라. 하루를 시작할 때 이 말을 하고, 하루를 마감할 때 이 말을 하라. 이 말은 우리가 무엇을 필요로 하고, 무엇을 원하는지를 알아내는 데 도움을 준다. 만약 우리의 필요와 욕구를 알아내지 못했다 하더라도 하나님만은 우리의 필요와 욕구를 아셨다고 믿어도 된다.

우리가 구하면, 우리가 필요로 하는 것이 주어질 거라 믿어라. 우리가 신경 쓰면, 신은 우리의 가장 사소한 것까지도 신경을 쓰신다.

항복

우리보다 위대한 힘에 항복하는 것이 힘을 얻는 방법이다.

우리가 가능하리라 믿었던 것보다 더 새롭고, 좋으며, 효과적인 방법으로 힘을 얻게 된다.

문이 열린다. 창문이 열린다. 가능성이 보인다. 드디어 우리의 에너지가 적절하게 쓰이게 된다. 삶에 대한 계획, 그리고 우주에서의 우리의 위치와 조화를 이루게 된다. 우리를 위한 계획과 장소가 있다. 우리에게 보일 것이다. 우리가 알게 될 것이다. 우주는 우리를 향해 열릴 것이고, 우리가 필요한 모든 것이 갖추어져 있는 특별한 장소가 만들어질 것이다. 좋을 것이다. 좋을 것이라는 것을 지금 이해하라.

마음이 열려 있기만 하다면, 내적 힘을 갖는 방법을 배우게 될 것이다. 무기력함을 느끼며 중도에 그만두지 않아도 된다. 바로 그 장소가 우리 자신을 재평가하는 곳이다. 바로 그곳이 힘이 전혀 존재하지 않을 때 힘을 구하려 애썼던 곳이다.

항복을 했으면, 이제는 힘을 가질 때이다. 자연스럽게 힘을 가질 수 있도록 하자. 힘은 그곳에 존재하고, 우리의 것이다.

가족과 함께 살기

우리는 가족을 매우 사랑하고 걱정할 것이다. 가족 구성원도 우리를 사랑하고 걱정할 것이다. 하지만 일부 구성원과 관계를 맺는 것이 깊은 수치심, 분노, 노여움, 죄의식, 그리고 무기력함으로 이어질 수도 있다.

감정적 단계에서 일부 가족 구성원과 스스로를 분리시키는 것이 힘들 수 있다. 그들의 문제를 우리의 것과 구분하는 것이 힘들 수 있다. 내적 힘을 소유하는 것이 힘들 수 있다. 하지만 불가능하지는 않다.

첫 번째 단계는 자각과 수용이다. 죄의식이 부재한 우리의 감정과 생각에 대한 간단한 자각. 우리는 가족 구성원을 비난할 필요가 없다. 자신을 비난할 필요가 없고 수치심을 느낄 필요가 없다. 수용이 목표이다. 구성원 속에서 자신을 돌보려면 무엇이 하고 싶고 무엇을 선택해야 하는지를 생각하고 자유롭게 행동해야 과거의 패턴에서 벗어날 수 있다. 우리는 회복 중이다. 진전을 보이는 것이 목표이다.

혼란에서 벗어나기

때론 우리의 길이 불명확할 수 있다.

마음에 구름이 끼고, 혼란스러워진다. 그다음 단계가 무엇이 되어야 하는지, 무엇일지, 어떤 방향일지에 대해 우리는 정확하게 알지 못한다.

바로 이 시점이 멈추고, 인도를 구하며, 쉬어야 하는 시간이다. 이 시점이 두려움을 날려 보내야 하는 시간이다. 기다려라. 혼란을 느낀 다음, 그 감정에서 벗어나라. 길은 스스로 보일 것이다. 다음 단계가 모습을 드러낼 것이다. 지금 알 필요는 없다. 적절한 시간이 되면 알게 될 것이다. 믿어라. 날려 보내고 믿어라.

타이밍

우리가 삶의 신비를 풀 수 있고, 세상을 지나다니는 에너지에 대해
밝힐 수 있다면, 우리가 과거 사건들의 중요성을 정확히 측정할 수
있다면, 우리가 인류의 투쟁, 딜레마, 열망을 측정할 수 있다면, 우
리는 그 어떤 것도 시간을 초월해서 탄생되지 못한다는 것을 발견
하게 될 것이다. 모든 것은 적절한 순간에 일어난다.

- Joseph. R. Sizoo

　타이밍은 당황스러운 것일 수도 있다. 무슨 일이 일어나 지나갈 때
까지 우리는 계속 기다리고 있을 수 있다. 아니면, 어떤 일이나 상황
이 갑자기 일어나 우리를 놀라게 할 수도 있다.
　어떤 일이 너무 늦게 일어난다거나 너무 빨리 일어난다는 생각은
환상일 뿐이다. 타이밍은 항상 정확하다.

스스로를 신뢰하기

회복에 있어 신뢰라는 것은 가장 혼란스러운 개념일 수 있다. 우리는 왜 신뢰하는가? 무엇을 위해 신뢰하는가?

우리가 직면하는 가장 중요한 신뢰에 대한 이슈는 바로 '스스로를 신뢰하는 방법 배우기'이다. 우리에게 일어난 일 중 가장 큰 손해를 끼친 일은 바로 자신에 대한 불신을 믿게 된 일이다.

우리는 우리의 길을 일탈했기에 자신을 믿어서는 안 된다고 말하는 사람들이 있다. 그 사람들은 우리가 우리 자신을 잘못 이해하고 있을 때 이익을 얻는 사람들이다. 두려움과 의심은 우리의 적이다. 당황도 우리의 적이며, 혼란도 우리와 적대 관계에 있다.

자기 신뢰는 스스로에게 줄 수 있는 치유 선물이다. 이를 어떻게 얻을 수 있을까? 바로 배움을 통해서 얻을 수 있다. 우리의 실수에 대해, 그리고 스스로를 믿어도 된다고 생각했으나 그것이 잘못으로 판명되었을 때 우리는 어떠한 행동을 취해야 하는가? 우리는 그것들을 받아들이고, 다시 자신을 믿어야 한다. 만약 우리가 잘못 판단하고 있거나, 우리의 마음을 변화시킬 필요가 있다면, 그것을 향해 우린 이끌어질 것이다. 하지만 현재 자기 자신을 믿어야만 이러한 일이 일어난다. 지지와 자극을 위해 다른 사람에게 기댈 수는 있으나, 우리 자신을 신뢰하는 것이 무엇보다도 중요하다.

피해의식을 던져 버리기

"내가 이렇게 아프다는 것을 다른 사람은 모르는 거야?" "내가 도움이 필요하다는 것을 모르나?" "그들은 신경도 안 쓰나?"

다른 사람이 아는지, 신경 쓰는지 여부는 중요한 것이 아니다. 우리가 자신에 대해 알고 있는지 여부와 신경 쓰고 있느냐의 여부가 중요한 것이다. 종종 타인이 우리에 대해 연민을 느끼길 바라며, 그들에게 손을 뻗는 이유는 우리가 고통을 완전하게 받아들이질 못했기 때문이다. 스스로를 돌볼 수 있는 그 단계까지 오지 못했기 때문이다. 우리는 아직까지 가지지 못했던 안식을 다른 사람에게서 찾으려는 것이다.

자신에 대해 연민을 느끼는 것은 우리 몫이다. 스스로에게 연민의 감정을 느끼는 것은 피해의식에서 벗어나기 위한 첫 번째 단계이다. 우리는 자신에 대한 책임감, 보살핌, 그리고 변화를 꾀하려 하고 있다.

> 오늘, 나는 타인들이 나를 관심 있게 봐 주고 돌보는 것을 기대하지 않겠다. 나는 고통과 나의 문제를 자각해야 할 책임이 있으며 스스로를 돌봐야 한다.

86

긍정적 힘

주변을 돌아보고 무엇이 잘못되었는지를 아는 것은 쉽다. 하지만 무엇이 옳은지를 볼 수 있기 위해서는 연습이 필요하다.

우리 중 다수는 수년을 부정적으로 살아 왔다. 그래서 다른 사람, 우리의 삶, 우리의 일, 우리의 하루, 우리의 관계, 우리 자신, 우리의 행동, 그리고 우리의 회복의 어떤 면이 잘못되었는가를 알아내는 데 매우 능숙해졌다. 우리는 현실적이고 싶어 하고, 우리의 목표는 현실을 알아내고 수용하는 것이다. 하지만 부정적으로 살 때, 우리의 목표는 종종 변질된다. 부정적으로 사는 것의 목표는 보통 파괴이기 때문이다.

부정적 사고방식은 문제를 더욱 크게 만든다. 이것은 우리를 조화로부터 떨어뜨려 놓는다. 부정적 힘은 무엇이든 파괴시키고 파멸시킨다. 이것은 이것 자체의 강력한 삶을 가지고 있다. 긍정적 힘도 마찬가지이다. 매일, 우리는 다른 사람, 우리의 삶, 우리의 일, 우리의 하루, 우리의 관계, 우리 자신, 우리의 행동, 그리고 우리의 회복의 어떤 면이 옳고, 좋은지를 물어보도록 한다.

긍정적 힘은 치유해 주고, 사랑을 행하게 하며, 변화시킨다. 긍정적 힘을 선택하라.

허용하기

당신은 생각할 수 있다. 당신은 느낄 수 있다. 당신은 당신의 문제
를 해결할 수 있다. 당신은 스스로를 돌볼 수 있다.

이러한 말은 그 어떤 심오하고 정교한 충고보다도 나에게 종종 긍
정적 효과를 가져다 주었다.

자신과 타인을 의심하는 덫에 걸리기가 얼마나 쉬운가?

어떤 사람이 우리에게 그의 문제를 얘기할 때 우리의 반응은 어떠
한가? 그 사람을 위해 문제를 해결해 주어야 한다고 생각하는가? 그
의 미래가 우리가 주는 충고에 달렸다고 생각하는가? 치유를 구성하
는 것들만큼 그것을 뒷받침해 주는 것은 탄탄하지 못하다.

어떤 사람이 특정 감정으로 고통을 받을 때 우리의 반응은 어떠한
가? 그 사람이 결코 그 감정을 극복하지 못하리라 생각하는가? 그 사
람이 특정 감정을 느끼는 것이 잘못된 것이라 하겠는가?

어떤 사람이 그의 삶과 행동의 책임이라 가정하는 문제와 직면했
을 때, 우리의 반응은 어떠한가? 그 사람이 극복할 수 없다고 생각하
는가? 그 사람이 무너지고 실패하는 것을 막기 위해 내가 해결해야
한다고 생각하는가? 자신의 문제, 감정, 책임을 직면했을 때는 어떠
한가? 스스로를 신뢰하고 타인을 신뢰하는가? 우리 자신을 포함한 다
른 사람과 그들의 능력에 힘을 실어 주는가? 아니면, 문제, 감정, 무책
임 등에 힘을 실어 주는가?

88

스스로를 돌아보는 방법을 배울 수 있다. 반응을 보이기 전에 우리의 반응을 고려하고, 생각할 수 있는 방법을 배울 수 있다. "당신이 그러한 문제를 가지고 있어 유감입니다. 당신이 해결책을 찾아낼 거라 믿습니다. 힘든 감정을 감당하고 계시군요. 그 감정들을 극복하고, 잘 해결하리라 믿습니다."

우리 개인은 각자 자신에 대해 책임을 져야 한다. 이 말이 우리가 타인에 대해서는 전혀 신경을 쓰지 않는다는 것을 의미하지는 않는다. 이 말이 다른 사람을 지지해 주는 것에서 차갑고 계산적이게 등을 돌리는 것을 의미하지는 않는다. 이 말은 우리가 긍정적 효과를 가져 오는 방식으로 사람들을 사랑하고 지지하는 것을 우리가 배운다는 것을 의미한다.

안전

　문제가 있는 가정에서 살면서―어린이로 또는 성인으로―받는 장기적 영향은 바로 안전하지 못하다는 감정이다.

　우리 자신을 돌보고 사랑하는 자세의 일환으로 우리는 안전하고 편안하게 느끼는 방법에 대해 배울 수 있다. 종종 우리는 12단계 미팅이나 지지 그룹에 참여하여 안전하고 편안한 감정을 느낀다. 친구와 함께 지내거나 스스로를 위해 좋은 일을 하는 것은 자신이 보호와 사랑을 받고 있다는 감정을 느끼게 하는 데 도움을 준다. 때론 다른 사람에게 손을 내미는 것도 안전한 느낌을 갖게 하는 데 도움을 줄 수 있다. 기도와 명상은 위대한 힘이 우리를 돌보고 있다는 것을 우리가 확신하는 데 도움을 준다.

　이제 우리는 안전하다. 이제 편안히 쉬어도 된다.

　다른 사람이 항상 지속적이고 진실한 마음으로 우리 곁에 없었을 수도 있다. 하지만 이제 우리는 우리 자신이 우리 곁에 있는 방법을 배우고 있다.

중간에 말려들지 않기

"난 중간에 끼고 싶지 않아. 하지만……." 이러한 말은 우리가 지금 막 중간에 발을 디뎠다는 것을 보여 주는 말이다.

다른 사람의 관심사, 문제, 말의 중간에 항상 낄 필요는 없다. 우리는 다른 사람들이 그들의 관계에 대해 스스로 책임질 수 있도록 할 수 있다. 그들끼리 그들의 이슈를 해결하도록 내버려 둘 수 있다. 평화를 만드는 사람이라 하여 항상 중간에 낄 필요는 없다.

자신이 평화롭게 지내고, 소란을 피우지 않음으로써 우리는 평화를 수호한다. 우리가 다른 사람의 일이나 관계에 끼어들어 일어나는 더 많은 혼란을 일으키지 않음으로써 우리는 평화 수호자가 되는 것이다. 당신이 원하지 않는 이상 괜히 중간에 말려 들어가지 말라.

서약 고려하기

당신의 서약을 집중하라. 우리 중 다수는 서약을 두려워하지만 우리가 고려하고 있는 서약의 비용을 한 번 따져 보는 것은 좋다. 그 서약이 우리에게 적절한 것이라는 긍정적 느낌을 지속적으로 갖는 것이 필요하다.

우리에게는 종종 특정 서약의 비용이나 가능한 결과를 고려해 보지 않고 무턱대고 서약에 뛰어들었던 경험이 있다. 그런 서약을 했을 때, 우리는 약속을 지키고 싶지 않아 하는 자신을 발견하고, 덫에 걸린 것 같은 느낌을 받게 된다. 우리 중 일부는 서약하지 않아 특정 기회를 놓쳐 버리는 것을 두려워 할 수 있다. 우리가 서약하지 않음으로써 특정 기회를 놓칠 수 있는 것은 사실이다. 하지만 우리는 서약의 무게를 따져 볼 필요가 있고, 그 서약이 우리에게 적절한지 한 번 생각해 보아야 한다. 만약 그 서약이 적절치 않다면, 우리 자신과 다른 사람에게 똑바로 얘기해야 한다.

인내심을 가져라. 영혼을 검색해 보고, 명확한 답이 나올 때까지 기다려라. 서둘러서 또는 당황한 채로 서약할 것이 아니라, 우리가 서약하려는 것이 우리에게 적절하다는 조용한 확신 속에 서약을 하도록 해라.

경계선 설정으로부터의 핀잔

스스로를 돌볼 수 있는 힘을 얻게 되어 경계선을 설정하고, 필요에 따라 "No"라고 말하기도 하고, 옛날의 패턴을 바꾸게 되면, 몇몇 사람이 핀잔을 줄 수도 있다. 하지만 괜찮다. 그들의 반응이 우리를 통제하거나, 멈추거나, 자신을 돌보기 위한 우리의 결정에 영향을 주게끔 방치하지 않아도 된다.

스스로를 돌보기 위한 과정에서의 그들의 반응을 통제할 필요는 없다. 그것은 우리 책임이 아니다. 또한 그들이 아무 반응을 보이지 않기를 기대할 필요도 없다.

우리가 다른 행동을 취했을 때, 또는 우리의 성장을 위해 어떤 면에서 그들에게 영향을 주게 되는 결정을 내리고 단호한 행동을 취했을 때, 사람들은 반응한다. 그들이 자신의 감정을 느끼게 내버려 둬라. 또 그들이 그들의 반응을 보이게 내버려 둬라. 여의치 말고 계속해서 당신의 과정을 지속하라.

만약 사람들이 우리의 특정 행동 패턴에 익숙해져 있다면, 그들은 시스템의 변화를 피하기 위해 우리가 계속해서 같은 행동을 보이도록 설득하려 할 수 있다. 만약 사람들이 우리의 "Yes"라는 대답에 익숙해 있다면, 우리가 "No"라고 대답할 때 그들은 불평하거나 술렁일 수 있다. 만약 사람들이 우리가 그들의 책임, 감정, 문제를 대신 져 주는 것에 익숙해 있다면, 우리가 그러한 행동을 멈추었을 때 우리에게 핀잔을 줄 수 있다. 이런 것은 정상적인 일이다. 우리는 '스스로 돌보기'라는 말 아래 이런 조그마한 핀잔을 감당할 수 있는 방법을 배울 수 있다. 물론, 이 핀잔이 심하지 않는 경우에만 그렇다.

스스로에 감사하기

우리에게 일어날 일 중 우리 자신이 가장 위대한 일이다. 믿어라.
믿는 것이 삶을 더욱 쉽게 만든다.
- 『Codependent No More』(Melody Beattie)

자신을 책망하는 바보 같은 짓을 그만둘 때다.

우리는 직접적이든 간접적이든 간에 삶의 많은 부분을 사과하며
살아왔을 수 있다. 다른 사람보다 자신이 덜 소중하다고 느끼고, 그
들이 자신보다 더 많은 것을 안다고 믿으며, 우리와는 달리 그들은 처
음부터 바로 여기에 있었어야 하는 사람이라고 믿으면서 말이다.

우리는 여기에 있을 권리가 있다. 우리는 우리 자신이 될 권리가
있다. 우리 삶에는 목적, 이유, 그리고 의도가 있다. 우리가 여기에 있
는 것에 대해, 그리고 우리 자신으로 사는 것에 사과할 필요는 없다.

우리는 가치 있는 사람이다. 다른 사람들은 우리의 마술을 가지고
있지 않다. 우리는 마술을 가지고 있다. 그것은 우리 안에 존재한다.
우리가 과거에 한 일은 상관없다. 우리 모두는 실수, 성공, 그리고 경
험에서 얻은 가르침으로 짜여 있는 과거가 있다. 우리는 우리의 과거
에 대한 권리가 있다. 이것은 우리 것이다. 이것은 우리를 형성하고
모양을 만들었다. 이 여행을 계속함에 따라 우리는 각각의 경험이 어
떤 결과를 가져오고, 어떻게 좋게 쓰이는지를 보게 될 것이다. 나의
친구여, 그것이 바로 놀라운 선물이다.

___

걱정에서 벗어나기

만약 오늘 우리가 하는 걱정이 모두 잘 풀릴 거라는 것을 확신할 수 있다면? 만약…… 우리를 괴롭히는 문제가 가장 최선의 방법으로 가장 적절한 시간에 해결될 것이라는 것을 보증받을 수 있다면? 더 나아가 3년 후에, 우리가 그 문제와 문제의 해결책으로 인해 감사하게 된다는 것을 안다면? 만약…… 우리의 최악의 두려움조차 가장 최선의 방법으로 해결될 것이라는 것을 안다면? 만약…… 우리 삶에 일어났던, 그리고 일어나려 하는 일들이 모두 우리의 이익을 위해 우리만을 위해 계획된 것이라는 것에 대한 보증을 받았다면? 만약…… 우리가 사랑하는 사람들이 겪는 경험들이 모두 그들이 되어야 하는 사람이 되기 위한 필수적인 것들이라면? 더 나아가, 다른 사람이 자기 자신에 대한 책임을 스스로 질 수 있고, 우리가 그들을 통제하거나 책임을 대신 져 줄 필요가 없다는 것을 보증받을 수 있다면? 만약…… 우리의 미래가 좋을 것이라는 것과 우리 앞에 놓일 어떠한 장애물도 극복할 수 있는 충분한 자원과 인도를 지니게 된다는 것을 안다면? 만약…… 모든 것이 괜찮고, 전혀 걱정할 것이 없다면? 그럼 우리는 무엇을 할 것인가?

우리는 모든 것을 날려 보낼 수 있는 자유를 얻게 되고, 삶을 즐기게 될 것이다.

짐이 아닌 선물

우리가 받아들이기만 한다면, 아이들은 선물이다.

- Kathleen Tumer Crilly

아이들은 선물이다. 우리의 아이들은, 만약 우리에게 아이가 있다면, 우리에게 주어진 선물이다.

슬프게도, 우리 중 다수는 부모에게 우리가 그들에게 그리고 우주에게 주어진 선물이라는 메시지를 받지 못했다. 어쩌면 우리 부모 자신이 고통 속에 있었는지도 모른다. 어쩌면 우리의 부모는 우리가 그들을 돌봐 줄 사람이라고 기대하고 있었는지도 모른다. 어쩌면 그들의 가장 힘든 시기에 우리가 그들에게 주어졌을지도 모른다. 어쩌면 그들 나름의 이슈가 있어 우리를 선물로서 즐기고, 수용하고, 감사할 수 없었는지도 모른다.

우리 중 다수는 우리가 세계와 주변 사람들의 짐이었고, 현재에도 짐이라는 깊고도 무의식적인 믿음을 가지고 있다. 이러한 믿음은 삶과 다른 사람과의 관계를 즐길 수 있는 능력을 방해할 수 있다. 이러한 믿음은 위대한 힘과의 관계에도 악영향을 끼칠 수 있다. 우리는 우리가 하나님의 짐이라고 느낄 수 있다.

만약 이러한 생각을 가지고 있다면, 이제 그 생각을 떨쳐 버릴 때이다. 우리는 짐이 아니다. 그런 적도 없다. 부모에게 그런 메시지를 받았다면, 그것은 그들이 해결해야 할 문제임을 인식하도록 하자. 우리는 우리 자신을 우리에게, 다른 사람에게, 그리고 우주에게 주어진 선물로 대할 권리가 있다. 우리는 여기에 있다. 그리고 우리는 여기에 있을 권리가 있는 것이다.

태워 버린 후

"내가 어떻게 할 수 있을까? 어떻게 말할 수 있을까? 진정으로 말했지만, 아직도 수치심, 죄의식, 두려움을 느낀다."

새롭고 가슴 뛰는 회복의 행동에 대해 이는 정상적인 반응이다. 내적 힘을 찾고 자신을 돌보는 것과 관계된 모든 것은 우리의 수치심, 죄의식, 그리고 두려움의 방아쇠를 당길 수 있다.

우리는 이와 같은 감정이 우리를 통제하게 내버려 둘 필요가 없다. 그것은 후유증일 뿐이다. 그것이 완전히 태워져 없어지도록 하자.

우리가 감정과 메시지들을 직면하고 공격하기 시작할 때, 우린 후유증의 일부를 계속해서 경험하게 된다. 이런 후유증은 바로 우리의 삶을 통제하던 것—수치심과 죄의식—들이다.

우리 중 다수는 자신을 돌보고, 다른 사람을 정직하고 솔직하게 대하고, 내적 힘을 지니는 것이 잘못된 일이라는 수치심에 근거한 메시지를 받으며 성장해 왔다. 우리 중 다수는 자기 자신이 되어 사는 것과 관계에서 발생하는 문제를 해결하는 것이 잘못된 일이라는 메시지를 받으며 성장해 왔다. 우리 중 다수는 우리의 욕구와 필요가 잘못된 것이라는 메시지를 받으며 성장해 왔다.

이 모든 것이 이제 태워 없어져 버릴 수 있도록 하자. 후유증을 심각하게 받아들일 필요가 없다. 후유증이 우리가 틀렸다고, 우리 자신을 돌볼 권리와 경계선을 설정할 권리가 우리에겐 없다고 우리를 설득하게끔 하지 말자.

우리는 진정으로 자신을 돌볼 권리가 있을 것일까? 경계선을 설정할 권리가 진정으로 있는 것일까? 솔직해지고, 우리가 원하는 것들을 말할 권리가 진정으로 있는 것일까? 당연히 있다.

평형 유지하기

평형을 유지하도록 하라.

감정과 이성이 평형을 이루도록 하라.

자신을 분리시키는 일과 우리의 역할을 다 하는 것을 조화시켜라.

주는 것과 받는 것이 평형을 이루도록 하라.

일을 놀이로, 비즈니스를 사적 활동으로 변화시켜라.

영적인 욕구와 우리의 다른 욕구가 평형을 이루도록 하라.

자신의 책임을 다하며, 남들도 그들의 책임을 다하도록 하라.

다른 사람을 돌보는 것과 자신을 돌보는 것이 평형을 이루도록 하라.

할 수 있을 때마다 남에게 잘하자. 하지만 스스로에게 잘하자.

잃어버린 시간을 만회해야 하는 사람이 있다.

필요 충족하기

초원을 걷고 있는 당신의 모습을 그려보아라. 당신 앞에 길이 열린다. 계속해서 걸어가자 허기를 느낀다. 왼쪽을 보아라. 풍성한 과일나무가 보인다. 필요한 만큼 딴다.

더 걷는다. 이번에는 목이 마르다. 오른쪽을 보도록 한다. 신선한물이 보인다.

당신이 피곤하면, 쉬어 갈 곳이 나타난다. 당신이 외로우면, 당신과 함께 걸어 줄 친구가 나타난다. 길을 잃어버리면, 지도를 쥔 선생님이 나타난다.

얼마 가지 않아, 당신은 흐름을 읽게 될 것이다. 필요와 공급, 욕망과 충만, 남이 당신이 필요한 것들을 주는 이유를 그들이 당신의 필요를 가득 채우려 계획했기 때문이라고 생각할 수 있다. 그 반면에, 내가 선물을 알아차리고 받기 위해서는 내가 그 필요를 느꼈어야 했을수도 있다. 어쩌면 나의 욕구에 대해 눈을 감아 버리는 것이 내가 충만할 수 있는 길을 막는 것일 수 있다.

요구와 공급, 욕망과 충만은 우리가 깨지 않는 한, 계속해서 돌고돌 것이다. 이 여행을 위해 필요한 모든 공급이 계획되어 있고, 공급된다.

실험

실험. 새로운 것을 시도해 봐라. 한 발짝을 떼 보아라.

너무나 오랫동안 우린 붙잡혀 있었다.

너무나 오랫동안 우리 자신을 붙잡아 왔다. 어린아이였을 때, 대다수의 우리는 실험할 권리를 박탈당한 채 살아왔다. 우리는 어른으로서 가질 수 있는 실험할 수 있는 권리를 자신에게서 박탈하고 있다.

지금이 실험할 때이다. 회복에 있어 중요한 일이다. 당신 자신이 새로운 것을 시도해 볼 수 있도록 하라. 그렇다. 당신은 실수를 할 것이다. 하지만 실수로부터 당신이 소중히 하는 것이 무엇인지를 배울 수 있게 될 것이다.

싫어할 것도 시도해 봐라. 이런 시도도 좋다. 시도함으로써 우리는 우리 자신과 우리가 싫어하는 것들에 대해 조금 더 많이 알게 될 것이다.

좋아하는 것을 시도해 봐라. 그런 시도는 우리의 가치와 잘 맞아떨어질 것이다. 시도함으로써 우리는 삶에 있어 중요하고 삶을 충만하게 하는 것들을 발견하게 될 것이다.

재정

자신의 재정을 책임지는 것은 회복의 일부분이라 할 수 있다. 여러 가지 이유로 힘든 재정적 시간을 맞고 있는 사람이 있을 수 있다.

우리의 회복 개념은 돈과 관련된 문제와 삶의 그쪽 분야를 감당하는 것에도 주력한다. 다달이 5달러를 내어 5000달러를 갚으려 한다 하더라도 적절한 조치를 취하도록 하라.

당신이 있는 곳, 그리고 가지고 있는 것에서 시작한다. 다른 문제와 마찬가지로, 수용과 감사하는 마음은 우리가 가지고 있는 것을 더 많은 것으로 바꾸어 놓는다. 돈 문제는 '만약 ……라면'이라는 행동을 취하는 것이 좋지 못하다. 은행에 돈이 있을 때까지 수표를 발행하지 말라. 수중에 돈이 들어올 때까지 돈을 쓰지 말라.

생존하기 위한 돈이 부족하다면, 수치심을 느끼지 말고 적절한 자원을 활용하도록 한다.

목표를 세워라. 당신이 재정적으로 최선의 것을 받을 가치가 있음을 믿어라. 하나님이 당신의 재정을 신경 쓰고 있다는 것을 기억하라. 두려움을 버리고 믿어라.

여유 갖기

여유를 가져라.

앞으로 나아가기 위해 자신을 채찍질할 필요는 있지만, 너무 세게 자신을 몰아세울 필요는 없다. 부드럽게, 평화롭게 하라.

너무 급하게 서두를 필요는 없다.

어떠한 때라도 당신이 평안 속에서 할 수 있는 일보다 더 많은 일을 할 필요는 없다. 광적인 행동과 서두름은 우리의 새로운 삶의 방식의 기초가 되지 못한다.

시작하기 위해 너무 서두르지 말라.

시작하라. 하지만 적절한 때가 아니면 시작하지 말라. 시작할 때가 곧 올 것이다.

일의 핵심인 중간 단계를 즐겨라.

일을 끝내기 위해 너무 서두르지 말라. 거의 끝마쳤을 때도 그 마지막 순간을 즐겨라. 그 순간에 있는 모든 것을 주고받을 수 있도록 그 순간에 몰입하라.

자연스럽게 일이 진행되도록 하라.

앞으로 전진하라. 시작하라. 계속해서 전진하라. 하지만 부드럽게 진행시켜라. 평화 속에서 일을 진행시키고 매 순간을 소중히 하라.

어두운 면을 직면하기

자신에 대한 탐색과 두려움 없는 도덕적 재고를 했다.

- 무명씨

우리가 영적인 성숙의 경지에 이르렀을 때는, 우리의 어두운 면을 직면할 준비가 되어 있다. 즉, 우리가 자신과 타인을 사랑하는 것을 막고, 타인이 우리를 사랑하는 것을 막으며, 삶을 즐기는 것을 막는 우리의 어두운 면을 직면할 준비가 된 것이다. 이런 단계의 목적은 자신을 더욱 악화시키려는 것이 아니다. 우리의 목적은 즐거움과 사랑을 가로막고 있는 것들을 제거하는 것이다.

우리는 과거의 사건에서 느꼈던 두려움, 화, 상처, 그리고 수치심을 찾으려 한다. 즉, 오늘날의 우리에게 영향을 미치고 있을지도 모르는 묻혀 있는 감정을 찾으려 한다. 우리 관계의 질에 장애물이 되고 있을 수도 있는 자신과 타인에 대한 무의식적인 믿음을 찾으려 한다. 이러한 믿음들은 말한다.

"난 사랑받을 가치가 없어." "주변 사람들에게 난 짐이야. 사람들은 믿을 수가 없어." "난 신뢰할 수 없는 사람이야. 난 행복하고 성공할 가치가 없어. 사는 것은 가치가 없는 일이야."

자기 패배적인 것들을 분간하며 우리는 우리의 행동과 패턴을 돌아본다.

자신에 대한 사랑과 연민으로 우리는 우리의 모든 죄의식—그것
이 얻어진 것이든, 얻어지지 않은 것이든—을 파헤치고, 그것을 외부
에 노출시킨다.

우리가 발견하게 될 것에 대한 두려움 없이 우리는 이와 같은 조사
를 한다. 왜냐하면 이와 같은 영혼 탐색이 우리가 가능하다고 상상했
던 것보다 우리를 깨끗이 할 것이고, 우리가 자신에 대한 긍정적 감정
을 갖도록 도와줄 것이기 때문이다.

수용과 항복

순간에 항복하라. 그 순간에 몰입하라.

저항하는 것을 그만두어라.

우리의 노여움 중 많은 부분은 우리가 저항할 때 생기는 것이다. 우리가 수용할 때, 많은 안심, 해방, 그리고 변화가 가능하다.

우리는 저항하고, 억압하고, 부정함으로써 우리의 시간을 낭비하고, 우리의 에너지를 소진하며, 문제를 더욱 악화시킨다. 생각을 억누른다고 하여 그 생각이 사라지지 않는다. 이미 형성된 생각을 억누른다고 하여 우리가 더 나은 사람이 되는 것이 아니다. 생각을 하라. 그것들이 현실로 다가올 수 있도록 하라. 그리고 그것을 놓아 버려라. 생각은 영원한 것이 아니다. 그 생각이 마음에 들지 않는다면, 우리는 다른 것을 생각해 낼 수도 있고 그 생각을 변화시킬 수도 있다. 하지만 이렇게 하기 위해서는 우리는 처음에 가졌던 생각을 수용하고 놓아 버려야 한다.

저항과 억압은 조그만 변화도 가져오지 않을 것이다. 그것들은 우리가 우리의 생각들로 갈등을 하게 할 뿐이다.

우리는 감정에 저항하고, 감정을 억눌러 삶을 더욱 고달프게 한다. 얼마나 어두운 것이든, 얼마나 불편한 것이든, 얼마나 놀라운 것이든, 얼마나 부적합한 것이든, 우리는 우리의 감정을 수용해야 한다. 감정을 저항하고 억누른다고 하여 그 감정으로부터 자유로워질 수 있는 것이 아니다. 더욱 악화시킬 뿐이다. 그것들은 우리 속에서 소용돌이

칠 것이고, 우리를 괴롭게 하고 병들게 하며, 몸이 아프게 할 것이다. 또 충동적인 행동을 하도록 부추길 것이며, 우리를 항상 깨어 있게 하거나, 잠들어 있게 할 것이다.

마지막 단계에서 우리가 할 일은 그 감정을 느끼면서 그것을 수용하는 것과 "그래, 이것이 내가 느끼는 것이야."라고 말하는 것뿐이다.

수용과 항복, 우리가 행하기 전에는 우리를 가장 아프게 하는 두 가지 개념이다.

갈등과 타협하기

회복이란 벗어난다는 의미보다는 더 많은 것을 함축한다. 때로는
그것이 머물러 문제를 감당한다는 것을 의미하기도 한다. 회복은
효과가 있는 관계를 만들고 유지하는 것에 관한 것이다.

　　　　　　　　　- 『Beyond Codependency』(Melody Beattie)

　문제와 갈등이란 삶의 일부분이며, 관계—친구, 가족, 사랑하는 사
람들, 그리고 직장—의 일부분이다. 문제 해결 능력과 갈등과의 타협
능력은 우리가 시간을 두고 획득하고, 발전시킬 수 있는 것들이다.

　관계의 문제에 대한 인식과 해결의 무의지는, 우리를 아직까지 해
결하지 못한 노여움과 피해의식의 감정, 종결되어 버린 관계, 해결되
지 못한 문제들, 그리고 문제를 악화시키고 시간과 에너지를 낭비하
게 하는 파워 플레이로 이끈다. 문제들을 직면하고 해결하려 하지 않
으면, 우리는 똑같은 문제를 다시 만나게 된다.

　사람들과의 어떤 문제들은 상호 만족하면서 해결하지 못하는 경
우가 있다. 때로는 그 문제가 우리가 설정해 놓은 경계선 내의 문제
이기에 타협할 여지가 조금도 없는 경우도 있다. 그 경우, 우리는 우
리가 원하는 것과 필요한 것이 무엇이며, 무엇이 중요한지를 명확히
이해할 필요가 있다.

사랑 안에서 분리하기

　종속으로부터 회복될 수 있는 중요한 길은 분리이다. 분리는 우리의 힘든 관계를 건전한 관계―성장시키고 번성하게 하고 싶은 관계―로 이롭게 한다. 즉, 대처하는 방법을 가르쳐 주는 관계를 강화시킨다. 이는 우리에게 도움이 된다!

　분리는 한 번만 하는 것이 아니다. 회복 시 매일 해야 하는 행위이다. 우리가 종속과 성인 아이 문제로부터의 회복을 시작할 때, 우리는 이를 배운다. 그리고 우리와 우리의 관계가 성장하고 변화함에 따라 계속해서 연습한다.

　우리는 우리가 사랑하는 사람들, 좋아하는 사람들, 그리고 특별히 신경 쓰지 않는 사람들을 놓아 버리는 방법을 배운다. 우리는 다른 사람과 그들의 과정으로부터 우리 자신과 우리의 과정을 분리시킨다.

인내심

사람들이 우리에게 인내를 가지라고 하거나 인내심을 기르라고 말하는 것을 듣는 것이 얼마나 피곤하고 짜증나는 일인가. 무언가를 원해 전진을 했으나, 원하는 일이 성사되지 않으면 얼마나 좌절스러운가. 우리의 필요가 충족되지 못하고 걱정, 좌절 가운데에 서 있을 때, 다른 사람이 기다리라고 말한다면 얼마나 짜증나는 일인가.

인내심을 가지라는 제안과 감정을 갖지 말라는 옛날 규칙을 혼돈하지 말라. 인내심을 갖는다는 것이 때론 우리를 기진맥진하게 할 수 있는 삶과 회복의 과정을 감정 없이 겪는 것을 의미하지 않는다.

좌절감을 느껴라. 불안함을 느껴라. 당신의 필요가 충족되지 않는 것에 대해 있는 대로 화를 내라. 두려움을 느껴라. 우리의 감정을 통제한다고 우리의 과정을 통제하지는 못할 것이다.

우리는 우리의 감정에 항복함으로써 인내심을 찾는다. 인내심은 강요될 수 있는 것이 아니다. 이것은 수용, 감사와 밀접한 것으로, 하나의 선물이다. 우리 자신과 우리가 가지고 있는 것을 완전히 인정할 수 있도록 우리의 감정을 돌볼 때, 자신이 될 준비와 더 많은 것을 가질 준비가 끝날 것이다.

옛날의 감정

아직도 나쁜 날들이 있다. 하지만 괜찮다. 왜냐하면 나쁜 해를 경험했던 나였으므로…….

- 무명씨

때로는 옛날의 감정이 되살아난다. 우리는 두려움, 수치심, 절망을 느낄 수 있다. 모든 것에 분노, 무기력함, 피해의식, 사랑스럽지 않음을 느낄 수 있고, 자기가 부족하다고 느낄 수 있다. 이것은 종속(codependency)으로, 몇몇 사람이 영혼의 병이라 부르는 상태이다.

우리가 회복을 시작했을 때 우린 이런 느낌을 받았다. 때로는 회복하고 있는 도중에 이런 감정을 다시 느끼게 된다. 때로는 여기에 이유가 있다. 관계가 종결, 직장, 집, 우정에서의 스트레스와 문제 같은 사건들이 이러한 반응을 자극했을 수 있다. 변화의 시간, 육체적 아픔 등도 이러한 반응을 자극했을 수 있다. 때로는 이러한 감정이 아무런 이유 없이 되살아난다. 옛날의 감정으로 돌아가는 것이 회복의 첫 단계로 다시 돌아가는 것을 의미하지 않는다. 또는 우리가 회복에 실패했음을 뜻하지도 않고, 우리가 길고도 고통스러운 나쁜 감정에 빠져 있음을 의미하지도 않는다. 옛날의 감정은 그냥 거기에 있을 뿐이다.

해결책은 쉽다. 기초를 연습하는 것. 기초의 몇 가지는 자신을 사랑하고 신뢰하는 것, 분리, 감정에 대응, 회복 그룹으로부터 도움을 주고받는 것, 확신을 이용하는 것, 그리고 재미있게 보내는 것이다.

스스로 돌보기

당신이 당신을 돌보기 위해 필요한 것이 무엇인지 난 정확히 알지
못한다. 하지만 당신이 필요한 것을 알아낼 것이라는 것은 안다.
　　　　　　　　　　　- 『Beyond Codependency』(Melody Beattie)

피곤할 때 쉬어라.

목이 마를 때 찬 물을 한 잔 마셔라.

외로울 때 친구를 불러라.

감당할 수 없다고 느낄 때, 하나님에게 도움을 요청하라.

우리 중 다수는 자신을 박탈하고 무시하는 방법을 배웠다. 자신을
너무 강하게 밀어 붙였다는 것이 문제일 때, 우리는 자신을 강하게 밀
어붙이는 방법을 배웠다.

오늘, 나는 스스로 돌보는 사랑을 연습할 것
이다.

주는 것

건전하게 줄 수 있는 사람이 되는 것을 배우는 것은 하나의 도전이 될 수 있다. 우리는 충동적으로 주는 것에 익숙해져 있다. 죄의식, 수치심, 의무감, 동정, 그리고 도덕적 우월성과 같은 자비롭지 못한 감정에서 동기를 얻은 자비로운 행동들.

이제 우리는 자신보다 남을 돌보는 행위, 충동적으로 주는 행위들이 효과가 없다는 것을 안다. 그것들은 역효과가 있다. 자신보다 남을 돌보는 행위는 우리로 하여금 계속해서 피해의식을 갖게 한다.

우리 중 다수는 우리가 옳은 일을 한다고 생각하며, 너무나 많은 것을 줬다. 그다음 우리의 삶과 관계가 잘 돌아가지 않는다는 것에 혼돈스러워했다. 우리 중 다수는 우리가 하나님의 뜻을 따른다고 생각하며, 너무나 오랫동안 너무나 많은 것을 줬다. 그러다가 회복할 때에는 한동안 주고, 돌보고, 사랑하는 것을 거부해 왔다.

괜찮다. 우리에게는 휴식이 필요했는지도 모른다. 하지만 건강하게 주는 것은 건강한 삶을 사는 것의 일부이다.

회복의 목표는 평형을 이루는 것이다. 즉, 진정으로 주고 싶은 바람에서 시작된 보살핌과 자신과 타인에 대한 존경심이 평형을 이루게 하는 것이다.

다른 사람을 이용하여 우리의 고통을 멈추기

우리의 행복은 다른 사람의 손에 달려 있지 않다.

우리가 잘되는 것은 다른 사람이 주는 것, 쥐고 있는 것에 달려 있지 않다.

만약 우리가 다른 사람이 가지고 있는 것을 우리에게 주도록 강요하거나 손을 뻗친다면, 실망할 것이다. 우리는 그것이 환상에 불과했다는 것을 알게 될 것이다. 그 사람은 그것을 가지고 있지 않았다. 그 사람은 결코 그것을 손에 쥐지 못한다. 예쁘게 포장되어 리본까지 달려 있던 그 상자, 즉 우리의 행복이 들어 있다고, 다른 사람이 가지고 있다고 믿었던 그 상자는 환상에 불과하다.

우리의 고통을 멈춰 주고 즐거움을 만들어 달라고 다른 사람들에게 손을 내밀거나 그들을 강요하는 시간에 그 문제를 직면하고 해결하려는 용기를 가질 수 있다면, 우리는 행복을 찾을 수 있을 것이다.

그렇다. 다른 사람이 우리의 발을 밟고 있다면, 그 또는 그녀는 우리를 아프게 하고 있으며 그들의 발을 우리의 발에서 내림으로써 우리의 고통을 멈출 수 있다. 하지만 그 고통은 아직도 우리 몫이다. 우리 발에서 내려오라고 그들에게 말하는 것도 우리가 해야 할 일이다.

죄의식에서 벗어나기

잔잔한 강에서 수영하고 있는 또는 떠 있는 당신의 모습을 상상하라. 당신이 해야 할 일은 쉬기, 안정하기, 그리고 물의 흐름에 몸을 맡기는 것뿐이다.

갑자기 당신은 당신의 상황에 대해 의식하게 된다. '만약에?'라는 생각과 함께 당신은 두려워지기 시작하고 압도당하기 시작하며, 몸은 긴장하기 시작한다. 주위를 살피게 되고, 잡을 것을 광적으로 찾는다.

너무나 당황하여 몸이 점점 가라앉기 시작한다. 그때 기억한다. 당신은 너무 심하게 반응하고 있다. 당신은 당황할 필요가 없다. 당신이 할 일은 숨쉬고, 안정하며, 물의 흐름에 몸을 맡기는 것뿐이다.

당황은 우리의 최대의 적이다.

즐거움

어린 시절 대다수의 우리가 배운 금기 사항 중 하나는 바로 '즐거움을 갖지 말고 삶을 즐기지 말라.'이다. 이 법칙은 희생자를 낳는다. 즉, 스스로 하루하루의 즐거움을 잡는 것을 허락하지 않는 사람들은 만들어 낸다.

우리 중 다수는 고통받는 것을 일종의 성인(sainthood)이라는 것과 결부해 왔다. 지금은, 우리는 이것을 종속이라는 것과 결부시킨다. 우리는 걱정, 죄의식, 절망, 그리고 박탈의 느낌을 스스로가 갖게 하며 하루를 보낼 수 있다. 아니면, 같은 날을 기분 좋게 보낼 수 있다. 회복 단계에서 우리는 결과적으로 그것의 선택이 우리에게 있음을 배운다. 하루하루 우리가 즐길 수 있는 것들이 많으며, 우리는 그것을 즐겨도 된다. 자신이 일을 즐길 수 있도록 할 수 있다. 죄의식 없이 편안히 쉴 수 있다. 심지어 재미있게 노는 것에 대해서도 배울 수 있다.

즐기는 법을 연습하라. 즐거움을 배우는 것에 자신을 던져라. 당신이 절망적으로 느끼는 법을 배우기 위해 열심히 노력한 만큼 즐기는 법도 열심히 배워라.

우리의 노력은 빛을 발할 것이다. 재미가 진짜 재미가 될 것이다. 삶은 살 가치가 있는 것이 될 것이다. 우리는 하루하루 우리가 즐길 수 있는 많은 것을 찾을 것이다.

완벽주의

    종속으로부터의 회복은 개인적 과정으로 실수하는 것, 문제를 겪는 것, 그리고 어려운 이슈를 직면하는 것을 반드시 동반한다.

    스스로가 완벽해지길 기대하는 것은 이러한 과정의 속도를 늦추게 된다. 우리의 기대는 우리를 죄스럽고 걱정하게 만든다. 다른 사람이 완벽해지기를 기대하는 것도 똑같이 파괴적인 일이다. 우리의 기대는 다른 사람으로 하여금 수치심을 느끼게 하고 그들의 성장을 방해할 수 있다.

    사람은 인간이기에 약하다. 그리고 이것은 놀라운 일이다. 우리는 이러한 생각을 수용하고 소중히 하도록 한다. 다른 사람이 완벽하리라고 기대하는 것은 우리가 우월하다는 종속적 단계에 우리를 올려놓는다. 우리 자신이 완벽하리라 기대하는 것은 우리로 하여금 뻣뻣하고, 남들보다 못하다는 느낌을 준다.

    우리는 두 생각 모두 날려 버릴 수 있다.

의사소통

우리가 내적 힘을 소유할 수 있는 방법 중 하나는 명확하고 직접적이며 단호하게 말하는 법을 배우는 것이다. 의사소통을 할 때, 다른 사람의 반응을 통제하기 위해 말을 이리저리 돌릴 필요가 없다. 죄의식을 유발하는 말은 죄의식만을 만들어 낼 뿐이다. 우리는 말로써 다른 사람을 고치고, 돌볼 필요가 없다. 우리는 다른 사람이 말로써 우리를 보살펴 주기를 기대할 수도 없다.

우리의 말을 누군가가 듣고 있고 수용하고 있다는 선에서 만족해야 한다. 그리고 다른 사람이 말하는 것을 경청하도록 한다.

우리가 필요한 것들을 암시하는 것은 소용이 없다. 다른 사람은 우리의 마음을 읽을 수 없으며, 우리의 간접적 말에 종종 불쾌함을 느낄 수 있다. 우리가 원하는 것에 대한 책임을 지기 위한 가장 좋은 방법은 원하는 것을 직접적으로 구하는 것이다. 그리고 우리는 다른 사람들도 직접적으로 말하도록 요청할 수 있다.

만약 특정한 요청에 대해 "No"라고 말해야 한다면, 그렇게 하자. 만약 어떤 사람이 대화를 통해 우리를 통제하려 든다면, 우리는 그 대화에 참여하는 것을 거부할 수 있다.

사건들의 발생

직관력을 얻기 위해 너무 애쓸 필요는 없다.

그렇다. 종종 더 높은 이유와 목적을 위해 고통스럽고 실망스러운 일들이 발생한다는 것을 우리는 배우고 있다. 그렇다. 이런 일은 종종 긍정적 결과를 위해 쓸모가 있다. 하지만 인생의 세세한 부분의 목적과 계획까지 알아내기 위해 너무나 많은 시간과 에너지를 쏟아 부을 필요는 없다.

때로는 차의 시동이 걸리지 않거나, 식기 세척기가 고장 난다. 혹은 감기에 걸린다거나 온수가 더 이상 나오지 않고, 일진이 나쁜 날도 있다. 이런 짜증나는 일을 수용하고 감사하는 것이 우리에게 도움을 줄 수 있는 반면에, 이러한 일이 어떠한 일의 발생 계획 안에 일어난 것인지를 전부 따질 필요는 없다.

문제를 해결하라.

차를 고쳐라. 식기 세척기를 고쳐라. 감기에 걸린 자신을 돌보라. 온수가 나올 때까지 기다려 샤워를 해라. 일진이 나쁜 당신을 돌보라. 책임을 지되, 모든 것을 너무나 사적인 것으로 받아들이지 말라!

자유

대다수의 우리는 어린 시절에 억압되고, 피해를 입어 왔다. 어른이 되어서도 우리는 계속해서 우리 자신을 억압하고 있을 수 있다.

우리 중 몇몇은 자신보다 남을 돌보는 것과 경계선을 설정하지 않는 것이 계속해서 피해의식을 갖게 한다는 것을 알아차리지 못한다.

우리 중 몇몇은 우리 자신을 피해자라 생각하는 것이 계속해서 우리 자신을 억압하리라는 것을 이해하지 못한다.

우리 중 몇몇은 자유의 열쇠가 우리 손 안에 있음을 알지 못한다. 그 열쇠가 우리를 경배하고 돌보고 있다.

우리는 우리가 의미하는 것을 말할 수 있고, 우리가 말하는 것을 의미할 수 있다.

우리가 필요로 하는 것을 남들이 주기만을 기다리는 것을 멈추고, 자기 자신에 대한 책임을 지자. 우리가 이렇게 행동할 때, 자유로의 문은 활짝 열릴 것이다. 그 문을 걸어 나가라.

변화를 수용하기

우리의 삶에 다양한 바람이 분다. 때로는 온화하게 때로는 폭풍처럼 바람이 분다. 그렇다. 우리에게는 안식처가 있다. 다른 단계의 삶에 적응할 시간, 우리의 평형을 찾을 시간, 상을 즐길 수 있는 시간, 우리에게는 숨을 돌릴 시간이 있다.

하지만 변화는 피할 수 없는 일이고, 바람직한 일이다.

때로는 바람이 일기 시작할 때, 우리는 그 변화가 더 나은 결과를 위한 것인지 확신하지 못한다. 우리는 그것을 스트레스, 또는 일시적 상황이라 부르고, 다시 정상으로 돌아갈 것이라 생각할 수 있다. 때로는 그 변화에 저항할 수도 있다. 모든 것이 진정되어 빨리 예전으로 돌아가기만을 바라며, 고개를 숙이고 바람에 완강히 저항할 수 있다.

새로운 '정상'을 위해 준비하고 있다는 것이 가능한 일인가? 변화는 우리를 목적지를 위해 필요한 만큼 우리의 삶을 훑고 지나갈 것이다. 그 변화가 어떤 결과를 낳을지 모른다 하더라도, 우리는 더 위대한 힘이 그것을 계획했다는 것을 믿도록 한다.

우리는 발생하고 있는 변화가 긍정적 결과를 가져오리라는 것을 믿어도 된다. 그 바람은 우리를 목적지에 데려다 줄 것이다.

마감

난 내가 이 관계를 끝내고 싶은지, 지속하고 싶은지 모르겠다. 이 문제로 몇 달을 고민해 왔다. 이 문제를 확실히 매듭지지 않은 채로 계속 놔두는 것은 적절치 못하다. 나에게 결정을 내리기까지 2달을 주겠다.

- 무명씨

해결하지 못한 문제가 6개월 간 내 머리를 아프게 해 왔다. 난 혼란스럽다. 어떻게 해야 할지 모르겠다. 해결책을 찾기까지 나 자신에게 1개월의 여유를 주겠다.

- 무명씨

때로는 기간을 정해 놓는 것이 도움이 될 때가 있다.

우리가 해결하지 못한 문제를 직면할 때, 어려운 결정을 놓고 괴로워 할 때, 난간에 꽤 오랫동안 앉아 있었을 때, 아니면 특정 문제를 가지고 혼란스러워 할 때, 이 말이 맞을 수 있다.

하지만 정해 놓은 기간이 고정된 것은 아니다. 기간을 정해 놓는 이유는 무기력하게 느끼지 않고, 그 문제에 좀 더 집중함으로써 자기 자신을 도울 수 있게 하기 위함이다. 기간을 정해 놓으면, 그 문제나 이슈를 잠시 옆에다 놓고, 우주와 더 위대한 힘, 그리고 우리 스스로가 그 문제를 해결하기 위해 전진할 수 있게끔 우리 에너지를 자유롭

게 할 수 있다.

기간을 설정해 놓았다고 항상 다른 사람에게 말할 필요는 없다. 때로는 침묵하는 것이 좋을 때도 있다. 왜냐하면 그들이 우리가 그들을 통제하려 하고 있다고 느끼고, 우리의 기간 설정에 반기를 들 수도 있기 때문이다. 하지만 때로는 설정해 놓은 기간을 공유하는 것도 좋다.

기다리기

기다려라. 만약 시기가 적절치 못하다면, 길이 명확치 않다면, 답이나 결정이 일정치 않다면, 기다려라.

급박한 상황이라 느낄 수 있다. 어떤 행동이든지 취해 그 문제를 해결하고 싶을 수도 있다. 하지만 그러한 행동은 우리를 위한 최선의 행동이 아니다.

혼란이나 해결하지 못한 문제를 안고 사는 것은 힘들다. 문제를 해결하는 것이 더 쉬울 수 있다. 하지만 너무나 빨리 결정을 내리거나 적절한 때가 아닌 때에 행동을 취하면, 우린 다시 그 상황으로 돌아가 같은 일을 반복해야 할 수도 있다.

만약 시기가 적절치 않다면, 기다려라. 방법이 명확치 않다면, 앞으로 전진하려 하지 말라. 해답이나 결정이 찝찝하게 느껴진다면, 기다려라.

이러한 삶의 새로운 방식에는 인도해 주는 힘이 있다. 우리는 너무나 빨리 행동을 취할 필요도 없고, 조화를 깰 필요도 없다. 기다리는 것도 행동이다. 긍정적이고 강력한 행동.

기다리는 것이 쉬운 일은 아니다. 재미있는 일도 아니다. 하지만 우리가 원하는 것을 얻기 위해 기다림이 종종 필요하다. 기다리는 것이 시간을 죽이는 것도, 시간을 줄이는 것도 아니다. 답은 구해질 것이다. 힘이 느껴질 것이다. 적절한 때가 올 것이다. 그리고 모든 것이 다 괜찮아질 것이다.

스트레스에 대처하기

우리가 회복 기간 중에 얼마나 있었던, 우리 삶에는 피할 수 없는 스트레스가 있게 마련이다.

때로는 그 스트레스가 우리의 외부나 주변에 존재한다. 이때, 우리 자신은 평형을 이루고 있으나, 주변 환경이 스트레스이다. 때로는 스트레스가 우리 내부에 존재하기도 한다. 우리는 이때, 평형이 깨지고 있음을 느낀다. 스트레스가 외부에 존재하건 내부에 존재하건, 스트레스가 있으면 우리는 가장 어려운 시기를 경험하게 된다. 스트레스를 받는 시기에는 좀 더 우리의 지원 시스템에 많이 기대도록 한다. 스트레스에도 불과하고, 친구들과 그룹은 우리를 더욱 균형 있게, 그리고 평화롭게 만들어 줄 수 있다.

현재 일어나고 있는 사건들이 좋은 일의 일시적인 불편한 부분이라는 것을 확인하려 할 때, 탄탄한 계획은 도움을 줄 수 있다. 우리가 이를 극복할 수 있다고, 스스로를 확신시킬 수 있다. 우리는 파괴되지 않을 것이다. 우리는 주저앉지 않을 것이다.

분리하기, 감정에 대처하기, 한 번에 하루를 살기와 같은 기본적인 것을 되새겨 보는 것도 좋다.

스트레스를 받는 시기에 가장 중요하게 생각할 것은 바로 우리 자신을 돌보는 일이다. 우리가 우리 자신을 돌보고 있을 때, 가장 불규칙한 상황에 더 잘 대처할 수 있고, 우리 자신을 위해 그곳에 우리가 있어 줄 수 있다. 정기적으로 자신에게 물어보자. 우리 자신을 돌보기 위해서 해야 할 일이 무엇인가? 기분을 더 좋게 하고, 더 편안하게 느끼기 위해서 무엇이 도움이 되나?

스트레스가 있는 때는 자기 자신을 돌보는 것이 쉽지 않을 수 있으며, 오히려 자기 방만이 더 편안하게 느껴질 수 있다. 하지만 자기 자신을 돌보는 것은 항상 효과가 있다.

오늘, 나는 스스로를 돌보는 것만이 최대로 유익한 것임을 기억하며 지낸 것이다.

직업에서의 가르침

종종 직장에서 얻게 되는 영적 가르침과 회복의 가르침은 우리가 삶의 다른 부분에서 얻게 되는 가르침을 반영한다.

종종 우리가 직장에서 끌리는 시스템이 우리 자신이 현재 살고 있고, 소중히 하는 시스템과 유사하다. 그러한 시스템들이 바로 우리의 주요 관심사를 반영하는 것들로 우리가 가르침을 얻을 수 있도록 도와준다.

직장에서의 자신을 신뢰하는 법을 천천히 터득하고 있는가? 집에서는 어떠한가? 직장에서 자신을 돌보는 법을 천천히 터득하고 있는가? 집에서는 어떠한가? 경계선, 자기 존중, 두려움 극복하는 법, 그리고 감정에 대처하는 법 등을 천천히 터득하고 있는가?

우리가 일한 경력을 뒤돌아보면, 우리는 그것이 바로 우리의 주요 관심사, 성장의 거울이라는 것을 알게 될 것이다. 현재도 마찬가지이다.

오늘, 우리가 있어야 할 바로 그곳—그곳이 집이든 직장이든—에 우리가 있음을 믿도록 하자.

자신의 진실을 찾기

우리는 각자 자신의 진실을 찾아야 한다. 우리가 사랑하는 이들이 그들의 진실을 찾는 것은 우리에게는 별 도움이 되지 못한다. 그들이 우리에게 우리의 진실을 줄 수는 없다. 우리가 사랑하는 사람이 우리 삶의 부분적 진실을 아는 것도 별 도움이 되지 못한다. 우리는 우리의 진실을 스스로 찾아야 한다. 우리는 각자 찾고, 우리 자신의 빛 안에 서야 한다.

종종 고통, 실패를 맛보고 혼란과 좌절도 느껴 봐야 한다. 그것이 바로 우리의 고통에서 벗어나는 길이다. 그것이 바로 우리 자신을 위한 진실은 무엇이고 우리가 무엇을 필요로 하는지를 알아내는 방법이다.

우리는 다른 사람과 정보를 공유해도 좋다. 우리가 특정한 것을 추구할 때 무엇이 일어날 수 있는지를 다른 사람이 우리에게 예견해 줄 수 있다. 하지만 우리가 그 메시지를 통합하고, 그 메시지가 우리의 진실, 우리의 발견, 우리의 지식이 되기 전까지는 그것이 아무런 의미를 갖지 못한다.

진실을 찾기 위한 쉬운 방법은 존재하지 않는다. 하지만 원하기만 한다면, 우리는 진실을 찾을 수 있고 찾게 될 것이다.

우리는 그 진실을 쉽게 찾기를 바랄 수 있다. 그래서 친구들에게 달려가 그들의 진실을 달라고 요청할 수도 있고, 우리의 진실 찾기를 쉽게 해 달라고 부탁할 수도 있다. 그들은 그렇게 해 줄 수 없다. 빛은 적절한 때에 스스로 비출 것이다.

부정적 에너지에 저항하기

어떤 사람들은 부정을 지니고 산다. 그들은 화를 축적하며, 언제 터질지 모르는 감정을 쌓고 산다. 또 어떤 이들은 피해의식에 사로잡혀 있고, 그들의 피해의식을 더욱 심화시킬 행동을 취한다. 그리고 어떤 사람들은 아직도 중독이나 충동적인 패턴에서 헤어 나오지 못한 채 산다.

특히, 우리가 긍정적 에너지와 균형을 유지하려 매우 애를 쓸 때, 부정적 에너지는 우리에게 큰 영향력을 끼칠 수 있다. 부정적 에너지를 내뿜는 사람들이 우리를 같이 어둠 속으로 끌어들이고 싶어 할 수 있다. 우리는 갈 필요가 없다. 생각해 볼 필요도 없이, 그곳에서 걸어 나오는 것과 우리 자신을 보호하는 것이 괜찮다고 결정 내릴 수 있다.

우리는 다른 사람을 변화시킬 수 없다. 우리 자신의 균형을 깨는 것이 다른 사람을 돕는 것이 아니다. 그들과 함께 어둠 속으로 발을 디딘다고 하여 그들을 빛 안으로 이끌 수 없다.

관계 시작하기

종종 우리는 우리가 끌리는 사람으로부터 우리 자신에 대한 정보를 얻을 수 있다.

우리는 단순히 끌린다는 이유 하나만으로 관계를 형성할 수 없다는 것을 배웠다. 우리는 인내하는 법을 배웠다. 즉, 우리 자신이 중요한 사실을 고려해 볼 수 있고, 상대방에 대한 정보를 우리가 프로세싱할 수 있도록 인내하는 법을 배웠다.

우리가 회복에 있어 목말라 하는 것은 바로 사람에 대한 건전한 이끌림이다. 우리는 상대방 그 자체에 대해 끌리도록 해야지, 그들의 잠재적 모습이나 우리가 원하는 그들의 모습에 끌려서는 안 된다.

우리가 가족의 본질적 문제를 더 많이 해결하면 할수록, 우리가 끌리는 사람과 함께 그 문제들을 해결해야 하는 경우가 적어질 것이다. 과거의 일들을 끝내는 것이 새롭고 건전한 관계를 형성하는 데 도움을 준다.

극단적인 이타주의를 더 많이 극복하면 할수록, 계속해서 돌봐 주기만 해야 하는 사람들에게 우리는 덜 끌릴 것이다.

자신을 사랑하고 존경하는 법을 더 많이 배울수록, 우리를 사랑하고 존경해 줄 사람들, 그리고 우리가 안전하게 사랑할 수 있고 존경할 수 있는 사람들에게 더 많이 끌릴 것이다.

이것은 느린 과정으로, 우리는 자신에 대한 인내심을 가질 필요가 있다. 우리가 매력적이라 생각하는 사람들의 유형은 하룻밤 사이에 바뀌지 않는다. 문제가 있는 사람들에게 매력을 느끼는 것은 오래 갈수 있고, 회복에 영향을 미칠 수도 있다. 하지만 이것이 우리를 통제하게끔 내버려 둘 필요는 없다. 우리가 배워야 하는 것이 무엇인지를 깨달을 때까지, 우리는 우리가 함께 있어야 하는 사람들과의 관계를 새로이 형성하거나 유지해야 한다. 우리가 회복하기 시작한지 얼마나 오래되었든 간에……

균형 잡힌 삶

목표는 균형이다.

우리는 일과 놀이의 균형이 필요하다. 우리는 주는 것과 받는 것 사이의 균형이 필요하다. 우리는 생각과 감정 사이의 균형이 필요하다. 우리는 육체적 자신과 영적 자신 사이의 균형이 필요하다.

균형 잡힌 삶은 직업적 삶과 개인적 삶이 조화를 이룬다. 직장에서 힘든 일을 겪어야 하는 때가 있다. 우리의 관계에 남는 에너지를 쏟아 부어야 하는 때가 있다. 하지만 큰 그림은 균형이 잡혀 있어야 한다.

균형 잡힌 영양가 있는 식단이 건강하기를 원하는 우리의 영양적 욕구를 반영하듯, 균형 잡힌 삶은 우리의 모든 필요를 반영한다. 친구, 일, 사랑, 가족, 놀이, 개인적 시간, 회복의 시간, 영적인 시간의 필요, 하나님과의 시간. 우리의 균형이 깨진다면, 우리의 내부 소리가 우리에게 말해 줄 것이다. 우리는 그 소리에 귀를 기울여야 한다.

스스로를 구하려는 시도

나의 의지, 스스로를 구하려는 시도, 부정직함, 그리고 잘못된 동기로부터 제가 자유로워질 수 있도록 해 주십시오.

- 무명씨

우리의 삶에 대한 하나님의 의지의 일부분으로 우리 자신을 돌보는 힘을 스스로가 소유하는 것과, 스스로를 구하려는 시도에는 차이가 있다. 자기 자신을 돌보는 것과 스스로를 구하려는 것 사이에는 차이가 있다. 그리고 우리의 행동은 행동에 깔려 있는 동기만큼 그다지 비판의 대상이 아니다.

자기 의지나 스스로를 구하려는 시도에는 없는 건전한 동기를 가지고 우리의 힘을 소유하거나, 스스로를 돌보거나, 행동하는 것에는 조화롭고, 적절한 감정이 존재한다. 우리는 이를 분간하는 법을 배울 것이다. 하지만 그 차이를 항상 알 수는 없다. 때로는 아무런 필요를 못 느끼는 것에 대해 죄의식을 느끼고 걱정할 수 있다. 하나님이 우리가 우리 자신을 대하기를 원하는 그 사랑스러운 방법에 놀랄 수도 있다. 스스로를 돌보는 것은 언제나 괜찮다는 것을 믿어도 된다. 우리는 자기 의지나 스스로를 구하려는 시도에서는 벗어나야겠지만, 자신을 돌보는 것은 언제든 환영한다.

충동적 질환에서의 자유

어제 하루를 무사히 보낼 수 있도록 해 주시어 감사합니다. 오늘 하루도 무사히 보낼 수 있도록 도와주십시오.

- 무명씨

난 나의 화를 극복했다. 난 나의 회복이 서로서로 연결되어져 있음을 알게 되었다. 종속이나 성인 아이의 문제로부터 회복하고 있는 다수의 우리는 또한 중독으로부터도 회복하고 있다. 알코올, 약물, 도박, 음식, 일, 섹스 중독, 그리고 어떤 사람들은 다른 충동적 질환으로부터 자유로워지려고 노력하고 있다. 극단적 이타주의나 충동적으로 절망감, 죄의식, 수치심을 느끼는 것이 그 예라 하겠다.

종속으로부터의 회복에 있어 중요한 것은 우리의 충동적 또는 중독적 행동에서 자유로워지는 것이다. 회복은 우리가 출입한 건전한 삶이라 부르는 큰 방이다.

통제 가능한 삶

우리 중 다수는 정신적 에너지의 강력한 작용과 함께 세계가 궤도 안에서 돌도록 노력해 왔다.

우리가 그것을 놓아 버리면, 무슨 일이 일어나는가? 세계가 궤도 대로 돌도록 노력하는 것을 그만두고, 그냥 회전하도록 두면 무슨 일이 일어나는가? 계속해서 회전할 것이다. 우리의 노력 없이도 세계는 궤도를 벗어나지 않고 돌 것이다. 그리고 우리는 그 세계의 어느 부분에서 자유롭게 쉴 수 있을 것이다.

통제는 환상이다. 특히 우리의 힘을 소진하는 통제는 환상이다. 사실, 통제하는 것은 다른 사람에게 사건과 병, 예를 들어 알코올중독이나 우리에 대한 통제를 준다. 우리가 무엇을 통제하려 하든 간에, 그것은 다시 우리와 우리의 삶을 통제하게 된다. 나는 이와 같은 통제를 나의 삶의 많은 것과 사람들에게 한 적이 있다. 내가 통제함으로써 얻고 싶었던 결과를 한 번도 얻은 적이 없다. 즉, 나의 내부에 존재했든, 외부의 사건에 존재했든, 나의 노력에서 얻은 것은 통제 불가능한 삶뿐이었다.

회복할 때 우리는 교환을 한다. 우리가 통제하려 노력했던 삶을 버리는 대신, 더 나은 것을 그 대가로 받는다. 통제 가능한 삶을 받게 되는 것이다.

기분이 좋을 때

당신의 기분이 좋을 수 있도록 하라.

우리 자신이 나아졌다는 느낌을 받게 하고, 기분이 좋다고 스스로가 느끼게끔 하는 것은 우리가 할 일이다. 회복한다는 것이 단지 고통을 멈추게 하는 것과 관련이 있는 것이 아니다. 회복은 우리 자신을 위한 좋은 삶을 창조하는 것과도 관계가 있다.

우리를 기쁘게 하는 활동들을 부정할 필요는 없다. 모임에 참여하는 것, 태양 아래의 농구 한 판, 운동하는 것, 산책하는 것, 그리고 친구와 시간을 같이 보내는 것은 우리를 기분 좋게 해 줄 수 있는 활동들이다. 우리 각자에게는 우리만의 목록이 있다. 만약 없다면, 지금부터라도 탐험하고, 경험함으로써 그 목록을 만들도록 하자.

우리를 기분 좋게 하는 활동이나 행동을 찾았다면, 목록에 집어 넣어라. 그다음, 그러한 행동이나 활동을 종종 하도록 하라.

기분 좋은 감정을 부정하는 우리 자신을 멈추고, 우리를 기분 좋게 하는 일들을 하기 시작하자.

두려움을 놓아 버리기

두려움은 종속의 핵심이다. 두려움은 우리가 상황을 통제하고, 우리 자신을 소홀히 하도록 우리에게 동기를 부여할 수 있다.

우리의 다수는 너무나 오랫동안 두려워하며 살았기 때문에, 우리의 감정을 두려움이라 명명하지는 않는다. 우리는 우울하고 걱정하는 것에 익숙하다. 그러한 감정이 정상적인 것처럼 느껴진다.

평화나 평온이 불편할 수도 있다.

과거의 어느 시점에, 두려움이 적절하고 유용한 것이었을 수도 있다. 군인이 전쟁에서 생존하기 위해 두려움에 기대는 것처럼, 우리도 우리 자신을 보호하기 위해 두려움에 의존했을 수도 있다. 하지만 회복 과정에 있는 지금은, 우리는 다른 삶을 살고 있다.

이제 우리가 생존하게끔 도와준 옛날의 두려움에 감사함을 표하고, 잘 가라고 손을 흔들어 줄 때이다. 평화, 신뢰, 수용, 그리고 안정을 환영하자. 과거만큼의 두려움은 더 이상 필요 없다. 건전한 두려움에는 귀를 기울이고, 나머지는 날려 보내자.

이제 우리 자신을 위해 안전한 감정을 창조하도록 하자. 이제 우리는 안전하다. 우리 자신을 돌보기로 우리는 서약을 했다. 우리는 우리 자신을 신뢰하고 사랑할 수 있다.

자신에게 당연한 보상을 하기

나는 좋은 직장에서 괜찮은 봉급을 받으며 일했다. 매일 아침 난 차에 탔고, 항상 그 차에 대해 감사했다. 히터가 작동하지 않았다. 차의 시동이 걸리지 않을 확률이 시동이 걸릴 만큼이나 컸다. 하지만 난 고통을 받으면서도 감사했다. 그러던 어느 날, 내가 원하기만 한다면, 차를 새로 사지 못할 이유가 하나도 없다는 사실이 갑자기 내 머리를 스쳐갔다. 불필요한 박탈과 박해 속에 그냥 감사하며 살았던 것이다. 그날 당장 난 새 차를 샀다.

- 무명씨

종종 우리가 원하는 것이나 필요한 것에 대한 우리의 본능적 반응은 "안 돼! 난 그만한 여유가 없어!"이다.

우리가 자신에게 물어 보기 위해 배울 수 있는 질문은 "하지만 될까?"이다.

우리는 원하는 것이나 필요로 하는 것을 우리 자신으로부터 습관적으로 박탈해 왔다. 때로는 감사의 개념을 우리 자신이 불필요하게 박탈당하는 것으로 잘못 사용해 왔을 수 있다.

우리가 가지고 있는 것에 대해 감사하는 것은 회복에 매우 중요한 개념이다. 하지만 우리는 최고의 것을 가질 가치가 있는 사람이라 믿는 것과 자신을 박탈하는 것을 멈추는 노력을 하고, 스스로를 잘 대하는 것도 중요하다.

새로운 행동을 배우기

때로는 뒤로 몇 걸음을 가겠다. 그렇게 하는 것도 괜찮다. 때로는
그러한 행동이 필요하다. 때로는 그것이 전진을 위한 일부분일 수
있다.

- 『Codependent No More』(Melody Beattie)

인생은 부드러운 선생님과 같은 것이다. 인생은 우리가 배우는 것
을 도와주고 싶어 한다.

인생이 우리에게 주려고 하는 가르침은 우리가 배워야 하는 것들
이다. 어떤 이들은 태어나기도 전에 우리가 배우려고 선택했던 것들
이 바로 이러한 가르침이다. 다른 사람들은 그 가르침들이 우리를 위
해 선택된 것이라 한다.

배움의 중간 과정은 매우 좌절스럽다. 이는 마치 대수학 시간에 우
리의 이해를 뛰어넘는 주제에 대해 선생님의 설명을 듣는 것과 비슷
하다. 우리는 이해를 못하지만 선생님은 우리의 이해를 당연시한다.

이는 어떤 사람이 우리가 결코 이해할 수 없는 메시지로 우리를 고
문하는 것처럼 느껴질 수도 있다. 우리는 스트레스를 받는다. 그리고
화가 나고, 좌절하며, 혼란스러워 하다가 결국에는 절망하여 우리의
등을 돌려 버린다. 그것이 전혀 이해되지 않을 것이라고 판단하며 우
리의 등을 돌려 버리는 것이다.

인생은 부드러운 선생님과 같은 것이다. 인생은 우리가 이해할 때

까지 그 가르침을 계속 반복할 것이다. 좌절스러워 해도, 혼란스러워 해도, 화가 나도 괜찮다. 때로는 절망에 빠져도 괜찮다. 하지만 그다음, 그것으로부터 벗어나고 그것을 깨달을 수 있도록 한다.

그렇게 될 것이다.

좋은 날을 즐기기

좋은 감정은 우리 삶의 습관적인 부분이 될 수 있다.

삶에서 우리가 많이 느꼈던 불필요한 고통은 전혀 미덕이 아니다. 다른 사람이 우리를 절망에 빠뜨리도록 놔둘 필요도 없고, 우리가 우리 자신을 절망스럽게 만들 필요도 없다.

좋은 날이 반드시 '폭풍 전야'일 필요는 없다. 이것은 우리에게 문제가 있었던 옛날의 사고방식이다.

우리가 좋은 시간을 즐긴다는 것이 문제가 있는 사랑하는 사람들에 대해 우리가 불성실하다는 것을 뜻하지 않는다. 다른 사람이 우리만큼 좋은 시간을 갖고 있지 않다고 하여 죄의식을 가질 필요는 없다. 그들과 같아지기 위해 우리 스스로가 우리를 비참하게 만들 필요는 없다. 그들은 그들의 날을 보낼 것이고, 그들의 감정을 가질 것이다. 우리는 우리의 날, 감정을 가지면 된다.

좋은 감정은 즐기기 위한 것이다. 우리가 상상하는 것보다 좋은 날은 이를 요청한 우리의 것이다.

오늘, 나는 좋은 것을 즐기리라. 나의 좋은 날과 함께 하는 좋은 감정을 깨지 않으리라. 또한 남들의 그것도 방해하지 않으리라.

완벽

기억하라. 수치심은 우리를 방해한다. 하지만 자기 사랑과 수용은 우리가 성장하고 변화할 수 있게 해 준다. 우리가 죄의식을 느낄 만한 짓을 진정으로 했다면, 우리는 자기 수용과 사랑의 자세로 그것을 개선할 수 있다.

우리가 옛날의 종속적 사고방식, 감정, 행동으로 다시 되돌아갔다고 하더라도, 수치심을 느낄 필요는 없다. 우리 모두는 때때로 역행한다. 그럼으로써 배우고 성장한다. 원을 도는 것은 회복의 중요하고 필요한 부분이다. 수치심을 느끼는 것이 그 원의 굴레를 벗어나는 방법이 아니다. 수치심은 우리를 더욱더 종속적으로 만들 뿐이다. 완벽해지려는 것에서 많은 고통은 시작된다.

우리가 다른 방식으로 생각하지 않는 이상, 완벽은 불가능하다. 완벽하다는 것은 오늘날의 우리 자신이 되고, 우리가 있어야 하는 곳에 우리가 있는 것이다. 완벽은 우리 자신을 있는 그대로 수용하고 사랑하는 것이다.

회복을 위해 있어야 할 바로 그곳에 우리 모두 서 있다.

가까워지기

우리는 다른 사람과 가까워져도 된다. 우리들 중 대다수는 관계를 망치는 패턴이 몸에 깊게 배였다. 우리 중 일부는 관계가 특정 단계의 친밀함이나 가까움으로 발전하면 본능적으로 그 관계를 종료시킨다. 우리가 특정 사람에 대해 친밀감을 느끼기 시작할 때, 우리는 상대방 성격의 단점 하나에 주목하고, 결국 그 단점을 크게 만들어 그 단점만 보이게끔 할 수 있다.

거리를 두기 위해 상대방을 밀거나 우리 자신이 뒷걸음칠 수 있고, 상대방이나 그의 행동을 비판하기 시작할 수 있다. 우리는 상대방에게 친밀감을 가로막는 통제를 할 수도 있다. 우리 자신에게, 다른 사람은 필요하지도 원하지도 않는다고 말할 수도 있고, 아니면 우리의 필요와 욕구로 상대방을 숨 막히게 할 수도 있다. 때로는 친밀한 관계를 위한 준비가 되지 않은 사람과 가까워지려 하다 실패하는 경우도 있다. 때로는 특정한 단점이 있는 사람들을 선택하기도 하는데, 이는 우리가 그들과 더 가까워지려 할 때, 그 상황을 피할 수 있는 돌파구를 만들어 놓기 위함이다.

우리는 우리 자신을 잃을 것과 다른 사람과 가까워진다는 것이 우리 자신을 돌볼 수 있는 내적 힘을 잃는 것을 의미하는 것으로 생각하여 이를 두려워한다.

정직함

우리는 잘못의 본질을 신과 우리 자신, 그리고 다른 사람에게 인정하였다.

- 무명씨

책임감 있는 자세로 다른 사람에게 자신을 솔직히 열고, 자신에 대해 솔직히 얘기하는 것은 회복에 있어 중요하다.

다른 사람과 우리 자신에게 자신의 잘못한 점을 인정하는 것은 매우 중요하다. 우리의 믿음과 행동을 말로 전달하라. 우리의 분노와 두려움을 공개하라.

이것이 우리의 고통을 제거하는 방법이다. 이것이 옛날의 믿음과 감정으로부터 벗어나는 길이다. 이것이 우리가 자유롭게 되는 길이다. 우리가 위대한 분, 우리 자신, 그리고 다른 사람에게 명확하고 구체적이 되면 될수록, 우리는 그 자유를 더 빨리 경험하게 될 것이다.

이것은 회복의 과정에 매우 중요하다. 우리 자신과 남에 대해 비밀을 간직하는 것을 배웠던 사람들에게는 이 과정이 단순한 단계가 아니다. 이 과정은 건강해질 수 있는 하나의 도약이 될 것이다.

위험을 감수하기

위험을 감수하라. 기회를 포착하라.

바보 같거나 자기 패배적인 위험에 탐닉할 필요는 없으나, 회복기에 긍정적 위험을 감수하는 것은 괜찮다. 항상 편집증적인 사람으로 살 수는 없다.

실수와 실패를 두려워하여 항상 방해받고 덫에 걸린 채로 살 수는 없다. 자연스럽게 우리는 종종 실수를 할 것이고, 실패도 할 것이다. 그것은 우리가 살아 있다는 증거의 일부분이다. 모든 것이 보장되는 것은 아니다. 만약 보장된 행동을 하기 위해 기다린다면, 우린 삶의 대부분을 기다리며 살게 될 것이다.

위험을 감수하라. 보장을 위해 항상 기다리지는 말라. "내가 말했잖아."와 같은 말에 신경 쓸 필요는 없다. 실수를 하면, 홀홀 털어 버리고 다음의 성공을 위해 전진하라.

경계선

때로는 삶과 사람들이 우리를 압박한다. 우리가 고통에 너무나도 익숙해져 있기 때문에, 우리는 우리 자신에게 하나도 안 아프다고 말할지도 모른다. 우리가 다른 사람의 통제와 조종에 너무나도 익숙해져 있기 때문에, 우리는 우리 자신에게 문제가 있다고 스스로에게 말할 수 있다.

우리에게는 문제가 있지 않다. 삶은 우리의 주의를 끌기 위해 계속해서 압박하고 있다. 때로는 고통과 압박이 우리에게 하나의 가르침을 주고 있다. 즉, 우리가 이제껏 너무나 통제되어 왔다는 사실을 가르쳐 주고 있을 수 있다. 아니면, 우리 자신을 돌볼 수 있는 내적 힘을 소유하라는 압박을 우리가 받고 있는 것일 수도 있다. 문제는 바로 경계선이다.

어떤 사건이나 사람이 우리가 참을 수 있는 한계를 넘어서는 압박을 가해 오고 있다면, 그것이 바로 일어나고 있는 일이다. 우리는 우리의 한계까지 압박을 받고 있는 것이다. 우리의 경계선을 찾고 설정하는 데 도움을 주는 가르침에 감사하도록 하자.

우리의 삶을 사는 것

당신의 삶을 사는 것을 멈추지 말라.

우리의 내부 또는 주변에 문제가 발생하면, 너무나도 자주 우리는 생각한다. 우리의 삶을 잠시 멈추면, 해결책을 찾는 데 우리가 긍정적 기여를 할 수 있으리라 생각한다.

만약 관계가 원만하지 못하다면, 어려운 결정을 직면하고 있다면, 절망적인 감정이 들고 있다면, 우리는 우리의 삶을 잠시 정지시키고, 그러한 생각들에 몰두함으로써 자신을 고문하기도 한다.

우리의 삶이나 일상의 일들을 버리는 것은 문제 자체를 더 크게 만들고, 해결책을 찾는 것을 더욱 더디게 할 뿐이다.

종종 우리가 우리의 삶을 살 수 있을 만큼 그 문제를 놓아 버리고, 우리의 일상으로 돌아가 그 문제에 집착하는 것을 그만둘 때, 해결책이 보인다. 때로는 우리가 그 문제에서 벗어나기가 어려운 것처럼 생각되거나, 그 문제에서 벗어났다는 생각이 들지 않을 때, 우리는 마치 그 문제에서 벗어난 것처럼 행동할 수 있다.

이러한 행동은 우리가 놓아 버리기 원하는 문제에서 벗어나는 것에 도움을 준다.

문제를 해결하는 것

나 또는 내가 사랑하는 사람에게 문제가 발생할 때마다 가장 먼저 드는 감정은 바로 수치심이다. 한 여자가 이렇게 말했다.

"우리 중 다수는 문제가 있는 것이 부끄러운 일이라는 생각과 함께 키워져 왔다."

이러한 생각은 우리에게 많은 해를 입힐 수 있다. 이러한 생각은 우리가 문제를 명확히 하는 것을 방해할 수 있다. 이 생각은 우리가 격리되어 있다거나 남보다 못하다는 생각을 갖게 할 수 있다. 수치심은 우리가 문제를 해결하는 데 장애가 될 수 있고, 그 문제에서 가르침을 얻는 것을 막을 수 있다.

문제도 삶의 일부분이다. 해결책도 마찬가지이다. 사람들은 문제를 가지고 있지만, 우리 자신의 가치는 우리의 문제와 별개이다.

난 이때까지 해결해야 할 문제가 없는 사람을 만난 적이 없다. 하지만 이미 해결한 문제에 대해 얘기하는 것을 부끄러워하는 사람들은 만나 봤다!

우리는 우리의 문제보다 더 소중하다. 우리의 행동이 문제가 될 수는 있으나, 문제 자체가 지금의 우리일 수는 없다. 과거의 우리일 수는 있어도…….

문제가 있어도 괜찮다. 적절한 때에 안전한 사람들과 문제에 대해 얘기하는 것도 괜찮다. 문제를 해결하는 것도 괜찮다.

본인이나 우리가 사랑하는 사람에게 문제가 있다 해도 우리는 괜찮다. 개인적 힘이나 자기 존중을 강화할 필요는 없다. 우리는 현재의 우리가 되기 위해 해결해야 했던 문제들을 해결한 것뿐이다.

슬픔

궁극적으로 우리의 손실을 슬퍼한다는 것은 우리의 감정에 굴복한다는 말이다.

우리 중 너무나 많은 사람이 너무나 많은 것을 잃었고, 너무나 여러 번 안녕이라는 말을 했으며, 너무나 많은 변화를 겪어 왔다. 우리는 변화의 물결을 멈출 수 있기를 바랄 수도 있다. 변화가 싫어서가 아니라, 너무나 많은 변화와 손실을 겪었기 때문이다.

때로는 우리가 고통과 슬픔 사이에 서 있을 때, 우리는 〈아웃 오브 아프리카〉에 나오는 종족의 일원처럼 근시안적인 사람이 된다.

이 종족을 묘사하면서 한 극 중 인물이 말한다.

"만약 당신이 그들을 감옥에 넣는다면, 그들은 죽을 거야."

다른 극 중 인물이 그 이유를 묻는다.

"왜냐하면 그들은 그들이 언젠가 풀려나리라는 생각을 하지 못하기 때문이지. 그들은 그들의 상황을 영원한 것으로 받아들이기 때문에 그들은 죽을 거야."

우리 다수는 극복해야 할 슬픔이 너무나도 많다. 때로는 슬픔, 고통이 영원한 것이라 믿기도 한다.

고통은 멈출 것이다. 그 고통을 한 번 느끼고 놓아 버리면, 우리의 감정은 우리가 시작한 곳보다 더 좋은 곳으로 우리를 인도할 것이다. 부정하거나 축소하는 대신에 우리의 감정을 느끼는 것이 우리의 과거로부터 우리가 치유되는 방법이고, 더 나은 미래로 나아갈 수 있는 방법이다. 우리의 감정을 느끼는 것이 그 감정에서 벗어날 수 있는 방법이다. 그 순간에는 아플 수 있으나 평화와 수용은 반대편에 존재한다. 새로운 시작도 마찬가지이다.

우리의 필요를 충족하기

직업을 바꾸고 싶다……. 친구가 필요하다……. 관계를 시작할 준비가 되었다…….

정기적으로 우리는 새로운 필요를 인식하게 된다. 우리의 아이에 대한 행동을 변화시킬 필요가 있다고, 새로운 소파가 필요하다고, 사랑, 보살핌, 돈, 또는 도움이 필요하다고 느낄 수 있다.

필요나 욕구를 인식하는 것을 두려워하지 말라. 필요나 욕구의 탄생, 그리고 그러한 필요나 욕구가 충족되기까지의 일시적 당황스러움은 우리가 원하는 것을 얻기 위한 시작이다. 이러한 두려움을 놓아버리면, 우리는 필요와 욕구를 충족시킬 수 있다. 우리의 필요가 무엇인지를 명확히 하는 것은 좋은 일을 위한 준비라 할 수 있다.

우리의 필요를 인식한다는 것은 우리가 원하는 것을 위해 준비하고 있고, 원하는 것에 더 가까이 다가갔다는 뜻이다. 원하는 것을 얻을 수 있다는 믿음을 갖자.

재충전해야 할 시간

　사랑을 받고 줄 수 있는 정도로 치유가 될 준비가 될 때까지 사랑을 구하지 말라. 즐거움을 느낄 수 있는 정도로 고통을 느끼고 놓아버릴 준비가 될 때까지 즐거움을 구하지 말라. 성공을 망칠 행동을 정복할 준비가 될 때까지 성공을 구하지 말라.

　우리가 원하는 것을 성취하는 자신의 모습을 상상한 다음 즉시 원하는 것을 얻으면 좋지 않을까? 우리는 우리가 원하는 것을 가질 수 있고, 우리가 원하는 사람이 될 수 있다. 우리가 구하기만 한다면, 모든 좋은 것은 우리의 것이 될 수 있다. 하지만 먼저, 준비를 철저히 해야 한다.

　정원사는 뿌릴 씨가 잘 자랄 수 있도록 땅을 잘 다지기 전에는 씨를 뿌리지 않는다. 땅을 다지기 전에 씨를 뿌리면, 그 노력은 헛수고가 될 것이다. 마찬가지로, 자신이 준비가 되기도 전에 원하는 것을 얻기 위해 노력한다면, 그것은 헛수고가 될 것이다.

　첫째, 우리는 우리의 필요와 욕구를 인식할 수 있어야 한다. 이 일은 쉽지 않을 수 있다! 우리 대다수는 욕구, 필요, 그리고 바람의 내부 소리를 묵살하는 데 익숙해 있다. 때로는 삶이 우리의 주의를 끌기 위해 노력을 많이 해야 하는 경우가 있다.

　둘째, 옛날 방식을 버린다. 즉, 좋은 것을 수확하는 데 방해가 되는 옛날 행동이나 생각을 버리도록 한다. 대다수의 우리는 어렸을 때부터 습득한 부정적 생활 방식을 지니고 있는데, 이것에서 벗어나도록 한다. 우리도 최고의 것을 가질 가치가 있다는 믿음이 정착할 때까지, 당분간 '……인 것처럼 행동하기'를 실천해야 할 수도 있다. 우리는 이러한 과정을 '놓아 버리기'와 조합함으로써 진정한 변화를 하게 된다.

원이 순환하도록 내버려 두기

인생은 정지하지 않고 계속 순환한다. 우리의 관계가 그 자체의 원을 따라 돌도록 내버려 둘 때, 우리의 관계는 좋아진다.

물의 썰물과 밀물처럼 관계에서의 원도 마찬가지이다. 즉, 가까워지는 시간이 있고, 거리를 둬야 하는 시간이 있다. 서로 모이는 시간이 있고, 개인의 일들을 처리하기 위해 떨어져야 하는 시간이 있다. 사랑과 즐거움을 만끽하는 시간이 있고, 노여움을 느끼는 시간이 있다.

때로는 우리가 변화를 경험함에 따라 관계의 범위가 변화한다. 때로는 삶이 우리에게 다음 가르침을 주기 위해, 우리에게 새로운 친구나 연인을 선사한다. 하지만 이것이 옛날 친구들은 영원히 사라진다는 것을 뜻하지는 않는다. 이는 우리가 새로운 원을 직면하게 됐다는 것을 뜻할 뿐이다.

친구와의 관계든, 사랑하는 사람과의 관계든, 우리는 관계를 통제하지 않아도 된다. 관계를 정지시킴으로써 통제하려고 하는 우리의 욕구를 충족하지 않아도 된다.

잡담

친밀감이라는 것은 다른 사람과 연결되어 있다는 감정을 느끼게 해 주고, 그들과의 관계를 즐길 수 있게끔 해 주는 따뜻한 선물과도 같은 것이다. 친밀하다는 것이 반드시 섹스를 뜻하지는 않는다. 친밀하다는 것은 상호 간에 정직, 따뜻함, 보살핌, 안전한 관계—쌍방이 현재의 자기 모습을 보일 수 있는 관계—가 있다는 것을 뜻하고, 두 사람이 모두 소중히 여겨지는 것을 의미한다.

때로는 갈등이 존재한다. 갈등은 피할 수 없다. 때로는 극복해야 하는 어려운 감정이 존재한다. 때로는 관계를 위해 설정한 경계선이 변화하기도 한다. 하지만 사랑과 신뢰의 끈은 변하지 않는다.

친밀감이나 친밀한 관계를 갖기까지에는 여러 장애가 있을 수 있다. 중독이나 학대는 친밀감을 저해한다. 해결되지 않는 가족의 본질적 문제는 친밀감을 저해한다. 통제는 친밀감을 저해한다. 균형이 깨진 관계, 즉 힘의 모순이 크게 존재하는 관계는 친밀감을 저해한다. 극단적 이타주의, 끊임없는 잔소리, 멀어지기, 마음 닫기 등도 친밀감을 저해한다.

잡담과 같은 간단한 행동 역시 친밀감을 방해할 수 있다. 예를 들어, 자신을 높이기 위해 또는 상대방을 판단하기 위해서 상대방을 깎아 내리는 뜬소문에 대해 얘기하는 것은 친밀감을 저해한다. 또한 상대방의 문제나 결점, 실패를 제3자와 얘기하는 것이 상대방과의 관계에 부정적 영향을 끼칠 수 있다는 것은 예측 가능한 일이다.

—

기회 인식하기

　우리에게는 기회가 있다. 우리가 볼 수 있는 것보다 더 많은 기회가 우리에게는 있다.

　우리의 관계, 일, 삶의 덫에 걸렸다는 느낌이 들 수 있다. 극단적 이타주의, 통제와 같은 행동에 갇혀 있다는 느낌이 들 수 있다.

　덫에 걸렸다는 느낌은 종속의 증상이다. 우리가 다음과 같은 말, "저 사람을 돌봐야 하는데……." "난 '예'라고 말을 해야 해." "저 사람을 통제할 수 있게끔 노력해야 해." "나는 이런 방식으로 행동하고, 생각하고, 느껴야 해."라고 하는 자신을 발견할 때, 우리는 기회를 보지 않기로 결정한 자신을 볼 수 있다.

　덫에 걸렸다는 느낌은 환상이다. 우리는 주변 환경, 우리의 과거, 다른 사람의 기대, 아니면, 자기 자신에 대한 건전하지 못한 기대의 통제 아래 있지 않다. 우리는 죄의식 없이, 우리가 생각하는 옳은 일을 선택할 수 있다. 우리에게는 선택권이 있다.

자기 돌보기

최근에 알코올 재활 동우회에 참여하게 된 한 기혼 여성이 어느 날 오후, 나에게 전화를 했다. 그녀는 시간제 간호사로 일하고 있었고, 두 자녀를 양육하는 책임을 모두 지고 있었으며, 수리와 재정을 포함한 모든 가정 일을 도맡아 하고 있었다. "난 남편과 이혼하고 싶습니다."라고 그녀가 울먹이며 말했다. "난 그, 그리고 그의 학대를 더 이상 참을 수 없습니다." 하지만 말해 주십시오. "제가 제 스스로를 돌볼 수 있겠습니까?"

- 『Codependent No More』(Melody Beattie)

우리 자신을 돌보는 것이 괜찮은 정도가 아니라, 우리는 우리 자신을 잘 돌볼 수 있다.

대다수의 우리는 남을 돌보는 능력에 대해서는 그렇게 자신만만 하면서도, 우리 자신을 돌볼 수 있는 선천적 힘에 대해서는 의심을 많이 한다. 우리의 과거나 현재의 환경으로부터 우리가 남을 돌봐야 하고, 남들이 우리를 돌봐 주어야 한다는 생각을 하게 됐을 수 있다. 바로 이러한 생각이 궁극적인 종속적 생각이다.

이러한 자기 패배적인 생각이 어디에서 생겨났던, 우리는 이 생각을 버리고 더 나은 생각, 더 건전한 생각, 더 정확한 생각으로 이를 대신할 수 있다. 우리는 우리 자신을 돌볼 수 있다. 관계를 지속 중이든, 관계를 끝냈든 간에, 우리가 필요한 것은 모두 제공될 것이다. 우리를 도와줄 사랑하는 사람들, 친구들, 더 위대한 힘이 우리 곁에 있을 것이다. 우리 자신이 우리를 돌볼 수 있다는 것을 안다고 하여, 우리가 때때로 두려움, 불편함, 의심, 화, 약함 등의 감정을 느끼지 않는 것은 아니다. 이는 콜레트 다울링(Colette Dowling)이 '신데렐라 콤플렉스'에서 명명했던 '용기 있게 상처받기 쉬움'이라는 말을 실행한다는 뜻이다. 겁이 날 수도 있으나, 그럼에도 불구하고 우리는 우리 자신을 돌본다.

무기력함과 통제 불가

우리가 찾는 삶을 위한 열쇠가 의지력이 아니다. 항복이 바로 열쇠이다.

"나는 내 삶의 대부분을 그들의 모습이 아닌 다른 모습으로 그들을 만드는 데, 그들이 하기 원하지 않는 일들을 하도록, 그리고 그들이 느끼지 않기로 선택한 감정을 느끼도록 하는 데 소진해 왔다."고 한 여자가 말했다.

"난 자신을 사랑하지 않는 알코올중독자인 아버지를, 나를 사랑하는 정상적인 아버지로 바꾸기 위해 어린 시절을 보냈다. 그리고 알코올중독자인 사람과 결혼하여 남편이 술을 끊도록 하기 위해 몇 십 년을 보냈다."

"난 감정적으로 나를 돌봐 줄 수 없는 사람들이 나를 감정적으로 돌봐 줄 수 있게 만들기 위해 몇 년을 허비했다."

"난 가족 구성원들이 느끼는 절망적인 감정을 행복한 감정으로 바꾸려는 데 더 많은 시간을 보냈다. 내가 말하고 싶은 것은 이것이다. 난 불가능한 일을 하기 위해 나의 일생의 대부분을 결사적으로 그리고 헛되이 보냈다. 이는 마치 옥수수를 심어 놓고 콩이 자라길 바라는 것과 같은 것이었다. 이는 절대로 될 일이 아니다!"

우리가 이길 수 없다는 간단한 이유만으로 우리는 사자와 싸우는 것을 중지하는 법을 배운다. 우리가 남을 통제하고 변화시키려는 데 더 많은 주의를 기울일수록, 우리의 삶이 더 통제 불가능해진다는 사실을 배운다. 우리가 우리의 삶에 더 주의를 하면 할수록, 우리가 살 수 있는 삶은 더 많아지고, 삶도 더 통제가 가능해질 것이다.

서약하기

인생을 살아 나갈 때 우리가 서약하지 않으면, 잃는 것과 잃는 사람이 많이 생긴다. 우리는 데이트 단계에서 더 높은 단계로 발전하기 위해, 우리가 원하는 집을 얻기 위해, 그리고 우리가 원하는 직장이나 차를 얻기 위해, 관계에 대한 서약을 해야 한다.

우리는 직업, 목표, 가족, 친구들에 대해 서약해야 한다. 어떤 것을 시도하는 것은 성공하지 못한다. 하지만 서약함으로써 이를 성취할 수 있다. 그러나 우리는 준비되기 전에 서약하면 안 된다.

때로는 서약에 대한 두려움이 우리에게 뭔가를 말해 주고 있다. 특정한 관계, 구매, 그리고 직장에 서약하는 것을 우리가 원하지 않을 수 있다. 반면에 우리의 두려움을 극복하는 것이 관건일 수도 있다. 이 경우, 기다려라. 문제점들이 명확해질 때까지 기다려라.

당신 자신을 믿어라. 서약에 대한 당신의 두려움을 제거해 달라고 위대한 힘에게 기도하라. 서약의 장애가 되는 것들을 제거해 달라고 하나님에게 부탁하라. 인도해 달라고 하나님에게 부탁하라.

서약하지 않음으로써 그것들을 잃기로 결정했는지 자신에게 물어 보아라. 그다음, 조용히 들으라. 그리고 결정이 옳고 편안하게 보일 때까지 기다려라. 우리는 서약할 필요가 있지만, 준비가 될 때가지는 서약할 필요가 없다. 당신이 원할 때 서약할 것이라 믿어라.

솔직함

우리는 솔직하고 정직한 사람들의 주변에서 안전함을 느낀다. 그들은 그들의 생각을 말하고, 우리는 우리가 그들과 어떤 선상에 서 있는지를 안다.

솔직하지 못한 사람은, 즉 자신이 어떤 사람인지, 무엇을 원하는지, 무엇을 느끼고 있는지를 말하기 두려워하는 사람은, 믿을 수가 없다. 하지만 그들이 진실을 말하지 않아도 그들의 행동이 말해 줄 것이다. 이것은 모든 사람을 놀라게 할 수도 있다.

솔직함은 시간과 에너지를 아껴 준다.

솔직함은 피해의식을 제거해 준다.

솔직함은 고뇌와 책략 없이 살게 해 준다.

솔직함은 우리의 내적 힘을 소유하는 데 도움을 준다.

솔직함은 존경할 만한 관계를 형성하게끔 해 준다. 솔직하고 정직한 사람들의 주변에서 안전함을 느낀다. 그런 사람이 되어라.

자선

우리는 돈을 받는 데 건전한 경계선이 필요하고, 돈을 주는데 있어서도 건전한 경계선이 필요하다.

우리 중 일부는 부적절한 이유로 돈을 준다. 우리에게 돈이 있다는 사실이 수치스럽고, 우리는 돈을 가질 가치가 없다고 느낄 수도 있다. 우리의 수치심을 이용하고 우리를 조종해서 조직이 원하는 돈을 우리로부터 겁탈하는 조직에 속해 있을 수도 있다.

우리가 얻은, 또는 얻지 않은 죄의식 때문에 우리의 아이, 가족, 그리고 친구에게 돈을 주는 것에 익숙해 있을 수 있다. 때로는 우리가 사랑하는 사람들에 의해 재정적으로 협박을 받게끔 자신을 방치해 놓았을 수 있다. 이러한 돈은 자유의지에 의해 준 것도 아니고, 건전한 방법에 의해 준 것도 아니다.

우리 중 일부는 극단적 이타주의로 돈을 준다. 우리는 다른 사람에 대한 책임감(재정적 책임감을 포함하여)을 과장하여 느낄 수 있다.

믿음

우리는 때로 삶에서 좌절을 맛보기도 한다. 우리는 자신이 올바른 길을 가고 있다고 생각하고, 자신과 신을 믿지만, 일이 생각대로 풀리지 않을 경우가 있다. 우리는 잘못된 시작과 끝을 경험하기도 한다. 문이 활짝 열리지 않는다.

신이 우리를 버리셨나 또는 신경을 쓰지 않으시나 하고, 의문을 품을 수도 있다. 우리가 어디로 가고 있는지, 우리의 방향은 어디인지를 모를 수 있다. 그러다 어느 날 우리는 보게 된다.

우리가 원하는 것을 얻지 못했던 이유는 신이 더 좋은 계획을 우리를 위해 생각하고 계셨기 때문이라는 것을 깨닫게 되는 것이다.

수치심과 싸우기

수치심은 우리를 뒤로 묶어 둘 수 있고, 아래로 끌어당길 수 있으며, 우리가 주저하게끔 할 수 있다.

- 『Beyond Codependency』(Melody Beattie)

수치심을 조심하라. 많은 시스템과 사람들은 수치심의 기미가 보인다. 그것들은 수치심에 의해 통제를 받고, 우리도 그들의 게임에 참여하기를 바란다. 그것들은 수치심으로 우리를 잡아 두고 통제하기를 바랄 수 있다. 우리는 그들의 수치심에 빠질 필요가 없다. 대신, 우리는 좋은 감정―자기 수용, 사랑, 보살핌―을 받아들일 것이다.

충동적 행동들, 성적으로 중독된 행동들, 과식, 화학제품의 남용, 도박 중독 등은 수치심에 기초한 행동이다. 이러한 행동에 가담한다면, 우리는 수치심을 느낄 것이다. 이것은 피할 수 없는 일이다. 중독적 또는 충동적 행동을 조심해야 한다. 왜냐하면 이러한 행동은 우리를 수치심에 빠지게 할 것이기 때문이다.

우리의 과거나 우리에게 원초적 수치심을 부과했던 세뇌는 우리가 다시 수치심에 빠지게끔 할 수 있다. 이러한 일은 우리가 혼자일때, 장을 보고 있을 때, 또는 삶을 조용히 살아나가고 있을 때, 일어날수 있다. 생각하지 말라……. 느끼지 말라……. 성장하거나 변하지말라……. 살아있지 말라……. 삶을 살지 말라……. 수치심을 느껴라!

수치심을 버려라. 수치심을 공격하라. 전쟁을 선포하라. 수치심을
인식하고, 돌림병처럼 이를 피하라.

궤도 안으로

그들이 자신에게 상처를 주고 있는 것은 중요하지 않다. 그들이 우리 말에 귀를 기울이고 우리와 협조만 한다면, 우리가 그들을 도울 수 있다는 사실은 중요하지 않다. 중요하지 않다. 중요하지 않다. 중요하지 않다. 중요하지 않다.

- 『Codependent No More』(Melody Beattie)

난 그를 변화시킬 수 있을 것 같다. 그 어떤 누구도 그를 사랑하거나 소중히 하지 않았으나, 내가 그를 사랑하겠다. 그러면 그는 변할 것이다. 그녀는 한 번도 가치 있는 사람과 있어 본 적이 없다. 난 내가 얼마나 가치 있는 사람인가를 그녀에게 증명해 보일 것이고, 그럼 그녀는 사랑할 수 있을 것이다……. 아무도 그녀에게 다가가거나 그녀를 정복하지 못했으나, 내가 해 보겠다……. 아무도 그에게 기회를 주지 않았다……. 아무도 그를 믿지 않았다…….

이런 생각은 모두 경고의 신호이다. 빨간 불이다. 빨간 깃발이다. 사실 우리가 이런 생각을 한다는 것은 우리가 여기서 멈춰야 함을 뜻한다.

우리가 다른 사람의 삶에 변화를 주어야 한다고 생각하거나, 우리가 다른 사람에게 얼마나 잘할 수 있는지를 증명하기 위해 노력하는 것은 우리가 문제에 빠졌음을 시사하는 것일 수 있다.

이것은 일종의 게임이다. 속임수이다. 이는 잘 풀리지 않을 것이다. 우리를 미치게 만들 것이다. 분명히 그렇게 될 것이다. 우리는 모든 것을 명확히 보고 있지 못하다. 우리에게 문제가 생기고 있는 것이다.

이런 생각은 자기 패배로 이어질 것이다. 우리가 바로 그 사람일 수 있다. 그렇다. 바로 피해자, 그 당사자가 될 수 있다.

이러한 생각은 모두 종속, 자기 자신에 대한 책임을 다하지 못하는 것, 그리고 피해자의 기미를 보이는 것들이다. 각자 자신의 일을 해야 한다.

재미

삶을, 하루를 즐겨라. 인생은 고된 일이 아니다. 이는 옛날 생각이다. 이런 생각을 버려라. 우리는 탐험, 여행을 하고 있다. 우리가 현재 상상할 수 없는 사건들이 발생할 것이다.

영혼의 무거움, 닮음을 즐거움으로 바꿔라. 영혼을 밝혀 줄 사람들과 사건에 자신을 굴복시켜라.

영혼의 밝아짐에 민감해지도록 하라.

여행은 즐거운 탐험이 될 수 있다. 즐길 수 있도록 하라.

당황

상황이 겉보기에 우리의 광포(berserk)함을 얼마나 요구하든 간에, 우리가 그렇게 행동함으로써 나아지는 상황은 거의 없다.
　　　　　　　- 『Codependent No More』(Melody Beattie)

당황하지 말라!

어떤 수영 선수가 큰 강을 건너고 있는데, 갑자기 남은 거리에 대해 신경을 많이 쓰게 되면, 그 사람은 당황하여 가라앉기 시작할 수 있다. 이는 그가 수영을 못하기 때문이 아니라, 그가 당황에 압도당했기 때문이다.

일 자체가 아닌 당황이나 걱정이 바로 적이다.

우리 중 다수는 압도당하는 순간을 경험했다. 필요한 모든 일을 감히 다 끝마치지 못하리라는 느낌을 받은 적이 있다.

우리는 직장에서의 일이나, 자신의 발전, 아니면 가족사의 변화를 직면하고 있을 수 있다.

오늘에 집중하라. 모든 것이 잘될 것이라는 믿음에 집중하라. 우리의 목표를 성취하기 위해 우리가 할 일은, 오늘 우리에게 자연스럽게 나타나는 일에 집중하는 것이다. 그러면 내일 우리가 되고 싶은 사람이 되기 위해 필요한 것들을 성취할 수 있는 힘을 자연스럽게 갖게 될 것이다.

평정을 되찾을 때까지 물 위에 잠시 떠 있어도 된다. 평정을 되찾으면 자신감을 가지고 다시 수영하면 된다. 한 동작, 한 움직임에만 집중하면 된다. 한 스트로크만 해도 우리는 전진한 것이다. 지치면 그냥 떠 있으면 된다. 물론, 우리의 마음이 편안할 때만이다. 우리가 깨닫기도 전에 우린 해변에 닿아 있을 것이다.

책임감

스스로를 돌본다는 것은 자신에 대한 책임을 진다는 말이다. 자신에 대한 책임을 진다는 말은 다른 사람에 대한 책임도 생각하고 있다는 것을 포함한다.

때로는 회복을 시작할 때, 다른 사람에 대한 책임 의식으로 우리는 지치고 만다. 그러다 자신에 대한 책임만 지면 된다는 것을 배우게 되면, 이는 큰 안심이 되어 다른 사람에 대한 책임을 소홀히 할 수 있다.

이것은 시간을 요하는 일이다. 특히 우리가 수년간 다른 사람에 대한 왜곡된 책임감을 가지고 있었다면, 시간은 더 걸리는 것이다. 우리는 한 사람에 대해 친구로서 또는 노동자로서 책임을 져야 할 수 있다. 다른 사람에게는 고용주로서, 배우자로서의 책임을 져야 할 수 있다. 각각의 사람들에게, 우리는 각각의 책임이 있다. 그런 진정한 책임을 질 때, 우리는 인생의 균형점을 찾게 될 것이다.

오늘, 나는 타인에 대한 나의 책임이 무엇인가에 대해 명석한 사고를 해야 한다. 나는 이런 작업이 나 자신을 돌보는 것의 하나로 간주할 것이다.

앞으로 전진하기

때로는 사랑하는 사람들이 변화하기로 결정을 내리지 못했다 하더라도, 우리는 성장해야 하는 경우가 있다. 심지어 그 사람들이 문제와 고통 속에 계속 시달리도록 놔둘 수 밖에 없을 수도 있다. 왜냐하면 우리가 그들을 대신해 회복할 수 없기 때문이다. 우리가 그들과 함께 고통을 받을 필요는 없다. 그것은 도움이 안 된다.

사랑하는 사람들이 문제에서 헤어나오지 못하고 있다고 하여, 우리까지 그럴 필요는 없다. 도움이 안 되기 때문이다. 다른 사람을 돕기 위한 잠재적 방안은 우리가 문제로부터 분리되고, 문제를 극복하기 위해 노력하고, 다른 사람도 우리와 마찬가지로 변화하도록 강요하는 것을 멈추었을 때 극대화된다.

자발성과 재미

자발적이 되도록 연습하라. 즐거울 수 있도록 연습하라.

대다수의 우리는 엄격함, 박해, 박탈 등에 익숙하다. 우리가 박탈 당해 온 정상적 경험은 바로 즐겁게 노는 것이다. 또 다른 하나는 바로 자발성이다. 우리는 즐거움을 위해 무엇을 하고 싶은지 전혀 모를 수 있다. 그리고 우리 자신을 너무 꽉 죄고 있기 때문에, 자신이 재미 있는 것을 시도하는 것을 용납하지 않을 수도 있다.

우리는 때때로 자신을 조금 놓아줄 수 있다. 조금 여유를 가질 수 있다. 원래 모습이 되는 것을 두려워하여 너무 뻣뻣하거나 엄격할 필요는 없다. 위험을 감수하라. 새로운 활동을 시도해 보아라. 무엇을 하고 싶은가? 무엇을 즐길 수 있을 것 같은가? 그다음, 또 다른 위험을 감수하라. 보고 싶은 영화를 정하라. 친구에게 전화를 하여 영화를 같이 보러 가자고 물어보자. 그 친구가 싫다고 한다면, 다른 친구에게 또는 다른 시간을 시도해 본다.

할 것을 정하고, 그것을 밀고 나가라. 한번 해 봐라. 두 번 해 봐라. '재미'가 '재미'가 될 때까지 재미를 연습하라.

옛 관계에 매달리기

이번 여행에서는 짐 없이 돌아다니고 싶다. 그것이 여행을 더 편하게 한다.

우리가 버릴 수 있는 짐의 일부는 과거 관계로부터의 남은 감정이나 해결하지 않은 일이다. 노여움, 분노, 피해의식, 상처, 바람.

우리가 관계에 대해 종결짓지 않았다면, 우리가 관계로부터 조용히 걸어 나올 수 없다면, 우리는 아직 가르침을 깨우치지 못한 것이다. 이것은 우리가 앞으로 나가기 전에 그 가르침을 다시 받을 필요가 있다는 것을 의미한다.

모든 것을 놓아 버릴 시간이 왔을 수 있다. 과거 경험으로부터의 진정한 가르침에 마음을 열 시간이 왔을 수 있다. 과거의 관계를 이제 한 곳에 접고, 새롭고 더욱 이로운 경험을 할 수 있는 단계로 넘어가야 할 시간이 왔을 수 있다.

우리에게는 과거 속에서 살 선택권과 과거의 일들을 끝내고 오늘의 미에 우리를 열 수 있는 선택권이 있다.

과거 관계로부터의 짐을 이제 놓아 버려라.

시간에서 자유로워지기

"얘야, 적절한 시간이 오면…… 적절한 시간이 오면……."

이런 말을 친구, 스폰서, 위대한 힘으로부터 얼마나 많이 들었나!

우리는 특정 일, 돈, 관계, 소유물 등을 많이 원한다. 우리는 우리의 삶이 변화하길 바란다. 그래서 우리는 기다린다. 때로는 인내심을 가지고, 때로는 걱정하면서 기다린다. 언제 나의 미래가 내가 원하는 것을 가져다 줄 것인가? 그때가 되면 난 행복할까?

우리는 달력에 표시를 하면서, 스스로에게 질문을 던지면서, 예견하려 시도한다. 우리에게 답이 없다는 사실을 잊곤 한다. 답은 하나님으로부터 온다. 우리가 주의 깊게 들으면, 우리는 답을 들을 수 있을 것이다.

"얘야, 적절한 시간이 오면…… 적절한 시간이 오면……."

"지금 행복하라."

순교자 사이에서의 경쟁

나의 고통이 당신의 고통보다 더 크다!

우리가 걸려들 수 있는 얼마나 쉬운 덫인가. 우리는 우리가 얼마나 피해를 입었고, 얼마나 상처를 받았는지, 얼마나 삶이 불공평한지, 그리고 우리가 얼마나 대단한 순교자인지에 대해 떠든다. 그리고 그렇게 하기 전까지 우리는 행복해 하지 못한다!

우리의 고통과 아픔을 다른 사람에게 증명할 필요는 없다. 우리는 고통 속에 있었다는 것을 안다. 우리가 아픔을 당했다는 것을 안다. 대다수의 우리는 법적으로 피해를 보았다. 또 힘들고 고통스러운 경험을 겪어야 했다.

회복의 목표는 우리가 얼마만큼의 상처를 받고 있는지, 또는 받았는지를 보이는 것이 아니다. 우리의 목표는 고통을 멈추고, 해결책을 다른 사람과 공유하는 것이다.

만약 다른 사람이 그가 얼마나 상처를 받았는지 우리에게 증명하려 든다면, 우리는 이렇게 간단하게 말할 수 있다. 당신이 상처를 받았나 보군요. 그 사람이 찾는 것은 단순히 그의 고통의 유효성일 수 있다.

기분 좋음

> 경계선을 갖는 것이 삶을 복잡하게 만들지 않는다. 경계선은 삶을
> 단순하게 만든다.
>
> — 『Beyond Codependency』(Melody Beattie)

경계선을 설정하는 것은 긍정적 면이 있다. 우리는 자신에게 귀를 기울이게 되고, 우리에게 상처를 주는 것과 우리가 싫어하는 것을 인식하게 된다. 또한 기분을 좋게 하는 것들도 알게 된다.

몇몇의 위험을 감수하기로 결정하고, 이를 적극적으로 행동으로 옮길 때, 우리는 삶의 질을 고양하게 될 것이다.

우리가 좋아하는 것은 무엇인가? 무엇이 기분을 좋게 만드는가? 무엇이 기쁨을 가져다주는가? 누구의 동행을 즐기는가? 아침에 기분을 좋게 해 주는 것은 무엇인가? 삶의 진정한 즐거움은 무엇인가? 일상의 어떠한 사소한 활동들이 우리가 보살핌을 받고 있다는 느낌을 주는가? 무엇이 우리의 감정적, 영적, 정신적, 그리고 육체적 자아에 어필하는가? 무엇이 실제로 기분 좋게 하는가?

우리 자신을 너무 오랫동안 박탈해 왔다. 그럴 필요가 더 이상 없다. 기분이 좋아지고, 그 결과가 자기 패배가 아닌 자기 사랑이라면, 그것을 행하라!

항복으로 극복하기

현재 상황에서의 당신의 가르침을 정복하라.

오늘 우리 삶의 바람직하지 못한 것에 저항한 채, 우리는 앞으로 나가지 않는다. 우리는 수용함으로써 전진하고, 성장하고, 변화한다.

피하는 것이 열쇠가 아니다. 항복이 문을 연다.

진실에 귀를 기울여라. 우리는 어떠한 이유로 현재의 상황에 놓여 있다. 전진하기 전에, 우리가 습득해야 할 가르침, 중요한 가르침이 있다. 힘으로 극복하지 말고 항복으로 극복하라. 전쟁은 우리 안에서 시작되고, 이겨진다. 우리가 배울 때까지, 수용할 때까지, 감사할 수 있을 때까지, 자유로워질 때까지, 그것을 경험하라.

삶을 조금 쉽게 만들기

인생이 어려울 필요는 없다.

그렇다. 우리에겐 참아야 할 시기가 있고, 몸부림쳐야 할 시기가 있으며, 우리의 생존 기술에 의존해야 할 때가 있다. 하지만 우리의 삶, 성장, 회복, 변화, 그리고 일상의 사건들을 항상 그렇게 어렵게 만들 필요는 없다. 인생을 어렵게 만드는 것은 우리의 순교자적 방식의 반영으로서, 이는 옛날 방식의 사고방식, 감정, 믿음의 잔재이다. 삶이 그렇게 어렵지 않더라도, 우리는 가치 있는 사람이다. 우리의 고통의 크기가 우리의 가치를 결정하지는 않는다.

우리가 인생을 어렵게 만들고 있다면, 우리는 필요 이상으로 인생을 어렵게 하는 것이라고 한 여자가 말했다. 일이 쉽고 자연스럽게 일어나도록 하는 방법에 대해 배워라. 사건이 일어나고, 우리가 그 사건에 참여할 수 있는 방법을 배워라. 이제 이것이 쉬워질 수 있다. 과거에 비해 쉬워질 것이다. 흐름을 따르고, 세계의 짐을 어깨에서 내려놓아라. 그리고 위대한 힘이 우리가 있어야 할 곳에서 우리를 편안히 해 줄 수 있도록 하라.

순교자 관계

대다수의 우리는 감정에 대해 완벽하게 무뎌짐으로써 우리가 관계에서 필요로 하는 것들이 무엇인지 알지 못하게 되었다.

우리는 누구의 동행을 즐기는지, 친구, 일과 관계된 사람들, 데이트 상대, 그리고 배우자 중 누구에 관한 얘기를 하고 있는지를 분간하는 방법을 배울 수 있다. 우리는 피하고 싶은 사람과 상호작용할 필요는 있으나 이들과 장기적인 관계 또는 친밀한 관계를 형성하도록 자신을 강요할 필요는 없다.

우리는 친구, 데이트 상대, 배우자를 선택할 자유가 있다. 친척들과 같이 항상 같이 시간을 보낼 수 없는 사람들과 얼마만큼의 시간을 함께 보낼지도 자유롭게 정할 수 있다. 이것은 우리의 삶이다. 바로 이것이다. 우리는 하루와 시간을 어떻게 보낼지를 결정할 수 있다.

우리는 노예가 아니다. 우리는 덫에 걸리지 않았다. 그리고 그 누구도 선택권이 없지 않다. 우리는 우리의 선택권을 명확히 보지 못할 수도 있다. 수치심을 겪어야 하고, 우리의 힘을 소유하는 방법을 배워야 하겠지만, 우리는 우리가 좋아하고 선택한 사람들과 함께 소중한 시간과 날들을 보내는 방법을 배울 수 있다.

직업 역사

관계에 대한 역사가 있듯, 우리는 직업에 대한 역사가 있다.

우리가 삶의 관계에서 받아들이고 감당해야 할 현재 상황이 있듯이, 직장에서 수용하고 감당해야 할 현재의 상황이 있다.

우리가 맺었던 관계에 대해 건전한 태도—우리의 배움과 전진을 도와줄 수 있는 태도—를 형성하는 것처럼 우리는 직업 역사에 관해서 마찬가지로 건전한 태도를 형성할 수 있다.

난 열한 살 이후로 많은 직업을 가져왔다.

내가 맺었던 관계들을 통해 많은 가르침을 얻은 것처럼, 난 내 일을 통해 많은 것을 배웠다. 종종 이러한 가르침은 내가 인생의 다른 부분에서 얻은 가르침과 일맥상통한다.

싫어하긴 했으나 일시적으로 의존했던 직업이 있었다. 홀로 서는 것과 다른 직업을 찾는 것이 두려워 다니던 직장에서 계속 일한 적이 있다.

기술을 익히기 위해 일한 적이 있다. 때로는 내가 기술을 습득하고 있다는 사실을 모르기도 했는데, 나중에 그 기술이 내가 선택한 직업의 중요한 부분이 되어서야 그때 내가 기술을 배우고 있었다는 사실을 깨달았다.

피해의식을 느끼며 일한 적이 있다. 내가 계속 주기만 하고 그 대가로 아무것도 받지 못하고 있다는 느낌으로 일한 적이 있다. 내가 맺었던 관계로부터 비슷한 감정을 경험한 적이 있다.

내가 절대적으로 싫어하는 것이 무엇인지를 가르쳐 주었던 직장에서 일한 적이 있다. 내가 진정으로 원하는 것과 내가 직장에서 당연히 받아야 할 것이 무엇인지를 다른 사람들이 깨우쳐 주었다.

어떤 일은 나의 성격을 형성하는 데 도움을 주었다. 어떤 일은 내가 기술을 닦는 데 도움을 주었다. 모든 직장이 회복의 행동을 실행해 볼 수 있는 곳이었다.

내가 원하는 진급을 하지 못했던 때가 있었다. 옳지 않다고 느껴졌기 때문에 원하던 진급을 거절한 때가 있었다.

스스로에게 진실되기 위해 일을 그만두고, 직장을 떠나야 하는 때가 있었다. 때로는 그때가 두려웠다. 때로는 내가 실패자처럼 느껴졌던 때가 있었다. 하지만 난 다음과 같은 사실을 배웠다. 나의 프로그램을 성실히 수행했고, 자신에게 진실했으면, 내가 인도되는 곳에 대해 두려움을 느낄 필요가 없다.

내가 받았던 적은 돈으로 생존할 수 없었던 때가 있었다. 그 문제를 고용주에게 가져가 그 문제의 잘못이 그 또는 그녀에게 있음을 주장하는 대신에, 난 그 문제를 나와 나의 위대한 힘 앞으로 가져가는 법을 배워야 했다. 나의 경계선을 설정하는 일과 내가 받아야 한다고 믿는 것들을 정립하는 일은 내 책임임을 배웠다. 또한 특정 고용주가 아닌 하나님이 바로 나를 이끌어 주실 분임을 배웠다.

난 내 선택에 책임을 져야 하며, 나에게는 선택권이 있다.

무엇보다도 난 직장에서의 나의 현재 상황을 수용하고 믿을 수 있는 법을 배웠다. 그렇다고 순종하라는 것은 아니다. 그렇다고 경계선을 허물라는 것은 아니다. 믿고, 수용한 다음, 그날 내가 할 수 있는 한 나를 잘 돌보라는 뜻이다.

———

옛날 생각을 놓아 버리기

"더 노력하라. 더 잘하라. 완벽하라."

이러한 말은 사람들이 우리를 속이게 위해 쓰는 말이다. 아무리 우리가 노력을 해도, 우리는 더 잘해야 한다고 생각한다. 완벽은 항상 우리를 속이며, 잘한 것들에 대해 행복함을 느낄 수 없게 만든다.

완벽에 대한 말들은 속임수이다. 왜냐하면, 우리는 절대 그 목표를 달성하지 못할 것이기 때문이다. 그러한 말이 우리를 조종하고 있는 한, 우리는 성취한 것에 대해 좋은 감정을 가질 수 없다. 우리가 완벽에 관한 말을 바꾸고, 자신에게 지금의 모습만으로도 충분하다고 말하지 않는 이상, 우리는 결코 잘하고 있다고 느끼지 못할 것이다.

자신을 인정하고 수용하기 시작하자. 지금의 모습만으로도 충분하다. 어제 우리의 최선은 충분했다. 오늘 우리의 최선도 충분하다.

우리는 원래 모습이어도 괜찮고, 우리가 오늘 하던 방식으로 일을 해도 된다. 그것이 바로 완벽 피하기의 본질이다.

억제하기

때로는 자신을 보호하기 위해 우리가 관계를 맺고 있는 사람으로부터 자신을 닫아 버린다.

우리의 몸은 그곳에 있을지언정 우리 자신은 그곳에 없다. 우리는 그 관계에 동참할 수 없다.

우리는 문을 닫아 버린다. 때로는 관계로부터 우리를 닫아 버리는 것이 적절하고 건전할 수 있다. 우리에게 시간이 필요할 수도 있다.

때로는 관계로부터 우리를 닫아 버리는 것이 자기 패배적일 수 있다. 약한 부분, 정직함을 보이지 않고, 다른 사람을 위해 모습을 드러내지 않는 것은 관계의 종결을 가지고 올 수 있다. 우리가 빠졌을 때, 다른 사람이 그 관계에 대해 할 수 있는 일은 없다. 우리를 닫아 버리는 것은 우리 자신이 그 관계에 참여할 수 없게 하는 것이다.

관계에 있어 일시적으로 자신을 닫아 버리는 것은 흔한 일이다. 하지만 이를 지속하는 것은 바람직하지 못하다. 이것이 관계를 망치는 장치 중 하나일 수 있다.

슬럼프 극복하기

슬럼프는 오래 지속될 수 있다. 정리할 수 없는 감정 때문에 게을러질 수 있고, 집중을 못할 수 있으며, 압도당할 수 있다. 우리에게 무슨 일이 일어나고 있는지 모를 수 있다. 심지어 회복의 행동을 실행하려는 시도도 효과를 보지 못할 수 있다. 우리는 아직 우리가 원하는 만큼 감정적, 정신적, 영적으로 좋게 느끼지 못한다.

슬럼프에 빠지면, 우리는 알면서도 본능적으로 옛날 생각, 감정, 행동으로 돌아가려 할 수 있다. 우리가 하는 행동이 집착이고, 그 결과가 좋지 않다는 것을 알면서도 집착할 수 있다.

우리의 행복과 잘됨이 다른 사람의 손에 달려 있지 않다는 것을 알면서도, 기분을 낫게 해달라고 다른 사람을 광적으로 찾을 수 있다. 우리의 일이 아닌 것들을 사적으로 챙기기 시작하고, 효과가 없다고 너무나도 잘 배운 방식으로 반응할 수 있다.

우리는 슬럼프에 빠졌다. 하지만 오래가지 않을 것이다. 이러한 시기가 오는 것은 정상적인 일이고, 필요하기까지 하다. 이 시기가 극복해야 하는 시기이다. 그 대가가 즉시 나타나든 그렇지 않든 간에 이 시기가 회복의 행동에 집중해야 하는 시기이다. 이 시기가 때로는 우리를 놓아주고, 가능한 한 우리 자신을 많이 사랑해 주어야 하는 시기이다.

슬럼프를 극복하라. 곧 끝날 것이다. 때로는 슬럼프가 며칠을 갈 수 있는데, 한 시간의 노력으로 자신을 추스르고, 기분이 좋아지는 자

190

신의 모습을 본다. 때로는 조금 더 오래 갈 수 있다.

　작은 부분에서 회복하기 위한 행동을 실행하라. 그리고 언덕을 오르기 시작하라. 얼마 안 가 슬럼프는 사라질 것이다. 오늘 우리의 모습으로 내일 우리의 모습을 절대 판단할 수 없다.

조화 이루기

피아니스트가 새로운 작품을 만나게 되었을 때, 그 또는 그녀는 의자에 앉아 대번에 그 작품을 완벽하게 연주하지 않는다. 피아니스트는 감정과 소리를 느끼기 위해 종종 한 손만으로 연습을 해야 하는 경우가 있다. 어려운 부분을 골라 한 손으로만 연습하여 그것을 연주하는 것이 편안하게 만든 다음, 반대편 손 역시 그 부분을 잘 연주할 수 있도록 한 음정, 한 음정씩 연습한다. 양손이 그들이 해야 하는 일—소리, 감정, 리듬, 음정—을 다 깨우치면, 그때 양손으로 연주한다.

연습하는 도중에는 그 음악이 그리 대단하게 들리지 않을 수 있다. 연결이 되지 않고, 아름답지 않게 들릴 수 있다. 하지만 양손이 함께 연주할 준비가 되면, 음악이 창조된다. 작품 전체가 조화를 이루고 아름답게 된다.

우리는 위대한 힘과 함께 우리의 관계를 끌어나간다. 우리는 스스로를 사랑하는 일을 연습한다. 우리가 받을 가치가 있는 최선의 행동을 연습한다. 우리의 재정에 신경 쓴다. 때론 우리의 여가, 우리의 외모, 우리의 가정에 신경 쓴다.

우리는 감정을 연습한다. 믿음을 연습한다. 행동을 연습한다. 옛날의 것을 날려 보내고, 새로운 것을 습득하는 것을 연습한다. 우리는 연습하고, 연습하며, 연습한다. 우리는 실행한다. 우리는 투쟁해 나간다. 극에서 극으로 가기도 하고, 때로는 옛날의 것으로 돌아가기도 한다. 우리는 진전을 조금 보인 다음, 뒤로 후퇴했다가 다시 앞으로 전진한다.

　모든 것이 연결되지 않은 것처럼 보일 수 있다. 서로 고립된 음표처럼 들리지, 조화롭고 아름다운 음악처럼 들리지 않을 수 있다. 그러다 어느 날, 무슨 일이 일어난다. 우리는 음악을 양손으로 연주할 준비를 갖춘다. 우리는 음악을 하나로 만들 수 있게 된다.

　우리가 한 음정 한 음정 연습했던 것이 노래가 된다. 그 노래가 인생이다. 완성된 인생으로, 조화를 이루는 인생이다.

일이 풀리지 않을 때

문제와 직면했을 때, 우리는 자주 특정 방식으로 그 문제를 해결하려 할 수 있다. 그 방식이 효과를 보지 못해도 우리는 또다시 같은 방식으로 문제를 해결하려 든다.

우리는 좌절하고, 더 노력하고, 더 많이 좌절하고, 그다음 우리가 이미 시도해 보았으나 효과가 없었던 방식에 더 많은 에너지와 영향을 쏟아 부을 수 있다.

이러한 접근은 우리를 미치게 한다. 우리를 덫에 걸리게 한다. 이것이 바로 통제 불가를 구성하는 것이다.

우리는 이와 같이 어려운 패턴을 관계, 직장, 그리고 인생의 다른 면에서도 경험할 수 있다. 무언가를 시작했는데, 잘 되지 않았다. 흐름을 타지 못했다. 우리는 좌절한다. 그러고는 그것이 효과를 보지 못했음에도 같은 접근을 더 열심히 시도한다.

때로는 포기하지 않고 더 열심히 시도해 보는 것이 적절할 수 있다. 때로는 놓아 버리고, 분리하고, 열심히 노력하는 것을 중지하는 것이 더 적절할 수 있다.

잘 되지 않는다면, 흐름을 타지 못한다면, 어쩌면 인생이 우리에게 뭔가를 말하려는 것일 수 있다. 인생은 부드러운 선생님이다. 인생이 항상 우리에게 도로 안내판을 보내는 것은 아니다. 때로는 그 암시를 포착하기가 더 어려울 수 있다. 효과가 없다는 것이 암시하는 바일 수도 있다!

———

놓아 버려라. 우리가 바라는 결과를 가져오지 못하는 반복된 노력에 좌절하고 있다면, 어쩌면 우리가 잘못된 길로 우리 자신을 밀어붙이고 있는 것일 수 있다. 때로는 어려운 해결책이 적절할 수 있다. 때로는 어려운 길이 열릴 수 있다. 종종 해답은 서두름, 좌절, 더 열심히 해야 한다는 절망감 안에서 나타나기보다는 조용히 놓아 버리는 것에서 더 명확히 나타난다.

어떤 일이 잘 되고 있지 않다거나 흐름을 타고 있지 못하다는 것을 알 수 있는 방법을 배워라. 한 발짝 물러서 가이드를 기다려라.

변화 견디기

어느 날, 나와 엄마는 정원에서 같이 일하고 있었다.

우리는 몇 개의 식물을 세 번째로 옮겨 심고 있었다. 작은 화분 안의 씨에서 많이 자랐기 때문에 식물들은 더 큰 화분으로 옮겨 심어졌다. 그다음, 정원으로 옮겨 심어졌다. 이제 내가 이사를 하기 때문에 우리는 식물들을 다시 옮겨 심었다.

정원사로서 별로 경험이 없었기 때문에 나는 엄지손가락이 초록색이 된 엄마에게 의존했다. "식물에게 이런 것이 안 좋을까?" 식물을 파내고, 뿌리에서 흙을 털어 내면서 내가 물었다. "너무나 많이 옮겨심는 것이 이 식물에게 좋지 않지 않을까?"

아니. 엄마가 대답했다. "옮겨 심는 것은 나쁘지 않단다. 사실 살아남은 것들한테는 오히려 좋지. 왜냐하면 뿌리가 더 튼튼해지기 때문이야. 뿌리는 더 깊이 자랄 것이고, 결국 그 식물들은 더 강해지지."

종종 나 자신이 그 작은 식물들, 파헤쳐지고 거꾸로 들려지는 작은 식물처럼 생각되었다. 때로는 변화를 의지로 견뎠다. 때로는 마지못해 견뎠다. 하지만 내 반응은 종종 두 가지가 결합된 것이었다.

이것이 나에게 해롭지 않을까? 난 묻는다. 모든 것이 있는 그대로 있는 것이 더 낫지 않을까? 이런 순간에 엄마 말씀이 생각난다. 그것이 바로 뿌리가 더 깊이 자라고 강해지는 방법이지.

정직하기

　우리가 남들과 의사소통하는 것의 많은 부분은 우리가 얼마만큼 자신을 통제해야 하는지 나타낸다. 우리는 남들이 듣고 싶어 하는 것을 말한다. 우리는 남들이 우리에게 화가 나거나, 두려워지거나, 멀어지거나, 아니면 우리를 싫어하게 하지 않으려고 노력한다. 그러나 우리의 그 통제력의 필요성은 우리를 죄인이나 희생양이 된 것처럼 느껴지게 한다.

　자유는 단지 몇 마디에서 온다. 그 말들은 우리의 진실이다. 우리는 말할 필요가 있는 것을 말할 수 있다. 우리는 부드러우면서도 단호하게 우리의 생각을 말할 수 있다.

　절제할 필요성에 대해 더 이상 생각하지 마라. 우리는 진실을 말할 때 판단적이고, 무뚝뚝하고, 비난하고, 잔인해질 필요가 없다. 우리의 견해 또한 숨길 필요가 없다. 모든 것을 떠나보내라. 그리고 자신을 있는 그대로 받아들여라.

오늘, 나는 내 자신과 남들에게 솔직해질 것이다. 왜냐하면 내가 만약 그러하지 못한다면 진실은 언젠가는 밝혀진다는 것을 알기 때문이다.

축하해라

축하할 시간을 마련해라.

당신의 성공, 발전, 성과에 대해 축하해라. 당신과 당신 됨을 축하해라.

당신은 너무나도 오랜 시간 동안 자신에게 심하게 대해 왔다. 남들은 그들의 부정적인 에너지—그들의 태도, 믿음, 고통—를 당신에게 퍼부어 왔다. 모두 당신과 관련이 없는 일이었는데도 말이다! 지금까지 당신은 자신과 이 세상에게 가장 큰 선물이었다. 그것을 축하해라. 당신이 성공하거나 어떠한 일을 성사시켰을 때, 그것을 즐겨라.

잠시 숨을 돌리고, 뒤를 돌아보고, 기뻐하도록 해라. 당신은 당신이 한 일에 대해 기쁜 감정을 느끼지 말라는 훈계를 너무나도 오랫동안 들어왔고 그래서 오만함에 빠지지 않게 될까 하는 걱정에 휩싸여 살아왔다.

축하는 칭찬의 가장 높은 어형이고 하나님의 창조에, 아름다움에 감사하는 마음을 담은 것이다. 좋은 일을 즐기고 축하한다고 해서 당신이 그것을 빼앗기는 것은 아니다. 축하한다는 것은 그 은혜에 대해 기뻐하고, 감사함을 표한다는 것이다. 다른 사람들과의 관계에 대해서 축하해라. 과거에 얻은 가르침과 지금의 사랑과 따뜻함에 대해 축하해라. 다른 사람들의 아름다움과 그들이 당신과 연결되어 있다는 것에 대해 축하해라. 당신의 삶의 모든 것에 대해 축하해라. 모든 좋은 일에 대해 축하해라. 당신을 축하해라!

살아남은 것에 대한 죄책감

우리는 자신을 돌보기 시작한다. 우리 인생에서 회복 프로그램이 시작하고 진행되면, 우리는 자신에 대해 좋은 감정을 가지게 된다. 그러고는 어떠한 생각이 떠오른다.

죄책감. 인생의 만족감과 즐거움을 느낄 만한 무렵에 우리는 아직 뒤에 남아 있는—아직 회복하지 못하고 고통 속에 살아가는—이들에 대해 죄책감을 느끼게 된다. 이 살아남은 것에 대한 죄책감은 그들과의 종속적인 관계에 대한 증상이다.

우리는 왜 우리가 충족된 삶을 살도록 선택되었냐고 물을 수 있다. 우리는 그것에 대한 답을 알 수 없을지도 모른다. 그들 중의 몇몇은 제때가 되어 제자리를 찾을 수 있다. 그러나 그들의 회복은 우리가 상관할 일이 아니다. 우리 자신만의 회복에 대해서만 주장할 수 있다. 우리는 자신을 죄책감 없이 사랑하는 것으로 다른 사람을 놓아줄 수 있다.

마음에 있는 것을 다 털어 내어라

모든 것을 털어 내어라. 주저하지 말고 모든 것을 다 털어 내어라. 한 번 회복하기 시작하면 우리는 그것을 꽉 쥐고 불평하는 것이 옳지 않다고 느낄 수 있다. 또한 우리가 정말 좋은 프로그램을 정했더라면 불평할 일이 없었을 것이라고 자신에게 말할 수 있다. 그것은 무슨 뜻인가? 우리는 감정도 없다는 말인가? 우리는 감정에 압도당하지 않을 것이란 말인가? 우리는 폭발할 정도로 열을 내거나 그다지 유쾌하지 않고, 완전하지도 않고, 또 인생의 즐겁지 않은 부분을 해결해 나가지 않을 것이란 말인가?

우리는 감정을 내보이고, 모험을 하고, 또 남들에게 약한 점을 보일 수도 있다. 남들에게 언제나 모든 일이 정리되고 안정되게 보일 필요가 없다. 그것은 회복보다는 종속적인 관계에 있는 것처럼 들린다.

모든 것을 털어 낸다는 것은 우리가 희생양이 된다는 것이 아니다. 그것은 우리가 고난 속에서의 위치를 찾거나 고통 속에서 기쁨을 찾으라는 뜻이 아니다. 그것은 우리가 어떠한 경계 조건을 만들지 않는다는 것이 아니다. 또한 그것은 우리가 자신을 돌보지 않는다는 것이 아니다.

흐르는 대로 자신을 맡겨라

두려움과 자신을 통제할 필요성을 내려놓아라.

걱정을 버려라. 당신이 현재 순간의 강, 당신의 자리인 이 인생의 강에 뛰어들면서 그냥 옆으로 빠져 버리게 하라.

방향을 억지로 바꾸려고 노력하지 마라. 당신의 목숨이 걸리지 않은 이상, 그 흐름에 반대로 수영하려고 노력하지 마라.

만약 당신이 강가의 나뭇가지에 매달려 있었다면 그냥 흘러가게 그것을 놓아라. 당신이 더 앞으로 나아갈 수 있도록 해라. 앞으로 나아질 수 있게 해라.

할 수 있으면 빠른 물살을 피해라. 만약 그럴 수 없다면, 그냥 마음을 편하게 가져라. 마음을 편하게 가지는 길만이 당신을 그 사납고 거센 물살에게서 안전하게 모실 것이다.

만약 당신이 잠시 물 속 깊이 들어가게 된다면 저절로 다시 떠오르게 내버려 두어라. 당신을 금방 다시 올라올 테니까.

모든 일에 대해 너무 심각하게 생각하지 마라.

이 세상의 흐름은 경험하라고 있는 것이다. 그 안에서 당신을 돌보아라. 여기서 중요한 점은 당신은 그 흐름의 한 부분이라는 것이다.

그 흐름과 같이 일하고, 또 그 흐름 안에서 일하여라. 채찍질은 필요하지 않다. 그 흐름이 당신을 돌보도록 하라. 그것이 당신이 경계 조건을 만들고, 결정을 내리고, 때가 되었을 때 가야 할 곳에 도달하는데 도움을 주도록 하여라. 그 흐름과 그 안에 당신의 일부분을 믿어라.

오늘, 나는 흐르는 대로 내 자신을 맡길 것이다.

낭비하는 것과 절약하는 것

나는 내 신용카드로 남편을 죽도록 힘들게 하였다. 나의 그런 행동
은 내가 어느 정도 힘이 있고 또 그에게 보복한다는 느낌을 주었다.

- 무명씨

나는 나를 위한 모든 물건들을 언제나 창고 바겐세일에서만 사
왔다. 심지어는 신발 한 켤레조차 새것을 사지 않았다. 내 남편은
도박에 빠져 있었기에 나는 위태로운 회사 일이나 그가 돈을 가지
고 하고 싶어 하는 모든 일에 대해 고심하느라 사는 것을 극도로
자제해 왔다. 내가 원하는 것을 가질 권리가 있다는 것을 알게 되
고, 또 내가 무엇을 사기로 하였을 때 나에게 그만한 돈이 있다는
것도 알게 되었다. 그것은 내가 검소하게 사는 것의 문제가 아니
었다. 그것은 내가 내 자신을 극도로 자제하고 희생양이 되었다는
것이다.

- 무명씨

충동구매나 낭비하는 것은 잠시나마 우리 자신을 만족시키는 힘
을 가지고 있다. 그러나 다른 통제하기 힘든 우리의 행동처럼 이것
또한 예측할 수 있는 좋지 않은 결과를 가지고 있다.

심하게 절약하는 것도 우리를 희생양처럼 만들 수 있다. 합리적으
로 필요한 것을 사는 것과 희생자처럼 자제하는 것에는 분명한 차이

가 있다. 그리고 금전적으로 우리 자신을 잘 대하는 것과 낭비하는 것에는 분명한 차이가 있다.

우리는 높은 자신감과 자신에 대한 애착을 반영하는 합리적인 돈 쓰는 습관을 만들어 낼 수 있다.

관계를 끝내는 일

친구, 사랑하는 사람, 일하는 사람과의 관계를 끝내는 일은 용기와 정직함이 필요하다.

어떤 때는 관계를 끝내는 것을 직면하기보다는 관심을 소홀히 하는 방법으로 관계를 청산하는 경우가 더 쉬워 보일 수도 있다. 또 어떤 때는 관계 끝내는 이유를 남에게 떠맡기는 게 더 쉬워 보일 수 있다.

우리는 소극적인 방법으로 나갈 수 있다. 우리가 어떻게 느끼거나, 원하거나 원하지 않는 것이나, 무엇을 할 의도인가를 말하지 않는 대신 우리는 그 다른 사람이 강제로 더 어려운 일을 하게 되길 빌면서 그 관계를 파괴한다.

이 방법들은 관계를 끝마치는 방법 중 하나이다. 그렇지만 이들은 가장 깨끗하고 쉬운 방법이 결코 아니다.

관계를 끝내야 할 때 제일 쉬운 방법은 정직함과 솔직함이다. 만약 우리가 진실을 알고 있는데도 그 진실을 피한다면 우리는 그 사람에 대해서 애정이 있고, 부드럽고, 착한 것이 아니다.

우리는 관계의 끝을 받아들이고 그것에 대해 대처하는 것을 피하는 것은 관계를 파괴함에 있어서 그 사람의 감정을 아껴 주는 것이 아니다. 그것은 그 사람과 우리 자신의 아픔과 불편함을 더 길고 크게 늘이는 것밖에 되지 않는다.

아무 요청이라도 가져와라

너무나도 커서 들어줄 수 없는 요청은 없다. 너무나도 작거나 무의미한 요청 또한 없다.

삶의 균형을 맞추기 위해 도움이 필요한가? 하루를 잘 마치기 위해서도 도움이 필요한가? 어떤 특정한 관계에 대해서도 도움이 필요한가? 어떤 성격의 결함에 대해서도? 어떤 성격의 이점을 얻는 데에도?

우리는 도전하는 특정한 일에 대해 일을 잘 향상시켜 나가는 데도 도움이 필요한가? 어떠한 감정에 대해서도 도움이 필요한가? 도전해온 우리의 자신감을 파괴시키는 어떠한 믿음을 바꾸고 싶은가? 우리는 정보나 간파력이 필요한가? 격려? 친구?

우리가 원하거나 필요한 모든 것을 요청하는 것은 자신을 돌보는 일과 같다. 우리의 인생을 바쳤으며 우리를 진정으로 돌보고 또 우리가 원하고 필요한 것에 대해 잘 아시는 그 절대권자를 믿어라.

버려질 것에 대한 두려움을 버려라

많은 사람은 떠났다. 그래서 우리는 언제나 혼자라는 것을 너무나도 많이 느껴왔다. 우리가 발버둥치고 배우는 과정 속에서 우리는 신마저도 우리를 떠나지 않았나 하고 의문을 가져 본다.

우리는 한 걸음 한 걸음 나아갈 때마다 우리가 갈 길을 알려 주고 인도해 준다는 신의 보호와 존재를 느끼게 되는 기적적인 날들이 있다. 반면에 우리의 인생이 인도되거나 계획되지 않았다고 느껴지는 어둡고 영적으로 메마르게 되는 날들도 있다.

그런 어두운 날들이 오면 Q. T.(quite times)를 해라. 답을 들을 수 있을 때까지 마음의 수양과 순종을 쌓도록 억지로라도 해라. 왜냐하면 그것이 올 것이기 때문이다. "나의 어린 양아, 나는 아무 데도 가질 않았다. 나는, 언제나, 여기에 있다. 믿음을 가지고 내 안에서 쉬어라. 너의 모든 인생의 아주 사소한 것까지도 인도되고 계획되고 있다. 나는 알고 있고 관심도 있다. 너의 최고를 위해서 모든 일은 할 수 있는 만큼 제일 빨리 처리되고 있다. 믿고 감사해라. 나는 여기 있다. 너는 금방 그것을 보고, 알 것이다."

이해하는 하나님

하나님은 이해하기 어렵지만 악의가 있으시진 않다.

- Albert Einstein

나는 내 자신보다 더 굉장한 이 힘에 대해서 이해하면서 자라고 변했다. 나의 그 이해는 지식적으로 자란 것이 아니다. 그것은 내가 나의 인생과 뜻을 하나님의 품 안으로 맡김으로 해서 내가 경험적으로 하나님을 이해하고, 아니 이해하지 못한 것에서 비롯되었다.

우리는 사랑스럽다

세상에서 너에게 가장 중요한 사람이 너를 버린다 할지라도 너는
아직도 현존하고, 또 아직도 괜찮다.

- 『Codependent No More』(Melody Beattie)

당신은 생각하는 당신을 발견할 수 있을까? 도대체 사람들이 나를
사랑할 수 있을까? 많은 사람에게 이 말은 아주 깊이 뿌리 박혀 있는
믿음으로 우리에게 자기 파괴적인 예언이 되어 왔다.

우리가 사랑받을 자격이 없다고 생각하는 것은 직장 동료들, 친구
들, 가족들, 그 외에 사랑하는 사람들과의 관계를 파괴할 수 있다.

이 믿음은 우리가 더 나은 것을 받을 가치가 없다고 생각하기에 우
리가 더 좋은 것을 가질 수 있음에도 더 나쁜 관계에 있기를 선택하거
나 계속 머물러 있게 한다. 우리는 필사적이 되어서 한 특정한 사람
에게 매달리게 된다. 왜냐하면 이것이 사랑을 할 수 있는 마지막 기
회라고 생각하기 때문이다.

우리는 매우 방어적이 되어서 사람들을 떠밀어 낼 수 있다. 우리는
뒤로 물러나거나 항상 과민 반응을 할 수도 있다.

가족의 버튼

내가 처음으로 어머니에게 큰소리를 내고 그녀의 계획과 속임수에 넘어가기를 거부한 것은 35살이었을 때이다. 나는 너무나도 무서웠고 내가 그랬다는 것을 믿지 못할 정도였다. 나는 내가 그렇게 못되게 굴 필요가 없었다는 것을 깨달았다. 나는 그런 논쟁을 시작할 필요가 없었다. 그러나 나는 내가 원했고 내가 내 자신을 위해서 해야 할 말들을 할 수가 있었다. 나는 내가 어머니의 기분을 생각하는 동시에 내 자신을 사랑하고 존경—어머니가 원하는 방식이 아닌 내가 원하는 방식으로—할 수 있었다.

- 무명씨

가족 구성원들보다 우리의 생활을 더 잘 아는 사람들은 없을 것이다. 가족의 사랑에서 벗어나는 과정은 몇 년이 걸릴 수도 있다. 조금 더 효율적으로 반응하는 것도 마찬가지이다.

우리는 그들이 하는 일이나 하려는 일에 대해 아무것도 할 수 없으나, 우리가 반응을 하는 것을 관리하는 법을 배울 수 있다.

우리는 죄의식을 느끼지 않고도 가족 구성원들이 나를 돌볼 수 있다. 우리는 과격해지지 않고도 그들과 단호하게 지낼 수 있다. 우리는 신의를 버리지 않는 내에서 가족 구성원들과 필요하거나 원하는 경계를 세울 수 있다. 우리는 사랑과 우리 자신에 대한 존경을 빼앗기지 않고도 가족을 사랑하는 방법을 배울 수 있다.

제일 좋은 것을 주장하기

우리는 제일 좋은 인생과 사랑이 제공하는 것을 받을 가치가 있다. 우리 개개인은 그것이 우리 인생에서 무엇을 의미하는지를 알아내는 것을 깨닫기 위해 노력한다. 우리는 우리가 받을 만한 가치가 있다는 사실을 믿고, 우리가 원하는 것을 알며, 그리고 우리가 그것을 받고 있는지에 대해 우리 개인은 자기만의 이해가 파악되어야 한다.

시작할 곳은 딱 한 군데밖에 없다. 그곳은 지금 우리가 있는 지금의 상황에서이다. 우리가 시작하는 곳은 우리와 함께 있다.

우리는 언제나 자제하고 빼앗기던 삶에서 받을 만한 가치가 있는 삶으로의 여행을 떠날 수 있다. 우리는 가슴속으로는 우리가 제일 좋은 것을 받을 만한 가치가 있고, 또 그것에 대해 책임을 지는 중요한 단계 단계를 거쳐 가면서 우리 자신에 대해서 침착하고 부드러워질 수가 있다.

> 오늘, 나는 다른 사람들이 나를 대하는 것과 그것에 대해 내가 어떤 감정을 느끼는지에 관해 주의를 할 것이다. 또한 내가 다른 사람들을 대하는 것도 주의를 할 것이다.

사랑, 말과 행동에서

사랑을 받고 보살핌을 받는다는 것에 대한 개념을 혼동하는 사람이 많다.

많은 사람은 말한 것과 행동에서 모순이 있는 사람들에게서 사랑받고 보살핌을 받아왔다.

어떤 사람들은 어머니나 아버지가 "나는 너를 사랑해."라는 말을 했음에도 그들을 버렸거나 무시해서 사랑에 대한 개념이 혼동되는 경우가 많다. 그래서 그 패턴은 사랑이라고 느껴진다—우리가 알고 지낸 사랑.

또 어떤 사람들은 그들에게 필요한 것을 다 해 주고 사랑한다는 말도 해 주었다. 그렇지만 그와 동시에 그들을 때리고 학대한 사람도 있다. 그때에는 그것이 사랑하는 법이라고 생각하게 된다. 또 어떤 사람들은 사람들이 자신을 사랑한다고 했으나 실제로 어떤 감정이나 양육하는 것이 빠졌던 정신적으로 메마른 환경에서 자라났을 수 있다. 그것이 사랑이라고 생각할 수도 있다.

우리는 다른 사람들이나 우리 자신을 우리가 사랑 받아 온 방식으로 사랑하는 것을 배우거나, 또는 그것이 좋든 싫든 간에 우리가 받아왔던 것처럼 다른 사람이 우리를 사랑하게 놔 둘 수 있다. 이제는 우리가 정말로 원하는 방식으로 할 때가 왔다. 건강하지 않은 사랑은 겉으로는 우리를 만족시킬 수 있을지 모르나 우리가 궁극적으로 사랑받기를 원하는 것을 채워 줄 수는 없다.

213

화를 내야 할 때

당신은 화가 날 때가 되었다. 그래, 그 화 말이다.

화는 굉장한 세력이 있는, 두려운 정신 상태이다. 그 감정은 우리를 중요한 결정, 특히 내리기 힘든 결정으로 이끌어 간다. 그것은 다른 사람들의 문제, 우리의 문제들, 아니면 우리가 제기해야 할 문제들을 알려 준다.

우리는 여러 가지 이유로 우리가 화냈다는 것을 부인한다. 우리는 그것을 단 한 번에 깨닫도록 허락하지 않는다. 그것은 그냥 사라지지 않는다는 것을 명심해라. 그것은 겹겹이 쌓은 층 아래에 갇혀 있으면서 우리가 그것을 준비되고, 안전하고, 강하게 다룰 수 있을 때까지 가만히 있다.

우리는 벌을 주고, 짜증을 내고, 의문을 가질지도 모른다.

우리는 우리를 아프게 하는 행동을 하는 사람을 계속 용서할 수 있다. 우리가 그 사람을 직면했을 때 그 사람이 떠나게 될까 봐 두려워할 수도 있다. 우리가 만약 이 노여움과 직면한다면 우리가 떠나야 될까 봐 두려워할지도 모른다.

우리는 그냥 우리의 화와 그것의 잠재력에 대해 무서워하고 있는지도 모른다. 화를 내면 자신에 책임이 있다는 사실을 모르고 있을 수도 있다.

우리 자신에게 증명하는 것

우리가 그만큼 할 수 있고, 남에게 그 사람이 우리를 얼마나 아프게 하는지를 보이려고 하거나, 우리가 이해력이 뛰어나다고 남들에게 보이려고 하는 것은 우리는 자기 자멸적인 길로 들어서고 있다는 경고 신호이다. 그것들은 우리가 남들을 지배하려고 노력한다는 사실을 암시하고 있는지도 모른다. 그것들은 우리가 얼마나 좋고, 우리는 충분히 좋고, 어떤 사람이 우리를 아프게 하고 있다는 신호일지도 모른다.

그것들은 우리가 역으로 가는 시스템에 빠지게 두었다는 것을 경고하는 것일 수도 있다. 그것들은 우리가 아주 두꺼운 안개 속에 묻혀 있는 자기 부인 속에 빠져 있고, 우리에게 해로운 일을 하고 있다는 것을 나타낼 수도 있다. 여기서는 지금 남들이 우리를 이해해고 심각하게 받아들이는 것이 문제가 아니다. 남들이 우리를 알아주고 또 인정하는 것도 문제가 아니다. 남들이 우리가 얼마나 책임감 있고, 사랑스럽고, 유능한지를 보고 믿는 것도 문제가 아니다. 우리가 어떤 특정한 것에 대해 얼마나 깊게 느끼는지를 깨닫게 하는 것 또한 문제가 아니다. 빛을 봐야 할 사람은 바로 우리 자신이다.

저항감 버리기

다음 일을 하려고 그렇게 서두르지 마라.

마음을 편하게 가져라. 숨을 깊게 들이마셔라. 오늘 하루와 조화를 맺어라. 마음을 열어 놓아라. 오늘 우리 주위와 자신 안에 아름다움이 존재한다. 오늘에 목적과 뜻이 담겨 있다.

오늘에 중요한 점이 담겨 있다. 우리에게 일어나는 일이 아니라 우리가 어떻게 대응하느냐에 달려 있다.

오늘이 일어나게 놔 두어라. 우리는 가르침을 얻고, 일들을 해결하고, 매일 조금씩 변화하면서 살아간다. 우리의 인생을 오늘 마음껏 펼치면서 말이다.

내일의 감정, 문제, 은혜에 대해서 걱정하지 마라. 우리 자신, 인생, 아니면 그 절대권자를 내일 믿을 수 있을지에 대해 걱정하지 마라. 오늘 필요한 모든 양식은 주어질 것이다. 그것은 하나님, 이 모든 세계가 우리에게 하신 약속이다.

오늘의 느낌을 느껴라. 오늘의 문제를 풀어라. 오늘의 은혜를 만끽해라. 오늘의 너 자신, 언행, 그리고 너의 절대권자를 믿어라. 오늘의 하루를 마음껏 누릴 수 있는 예술을 느껴라. 그 가르침, 치유함, 아름다움, 그리고 유효한 사랑을 다 빨아들여라.

다음 단계로 넘어가려고 그렇게 서두르지 마라. 급할 것이 하나도 없다. 우리는 도망칠 수 없다. 단지 연기할 뿐이다. 감정을 흘려보내고 평화감과 치유감 속에서 숨 쉬어라. 다음 일을 하려고 서두르지 마라.

———

그냥 이대로면 충분하다

우리는 우리가 어떠한 경험을 하고 있는지, 또 왜 해야 하는지를 확실하게 모르고 살아가고 있다.

슬픔, 전환기, 변환기, 배움, 치유함, 수량 가운데서는 균형 있는 시각을 가지기 힘들다. 그것은 우리가 아직 배울 것을 다 배우지 않았기 때문이다. 우리는 아직 그 가운데에 있다. 모든 것이 분명하고 명확해지는 단계에 아직 다다르지 않았다.

우리가 자신을 규제하는 것은 지금 우리에게 무엇이 일어나고 있는지를 알아내려고 하는 의지를 나타내 준다. 우리는 언제나 알 수만은 없다. 어쩔 때는 우리를 있는 그대로 놔 두고 그 명확성이 후에 나타나기를 믿는 수밖에 없다.

만약 우리가 혼돈 상태에 빠져 있다면, 그것은 우리가 지금 그렇게밖에 안 되기 때문이다. 그렇지만 그 혼돈기는 잠시뿐이다. 우리는 장차 볼 것이다. 그 가르침, 목적은 자기만의 알맞은 시간이 흘러간 후에야 자신을 우리 앞에 드러내 보일 것이다.

그때 가서야 모든 것이 분명해질 것이다.

오늘, 나는 내가 알거나 모르는 일에 대해 억지로 알려고 내가 볼 수 없는 것을 보려고 하거나 내가 이해하지 못하는 것을 이해하려고 노력하지 않을 것이다.

다시 다른 사람을 믿는 것 배우기

많은 사람은 믿음에 대한 문제점이 많다.

믿을 만한 가치가 없는 사람들을 믿게 하기 위하여 오랜 세월 동안 많은 노력을 해 온 사람들이 있다. 우리는 계속해서 거짓말과 절대로 지켜지지 않을 약속을 믿어 왔다. 또한 믿기 불가능한 사람들을 믿으려고 노력한 사람도 있다. 예를 들어, 알코올중독자가 두 번 다시는 술을 마시지 않겠다는 약속을 믿으려 노력했던 것이다.

어떤 사람들은 우리의 절대권자를 적당하지 않게 믿었다. 우리는 하나님께서 우리가 원하는 대로 사람들이 일을 하게 해 주실 것이라고 믿었는데, 막상 일이 그렇게 되지 않으면 배반당한 느낌을 가지게 되었다.

어떤 사람들은 인생은 믿을 만한 것이 아니므로 우리가 가야 할 길을 스스로 조절하고 조종해야 한다고 배웠다. 우리 대부분은 부적절하게 자신을 믿을 수 없다고 배워 왔다.

회복 단계에서는 이 믿음이 논쟁거리가 되는 것에서 치유를 한다. 우리는 다시 다른 사람들을 믿는 것을 배운다. 믿음의 첫 번째 가르침은 이것이다. 우리는 자신을 다시 믿을 수 있다는 것을 배울 수 있다. 우리는 믿을 수 있다. 만약 다른 사람이 우리는 자신을 믿을 수 없다고 가르친다면, 그 사람은 거짓말을 하고 있는 것이다. 중독과 올바르지 않은 사회는 사람들을 거짓말하게 만든다.

아마도 우리는 언제나 그래왔는지도 모른다. 다만 우리가 우리 자신의 목소리를 제대로 듣지 않거나 우리가 들은 것을 믿지 않았는지도 모른다.

그 일이 일어나게 하라

그 일이 일어나게 하려고 그렇게 힘들게 노력하지 마라.

만약 많은 일을 하려는 것이 당신을 지치게 하거나 원하는 결과를 얻지 못하게 한다면, 그렇게 많이 하려고 하는 것을 멈추어라. 그것에 대해 너무 많이, 힘들게 생각하는 것을 멈추어라. 그것에 대해 걱정하기를 멈추어라. 그것을 강제로나, 교묘하게나, 강요하려는 노력이나, 그것이 일어나도록 억지로 하는 것을 그만두어라.

모든 일이 일어나게 하는 요건은 조절하는 것이다. 우리는 긍정적인 행동으로 그 일이 일어나도록 도울 수 있다. 우리는 맡은 바 일을 할 수 있다. 그러나 우리는 자신이 맡은 역할보다 훨씬 더 많은 일을 하고 있다. 우리는 신경 쓰고 우리의 역할을 하는 경계를 넘어서서 규제하고, 관리인이 되고, 강요하게 된다.

규제하는 것은 자기 자멸적인 일이다. 그것으로는 아무것도 해결되지 않는다. 어떠한 일이 일어나게 하려고 자신을 지나치게 확장시키는 것은 실제로 그 일이 일어나지 않게 하는 것일 수도 있다.

그 일은 언젠가는 일어나게 되어 있었으므로 그것들이 자연적으로 일어나게 놔 두는 것을 배워라. 무슨 일이 일어날지 기다리는 동안 우리와 주위 사람들은 더욱 행복해질 것이다.

오늘, 나는 일들을 강제로 일어나게 하려는 노력을 더 이상 하지 않겠다. 그 대신에 나는 자연적으로 일어나게 하겠다.

부인하는 것

부인하는 것은 아주 강한 도구이다. 너의 안목을 가릴 수 있는 이 것의 능력을 절대로 과소평가하지 마라.

우리는 현실 세계에서 견디기 위하여 이 도구를 사용하는 데 전문 가가 되었다는 사실을 많은 이유에서 인식하고 있어야 한다. 우리는 현실 세계가 가져다준 고통을 멈추는 방법—우리의 상황을 변화시키 는 것이 아니라, 실제와 다른 상황이라고 가장하는 것—을 잘 배워 왔다.

당신에게 너무 심하게 대하지 마라. 당신의 한쪽 부분이 환각—현 실을 만드느라 바쁜 반면에, 다른 한쪽 부분은 사실을 받아들이느라 고 열심히 일하고 있다.

지금은 용기를 되찾을 때이다. 진실을 직면해라. 당신 가슴속에 부드럽게 가라앉도록 해라. 그렇게 할 수 있는 때가 오면, 우리는 앞 으로 한 걸음 나아갈 수 있을 것이다.

계속해라

이것이 아무리 이상하게 느껴지거나, 잘 받아들여지지 않았거나, 잘 알아듣지도 못하였을지라도 당신은 회복하는 행동을 계속 연습해라.

회복의 개념은 머릿속부터 가슴과 영혼이 받아들여지기까지는 수년이 걸릴 수도 있다. 우리는 그 종속적이었던 행동을 부지런함, 노력, 그리고 반복적인 연습으로 회복 단계를 걸어야만 한다. 그것이 자연스러운 일이 아니라고 느껴지더라도 강제로 해야만 한다. 우리는 우리가 하고 있는 말을 믿지 않는다 하더라도, 자신을 아끼고, 또 돌볼 수 있다고 말해야 한다.

우리는 그것을 할 필요가 있고, 하고, 또 해라. 매일, 매년 해라.

인생을 살아가는 이 새로운 방식이 하룻밤 사이에 먹혀 들어가리라고는 생각하지 않는다. 회복의 행동이 몸에 배고 자연스러울 때까지는 몇 달, 몇 년 동안 "무엇 무엇인 것처럼 행동한다."라고 하며 살아야 할지도 모른다.

수년이 지난 후에도 스트레스와 구속감에 잡혀 있는 때면 옛날처럼 생각하고, 느끼고, 행동하는 우리를 발견할지도 모른다.

우리는 몇 년 동안이나 회복 단계에 있었으면서도 어떤 감정의 부분은 아직까지도 자기를 밝혀내기를 꺼리고 있는 것이 있을 수도 있다. 그것은 괜찮다. 때가 되면 우리는 준비될 것이기 때문이다.

내 힘은 나의 것이다

우리는 인생, 사람, 상황, 일, 친구, 연인과의 관계, 가족, 우리 자신, 우리의 감정, 느낌에 의해서 그렇게까지 자신을 희생할 필요가 없다,

우리는 희생양이 아니다. 우리는 희생양이 될 필요가 없다. 그것이 초점이다.

그렇다. 힘이 없다는 것을 알아차리고 받아들이는 것은 중요하다. 그러나 그것은 회복 단계의 첫 번째 스텝인 서두 부분밖에 되지 않는다. 나중에 우리의 힘을 가지는 단계가 온다. 우리가 변화시킬 수 있는 것은 변화시킨다. 이것은 힘이 없다는 것을 알아차리고 받아들이는 것만큼이나 중요하다. 우리에겐 변화시켜야 할 것이 너무나도 많다.

우리는 어디에 있거나, 어디를 가거나, 누구와 함께 있든지 간에 힘을 가질 수 있다. 우리는 손발이 묶인 채로, 땅에 엎드려서 슬슬 기어가는 채로 오는 것마다 다 받아들일 필요가 없다. 우리가 할 일이 있다. 우리는 우리의 목소리를 높일 수 있다. 문제를 해결하여라. 그 문제를 이용해서 우리 자신을 위하여 좋은 일을 할 수 있는 동기를 주어라.

우리는 자신을 기분 좋게 할 수 있다. 우리는 그 문제에서 잠시 떠날 수 있다. 돌아오고 싶을 때 돌아올 수 있다. 우리는 자신을 위해서 떳떳하게 옹호할 수 있다. 우리는 남들이 우리를 지배하고 교묘하게 조종하는 것을 거절할 수 있다.

우리는 우리를 보호하고 돌보기 위해서 해야 할 일을 할 수 있다. 그것은 회복이라는 과정에서 얻어지는 아름다움, 보상, 승리의 왕관이다. 이것들을 얻기 위하여 우리는 끊임없이 노력하는 것이다.

우리는 우리가 원하지 않는 이상 더 이상 희생양이 아니다. 자유와 즐거움은 우리가 힘들게 얻은 일에 대한 보상이요, 감정이다.

흘러가게 놔두어라

모든 것을 규제하려고 열심히 노력하는 것을 그만두어라. 사람, 결과, 상황, 인생을 규제하는 것은 우리 일이 아니다. 과거에는 믿지 못하고 그런 일이 일어나게 했는지 모른다. 그러나 이제는 할 수 있다. 인생은 좋은 쪽으로 풀려나가게 마련이다. 자연스럽게 풀려나가도록 내버려 두어라.

일을 더 잘하고, 일에서 잘하고, 그것 이상으로 되게 하려고 힘들게 노력하는 것을 그만 두어라. 오늘 우리가 있는 그대로와 우리가 한 일은 충분히 잘했다.

우리가 어제 어떠했고 또 일을 어떻게 했는지는 그날로서는 잘한 것이다.

자신을 조금 풀어 주어라. 그냥 흘러가게 놔두어라. 힘들게 노력하는 것을 멈추어라.

오늘, 나는 모든 것을 흘러가게 놔둘 것이다. 나는 모든 것을 조종하려고 노력하는 것을 그만둘 것이다. 나는 내 자신이 더 잘하게 노력하는 것을 멈추고, 나를 있는 그대로 볼 것이다.

즐겨라

조금 즐겨라. 조금 자신을 풀어 주어라. 인생을 즐겨라!

우리는 그렇게까지 침울해 하고 심각할 필요가 없다. 그렇게까지 반성적이고, 비판적이고, 엄격한 울타리 속에 종종 우리 자신을 가두어 놓은 것처럼 갇혀 있을 필요가 없다.

이것은 인생이지 장례 서비스가 아니다. 인생을 즐겨야 한다. 거기에 빠져들어라. 참여해라. 실험해라. 모험을 해 보아라. 자발적으로 해 보아라. 언제나 맞고 올바른 일을 해야 한다는 염려에서 벗어나라.

다른 사람들이 어떻게 생각하거나 무슨 말을 할 것인지에 대해 너무 걱정하지 마라. 그들이 어떻게 생각하고 말을 할지는 그들의 문제이지 우리의 문제가 아니다. 실수를 범하지 않을까 너무 걱정하지 마라. 너무나도 두려워하지도, 경우에 꼭 맞게만 행동하지 마라. 자신을 너무나 억제하지 마라.

인생을 즐기도록 해라. 자신을 조금 풀어 주어라. 몇 개의 규칙을 어겨라. 우리는 하나님에게서 벌 받지 않을 것이다. 여기 지금 이 순간에 살아있는 것을 안 이상, 이제부터는 진정한 인생을 살자.

무력함을 받아들여라

어렸을 적부터 나는 나의 중요한 정서적인 부분과 적대 관계에 있어 왔다. 그것은 바로 나의 감정이다. 나는 지속적으로 나의 감정을 무시하거나, 억압하거나, 아니면 강제로 없애 버리려고 했다. 나는 자연스럽지 않은 감정을 창조하거나 현존하는 감정을 강제로 지우려고 했다.

나는 정말로 성이 났을 때에도 내가 화가 났다는 사실을 부인했다. 그 상황에서는 화가 날 만하고 논리적으로도 그렇게 될 수밖에 없으면서도, 내가 화를 내는 것이 내가 이상해서 그렇다고 내 자신에게 말해 왔다.

나는 어떠한 일이 나를 굉장히 아프게 한다는 사실을 알면서도 내 자신에게는 그것들이 별로 그렇게 하지 않는다고 말해 왔다. 나는 "그 사람은 진심으로 나를 아프게 하려고 한 것이 아니야." "그 사람은 잘 알지 못했어." "나는 좀 더 이해심을 길러야 해." 등의 이야기를 내 자신에게 했다. 문제는 내가 다른 사람에 대해 너무나도 이해심이 있었던 것이고, 정작 내 자신을 이해하지도, 인정 많게 대하지도 않았다는 것이다. 우리는 우리의 행동에 책임이 있다. 그러나 감정을 규제할 필요는 없다. 우리는 그것이 그냥 일어나도록 하면 된다. 우리는 자신의 정서적인 부분을 깨닫고, 즐기고, 경험하고, 느끼는 방법을 배울 수 있다.

우리가 원하는 것을 놓아 버리기

규제하고 포기함으로 생존해 온 사람들은 놓아 버리는 것이 쉽게
오지 않을 것이다.

- 『Beyond Codependency』(Melody Beattie)

우리는 부인하는 것을 멈추었고, 원하는 것과 필요한 것을 받아들이기 시작하는 모험을 하였다. 문제는 그 원하는 것과 필요한 것이 만족되고 있지 않다는 사실이다. 이것은 좌절스럽고, 아프고, 짜증이 나고, 강박 관념이 생기게 되는 이유일 수도 있다.

우리가 필요한 것을 확인하는 순간, 원하는 것과 필요한 것을 만족시킬 수 있게 한 걸음 나아가야 한다. 이것은 회복의 영적인 아이러니에 속하는 단계이다. 그다음 단계는 우리가 원하는 것과 필요한 것을 확인하는 뼈아픈 고통 후에 그것을 놓아 버리는 것이다.

우리는 그것을 그냥 놓아 버리는 것이다. 심적, 정서적, 영적, 그리고 육체적인 단계에서 그것을 그냥 포기하는 것이다. 어떤 때는 그것은 우리가 포기해야 한다는 뜻도 된다. 이곳에 다다르기까지는 분명 쉽지 않을 것이다. 그러나 우리는 이곳이 이르러야만 한다.

나는 내가 원하는 것과 필요한 것을 얼마나 자주 부인했는지 모른다. 그렇지만 나는 내가 원하는 것을 갖지 못했고 또 갖는 방법을 알지 못했기에 짜증났고, 좌절했고, 도전했었다. 그리고 내가 만약 내가 원하는 것과 필요한 것을 규제하고 영향을 줄 계획에 착수하면, 나

는 보통 상황을 더 악화시켰다. 그 과정을 찾고 규제하려고 노력하는 것은 잘 되지 않는다. 우리는 놓아 버려야 한다.

오늘, 나는 나를 좌절시키는 그 원하는 것과 필요한 것을 놓아 버리기 위해 온 힘을 다할 것이다.

감사하는 마음

우리는 지금 우리가 가지고 있는 것을 최대한 발휘했을 때 그것이 더 크게 변한다는 마법의 가르침을 배운다.

감사하는 마음은 잠겨 있는 인생의 풍만함을 풀어 준다. 그것은 우리가 지금 가지고 있는 것을 더 충분하고, 더 크게 만들어 준다. 그것은 부인을 받아들임으로, 혼돈을 정리된 상태로, 혼란에서 명확함으로 변화시켜 준다. 그것은 매 끼니를 잔칫상으로, 집을 가정으로, 낯선 사람을 친구로 변화시켜 줄 수 있다. 그것은 문제를 은혜로, 실패를 성공으로, 기대하지 않았던 것을 시기를 아주 잘 맞춘 것으로, 실수를 아주 중요한 사건으로 만든다.

존재함을 진정으로 살아있는 것으로, 끊겨 있던 상황을 아주 유익한 교훈으로 만들 수 있다. 감사하는 마음은 우리의 과거와 뜻이 닿게 하고, 오늘을 위해 평안을 가져오고, 내일을 위한 시야를 창조해 낸다.

감사하는 마음은 모든 것을 올바르게 한다.

감사하는 마음은 부정적인 에너지이던 것을 긍정적인 에너지로 바꾼다. 아주 작거나 너무 커서 감사하는 마음의 힘에 적당하지 못한 상황이나 현실은 없다. 우리가 누구이고, 오늘 무엇을 가지고 있는지를 가지고 시작하면 된다. 거기에 감사하는 마음을 적용시켜라. 그리고 그것이 마법의 힘을 발휘하게 기다려라.

———

당신이 진정으로 느낄 때까지 감사하다고 말해라. 만약 당신이 충분한 시간만큼 그것을 외친다면, 당신은 그것을 믿게 될 것이다.

중간에 있는 것

중간 과정에 있는 것은 인생과 회복의 많은 부분에 적용될 수 있다.

우리는 일, 직업, 가정이나 목표 사이에 있을 수 있다.

우리는 옛것을 버리고 아직 그것을 무엇으로 대신할지 몰라 하는 중간에 있을 수 있다. 이것은 돌봄과 규제하는 것과 같은 지금껏 우리를 보호해 주고 잘 지켜준 행동에 적용될 수 있다.

우리는 그 중간 단계에 있는 동안 많은 감정이 오고 감을 느낄 수 있다. 예를 들어, 우리가 놓아 버린 것이나 잃어버린 것에 대한 비통함이 용솟음칠 수도 있고, 앞으로 일어날 일에 대해서 걱정, 두려움, 염려를 느낄 수 있다. 이것들은 중간 단계에서 생기는 자연스러운 감정이다.

이것들은 받아들여라. 느껴라. 방출해라.

중간 단계에 있는 것은 그다지 유쾌한 일은 아니지만, 필요한 일이다. 그것은 오랫동안 지속되지 않을 것이다. 제자리에서 걷고 있다고 생각할지 모르지만, 사실은 아니다.

우리는 바로 이 중간 단계에 서 있는 것이다. 이곳은 우리가 여기에서 저곳으로 가게 하는 방법이지 우리의 목표지가 아니다.

우리는 중간에 있다 하더라도 앞으로 나아가고 있다.

관계에서 우리의 힘을 가지는 것

> 나는 내 인생을 학대받고, 갇혀있고, 내 자신을 관계 안에서 돌보
> 는 방법을 모르고 보냈기에, 두려움과 공포를 나의 종속적인 관계
> 라고 한다.
>
> — 무명씨

    우리가 얼마 동안이나 회복하고 있었든 간에, 우리는 상사나, 새로
운 사랑이나, 자식에게 우리의 권력을 양보한다.

    우리가 이런 행동을 취할 때, 우리는 '종속 관계에서 오는 미침'이
라는 감정과 생각을 경험하게 된다. 우리는 노여움, 죄의식, 두려움,
혼란스러움, 강박관념을 느끼게 된다. 우리는 남에게 의지하거나 매
우 궁핍하게 되거나 아니면 너무 규제하고 딱딱하게 느낄 수 있다.
우리는 스트레스를 받는 동안 옛날의 익숙한 행동으로 돌아갈 수도
있다. 종속적인 관계와 성인 아이 문제를 가지고 있는 사람에게는 이
관계라는 것이 스트레스를 뜻할 수 있다.

상처받기 쉬운 것

내 자신을 더욱 상처를 받기 쉬운 상태로 놔둘수록 나는 내 자신
을 실제보다 더 규제하는 것이다.

- 무명씨

우리 중 많은 사람은 자신의 힘 있고, 자신감이 있는 면만 보일 수
있다고 생각한다. 우리는 사회에서는 언제나 공손함, 완전함, 차분
함, 힘, 그리고 자기 절제의 면만 보여야 한다고 믿는다.

자기를 절제하고, 차분하고, 힘 있는 모습이 얼마든지 괜찮고 보통
적절하다. 그러나 우리 내면에는 궁핍함과 두려움을 느끼고, 의심이
있으며 화가 나는 면이 존재한다. 우리의 그러한 부분은 모든 것이
다 괜찮을 것이라는 관심, 사랑, 확신이 필요하다. 우리의 불완전함
을 받아들이는 것 또한 필요하다.

우리 자신을 상처받기 쉬운 상태로 허락한다는 것은 우리가 오래
지속되는 관계를 만들어 나가는 데 도움을 줄 것이다. 우리의 연약함
을 다른 사람들과 나눌 때 우리는 다른 사람들과 가까이 있다고 느낄
것이고, 그들 또한 우리와 가까이 있다고 느낄 것이다. 이것은 우리
가 자신을 사랑하는 마음과 자신을 받아들임 속에서 자랄 수 있도록
도와준다. 이것은 우리를 치료하는 대행자로 만들어 줄 수 있다. 이
것은 우리가 완전해지고 다른 사람들이 우리에게 접근하기 쉽도록
허락해 준다.

236

돈에 대한 태도

우리 자신에 대해서 긍정적으로 생각하고, 회복 단계에서 정서적 평안과 자유를 찾기 위해서 우리는 돈에 대하여 건강한 경계선이 필요하다. 우리가 남에게 주는 것이나, 우리가 남에게 받는 것을 허락하는 일 말이다.

우리가 자신을 제대로 돌볼 수 없다고 생각하기에 다른 사람들이 우리에게 금전적으로 빚지고 있다고 생각하는가? 우리가 그들만큼 돈이 없기에 그들이 우리에게 빚지고 있다고 생각하는가? 우리는 의식적으로나 무의식적으로 다른 사람과의 관계에서 정신적으로 너무나도 고통스러웠기에 그들이 우리에게 돈을 '빚지고' 있다고 믿는가?

안을 들여다보고 시험해 보아라. 모든 것의 열쇠는 우리의 태도에 달렸다. 여기서의 문제는 우리가 돈을 받는지 여부에 대한 경계선이다. 자신을 위해 책임을 질 수 있는 도전을 받아들이기를 원하게 하여라.

만약 내가 건강치 못한 책임을 질 만한 사건에 대해 알게 된다면, 나는 그것들을 수정하고 그것에 합당한 계획을 세울 것이다.

문제를 해결하는 것

이 세상의 모든 문제는 풀기 위해 있는 것이다!

어떤 사람들은 문제를 풀기보다 문제가 있다는 사실에 반응하는 데 시간을 더 보낸다. "왜 이런 일이 나에게 일어나는 것이지?" "정말 인생은 괴롭지 않니?" "왜 이런 일이 일어나야만 했지?" "어머나, 이것은 너무나도 무시무시한 일이야." "왜 신(이 세계, 회사, 사람, 인생)은 나만 가지고 그러는 것이지?"

문제는 피할 수 없다. 어떤 문제는 예견될 수 있다. 어떤 것은 급작스럽게 온다. 그러나 문제가 규칙적으로 일어난다는 사실은 예기치 않은 일이 아니다.

우리는 인생에서 문제를 받아들임을 도저히 피할 수 없는 것이라고 배울 수 있다. 우리는 문제를 해결할 수 있을 것이라는 우리의 능력을 믿을 수 있다. 우리는 어떤 문제들이 우리를 새로운 방향으로 이끌어 갈지, 아니면 그냥 해결을 요구하는지를 구별할 수 있게 될 수 있다.

우리는 문제 자체보다는 해결책에 더 중심을 두기를 배우고, 문제와 해답의 물결을 피할 수 없기에 인생에서 긍정적인 태도를 지속시키는 것을 배울 수 있다.

"아니요."라고 말하는 방법

세상에서 말하기 가장 힘든 단어는 단어 중에서도 가장 짧고 쉬운 단어이다. 아니요. 자, 겁내지 말고 크게 외쳐 보아라.

"아니요!"

발음하기는 쉽지만, 말하기는 어렵다. 우리는 사람들이 우리를 싫어하게 되지 않을까 두려워하거나 죄의식을 느낀다. 우리는 진정한 상사, 자녀, 부모, 배우자는 절대로 "아니요."라는 말을 하지 않아야 한다고 믿는다. 우리가 만약 거절하는 방법을 배우지 못한다면 문제는 우리 자신이나 우리가 항상 기쁘게 하려는 사람들을 더 이상 좋아하지 않게 된다는 것이다. 분노로 다른 사람들을 벌주려 할 수도 있다. 우리는 언제 거절을 해야 하나? 우리가 정말로 거절하고 싶을 때이다. "아니요."라는 말을 하는 순간, 우리는 거짓말하던 것을 멈추게 된다. 사람들은 우리를 믿게 되고, 우리도 자신을 믿을 수 있게 된다. 우리가 진정으로 뜻하는 바를 말하게 될 때 온갖 종류의 좋은 일이 나타나게 된다.

오늘, 나는 내가 진정으로 그렇게 느낀다면
"아니요."라는 말을 할 것이다.

"예."라고 말하는 방법

우리는 이전에 "아니요."라고 하는 방법에 대해 논의하였다. 이번에는 또 하나의 중요한 단어에 대하여 논하겠다.

"예!"

우리는 자신과 남들을 위하여 기분이 좋고 우리가 원하는 것에 대해 "예!"라고 할 수 있다.

우리는 재미있는 것에 대해 "예!"라고 말하기를 배울 수 있다. 모임이나, 친구에게 전화를 하거나, 도움을 청할 때에 "예!"라고 할 수 있다. 우리는 건강한 관계에 대해서, 우리에게 좋은 사람과 활동에 대해서 "예!"라고 할 수 있다.

우리에게 괜찮은 일이라면 우리는 "예!"라고 하기를 배울 수 있다. 우리는 우리를 양육하고 영양을 주는 모든 일에 대해서 "예!"라고 하기를 배울 수 있다. 우리는 최상의 삶과 사랑이 권유해 주는 모든 일에 대해서 "예!"라고 하기를 배울 수 있다.

오늘, 나는 기분 좋고 맞게 느껴지는 일에, 모든 일에 대해서 "예."라고 대답할 것이다.

우리가 필요한 것을 위해 물어보는 일

우리는 우리가 원하는 것을 절대로 가질 수 없게 될 것이라고 성급하게 결론을 내리거나, 우리가 견뎌 내야 할 싸움을 예측하고 물어 보기도 전에 화가 날 수 있다. 그래서 우리가 물어볼 용기를 결국 내어서 그리 하였을 때, 우리는 요청하는 것이 아니라 너무 화가 난 나머지 강력하게 요구할 수 있다. 다시 말하면, 화는 마음에서만 존재하던 힘의 싸움을 남과 하게 되는 것이다.

아니면 우리는 너무나도 꾸민 나머지, 아예 물어보지 않을 수도 있다. 아니면 우리 자신과 싸우느라 필요한 만큼보다도 훨씬 더 많은 에너지를 낭비할 수도 있다. 남들이나 우리의 절대권자만이 우리가 원하는 것을 기쁜 마음으로 줄 수 있는데도 말이다.

어떤 때는 우리는 원하는 것과 필요한 것을 얻기 위하여 열심히 노력하고, 일하고, 기다려야만 한다. 어떤 때는 원하는 것을 그냥 물어보거나 말해서 얻을 수 있다.

그냥 물어보아라. 만약 거절하였거나 우리가 원하지 않는 것이었으면, 그때 가서 다음에 할 일이 무엇인지 결정하면 된다.

241

언제나 완전하기를 버리는 것

자신과 주위 사람들에게서 완전함을 기대하기를 멈추어라.

우리는 완전함을 기대함으로써 굉장히 무섭고 짜증나는 일을 자신과 다른 사람에게 한다. 우리는 자신을 포함한 다른 사람을 우리와 편안하지 않게 하는 상황을 만들어 내게 된다. 어쩔 때는 완전함을 너무 기대한 나머지 굉장히 경직되고 초조하게 만들어서 평소보다 더욱 실수를 많이 하게 된다. 그 이유는 우리가 너무나도 실수에 긴장하고 편중되어 있기 때문이다.

그렇다고 해서 이 말은 "완전한 사람은 없어."의 변명처럼 올바르지 못한 행동들을 해서는 안 된다. 이 말은 우리가 사람들과 우리 자신에 대해서 아무런 경계선과 적당한 기대감이 없다는 말이 아니다. 우리의 기대감은 적당할 필요가 있다. 그러나 완전함을 기대하는 것은 적당한 일이 아니다.

사람은 실수를 하며 살아간다. 완전하기를 기대하는 것에 대해 덜 걱정하고, 위협받고, 덜 억눌릴수록, 우리는 더욱더 잘하게 될 것이다.

치유

치유의 에너지가 몸 안에 흘러 다니게 하라.

이 모든 세계, 인생, 그리고 회복의 치유하는 에너지가 우리를 감싸고 있다. 이것은 우리가 그것에 끌어 당겨지기에 유효하고, 또 기다리고 있다. 그것은 우리가 자기를 끌어당기기를 기다리고 있기도 하다. 그것은 우리의 모임, 사람, 속삭이는 기도, 부드러운 행동, 긍정적인 말, 긍적적인 생각에서 기다리고 있다. 치유하는 에너지는 햇빛, 바람, 비 등의 모든 좋은 것에 들어가 있다.

치유의 에너지를 받아들여라. 끌어들여라. 네 몸 속에 완전히 빠지도록 해라. 금빛의 빛 아래에서 숨을 들이마셔라. 숨을 내쉬어라. 두려움, 화, 아픔, 의심을 놓아 버려라. 치유의 에너지가 너에게 가게 하고 안으로 들어가게 하라. 물어보고 믿는 자에게는 자기 것이 될 것이다.

나는 그것이 나에게로 와서 내 안으로 들어오고, 다시 남들에게 가게 할 것이다. 나는 연속적인 치유의 순환의 한 부분이요. 그중 하나이다.

솔직한 것

솔직한 사람은 같이 지내기에 즐겁다.

그 사람들은 자신의 생각에 대해 매우 정직하고 감정을 거리낌 없이 표현하기에 우리는 그들이 진심으로 무엇을 생각하고 있는지에 대해 추측해야 할 필요가 없다.

우리는 그들이 원해서인지 아니면 죄의식이나 의무감 때문에 우리와 함께 있는지에 대해 의심할 필요가 없다.

우리를 위해 무엇인가를 했을 때, 후에 그 사람들이 우리를 원망하게 되지 않을까 하는 염려를 하지 않아도 된다. 왜냐하면 솔직한 사람들은 자신을 기쁘게 하는 일들을 보통 하기 때문이다.

우리는 우리가 진정으로 그들을 의지할 수 있는지에 대해 의심할 필요가 없다. 왜냐하면 솔직한 사람은 믿을 만하기 때문이다.

세상 모든 사람이 솔직하다면 얼마나 좋을까?

친구들

우정의 가치를 내려다보지 마라. 친구를 버리지 마라.

친구는 하나의 즐거움이다. 성숙한 우정은 우리가 진정한 즐거움을 맛보고, 친구와 얼마나 재미있게 살 수 있는지에 대해 감사할 수 있게 해 준다.

친구들은 우리에게 편안함을 안겨 줄 수 있다. 좋은 친구보다 우리를 더 잘 알고 힘이 되어 줄 수 있는 사람이 있을까? 우정 안에서 우리는 우리 자신 그대로로 편안하게 지낼 수 있다. 우리는 자주 우리가 매달려 있는 문제를 반영해 준다. 의지함을 주고받을 때 사람들은 자랄 수 있다.

어떤 우정은 세월이 갈수록 성쇠하고 쇠약해지는 순환을 한다. 어떤 우정은 한 사람이 다른 사람보다 커져 서서히 없어져 버린다. 명확하게 말할 수 있는 것은 우정에 시련과 시험이 있을 것이고, 어떤 때는 회복의 행동을 연습할 기회가 올 것이라는 것이다.

그러나 어떤 우정은 평생 계속될 것이다. 이것들은 특별한 사랑하는 관계와 우정의 관계이다. 어떤 때는 우리의 우정이, 특히 회복하는 우정이, 특별한 사랑하는 관계일 수도 있다.

우리의 힘을 가지는 일

인생에서 우리 자신을 믿고 돌보는 능력에 대해 도전하는 사람이 있게 마련이다. 그 사람의 목소리를 듣거나 앞에 있으면, 우리는 무엇이 진짜이고 우리의 힘은 어떻게 되었는지, 솔직함은 어떻게 되었는지, 우리가 사실이라고 알고 믿던 것이 어떻게 되었는지, 우리가 얼마나 중요한지를 모두 잊어버릴 수 있다.

우리는 그 새로운 대응이 이상하게 느껴지고 편안하지 않을지라도, 그 사람을 다르게 대하기를 강제로라도 해야 한다. 우리가 그렇게 행동하기를 유발해야 한다. 우리는 어떻게 해서라도 다른 사람을 조종하거나 영향을 주려고 하는가? 우리는 그 사람을 바꿀 수는 없다. 그렇지만 우리는 그 게임에서 우리의 역할을 그만둘 수 있다. 그렇게 하는 좋은 방법 중 하나는 우리 자신을 분리시키고 자신을 절제해야 한다는 필요성을 버리는 것이다.

그다음 단계는 그들의 영향에서 벗어날 수 있도록 자신을 돌볼 수 있는 힘을 기르는 것이다. 우리는 상대하기 힘든 사람 앞에서 힘을 가질 수 있게 배울 수 있다. 이것은 하룻밤 사이에는 이루어지지 않는 일이다. 오늘부터라도 우리의 발목을 잡은 사람들 때문에 생긴 자기 패배감을 바꿈으로써 시작할 수 있다.

감정을 위한 자리를 남겨 놓는 것

우리는 감정을 처리할 시간이 필요하다. 사람들이 자기의 감정을 처리하는 어색하고, 불편하고, 때로는 지저분한 방법들 사이에서 우리는 이런 감정을 처리할 공간과 허락이 필요하다.

이것이 인생이다. 이것이 성숙해지는 길이다. 이것은 괜찮을 일이다.

우리는 감정을 위한 자리를 허락할 수 있다. 우리는 사람들이 자신의 감정을 정리할 수 있는 시간과 허락을 가지게 할 수 있다. 우리는 우리 자신이나 다른 사람들을 그렇게 빡빡한 통제 속에 놓을 필요가 없다.

우리가 감정을 처리하는 동안, 우리는 우리나 다른 삶이 가지고 있는 감정들을 일일이 보면서 에너지를 불필요하게 낭비할 필요가 없다. 우리는 감정을 처리하는 과정에서 우리나 다른 사람들의 감정을 너무나도 심각하게 볼 필요가 없다.

그냥 감정이 가는 데로 흘러가게 하고, 그 흐름이 우리를 데리고 갈 곳에 대하여 마음을 놓아라.

나는 행동에 대해서 적당한 경계를 세울 것이지만, 나의 넓은 범위의 감정들에 대해서 자리를 남겨놓을 것이다.

우리 자신을 구출하는 것

아무도 희생자를 좋아하지 않는다.

희생된 자들 주위에서 우리는 어떤 느낌을 받는가? 죄의식, 노여움, 갇힘, 부정적 생각, 그리고 멀리 떠나기 위해 어찌할 바를 모르는 것 등을 느낀다. 어떻게 해서 그랬는지는 몰라도 우리는 매사에 자제하고, 자신을 돌보지 않고, 희생자가 되고, 속수무책으로 고통받는 것이 우리가 원하는 것을 가지게 해 줄 것이라는 믿음을 가지게 되었다. 인생은 분명히 힘들다. 하지만 자신을 소홀히 함으로써 일을 더 어렵게 만들 필요는 없다. 고통 받는 것에는 고통이 있을 뿐이지, 영광은 없다. 고통은 구조자가 온다고 해서 그치는 것이 아니라, 자신에게 책임을 가지고 고통을 멈추게 할 때 오는 것이다.

오늘, 나는 내 자신의 구조자가 될 것이다. 나는 다른 사람이 나의 문제점을 처리하려 하고, 나 대신 내 문제를 해결해 주기를 더 이상 기다리지 않을 것이다.

치유의 생각들

치유의 생각을 해라.

분노를 느끼거나 원망스러우면, 먼저 그것들을 방출해 버려라. 분노를 느끼는 사람들을 축복하시도록 하나님께 기도 드려라. 그리고 당신 또한 축복해 달라고 기도 드려라.

당신이 두려움을 느낄 때, 그것을 당신에게서 가져가시도록 부탁하여라. 비참하게 느껴질 때, 감사하는 마음을 가지도록 하라. 아무것도 가진 것이 없다는 생각이 들 때, 충분히 가지고 있다고 생각해라. 부끄럽다고 느낄 때, 괜찮다고 자신을 확신시켜라. 당신은 충분히 좋다.

인생에서 당신의 시기와 현재의 상태가 의심스러울 때, 모든 것은 괜찮다고 확신시켜라. 당신은 거기에 있기로 되었기 때문이다. 다른 사람들도 다 그러하다고 자신을 안심시켜라.

미래에 대해서 숙고하고 있다면, 모든 것은 다 좋을 것이라고 자신에게 말해라. 과거를 뒤돌아보았을 때, 후회하기를 그만두어라.

문제를 알아차릴 때, 시기에 알맞은 해답이 있으며 그 문제에 대한 선물이 있을 것이라고 확언해라.

감정이나 생각에 저항할 때, 받아들이는 것을 연습해라. 불편함을 느낄 때, 그것은 지나갈 것이라고 알고 있어라. 원하는 것이나 필요한 것을 알게 되었을 때, 이루어질 것이라고 자신에게 말하라.

249

오늘, 나는 치유의 생각들을 할 것이다.

이 순간을 높이 평가하는 것

우리는 과거에 대한 후회와 미래에 대한 두려움을 버린다. 우리는
하루하루를 최선을 다하면서 살아간다.

－『Codependent No More』(Melody Beattie)

이 순간에 우리는 우리가 있어야 할 곳에 있으며, 우리가 있기로
한 곳에 있다. 우리는 우리가 다른 사람이었으면, 다른 일을 하고 있
었으면, 아니면 다른 곳에 있었으면 하는 생각을 하면서 얼마나 자주
우리의 시간과 에너지를 낭비하는지 모른다. 우리는 현재의 상황이
다르기를 원할 수 있다. 우리는 쓸데없게도 자신을 혼동시키고 현재
이 순간은 실수라고 생각하면서 우리의 에너지를 다른 데로 전환시
킨다. 그러나 우리는 지금 우리가 있어야 할 곳에 있다. 우리의 감정
들, 생각, 상황, 도전, 일은 다 계획에 맞추어 진행되고 있다. 우리는
현재의 아름다움을 다른 것을 원함으로써 버려 놓는다.

자신에게 돌아와라. 현재 이 순간으로 돌아와라. 우리는 이 순간
에서 도망치거나 떠남으로써 현실을 바꾸어 놓을 수 없다. 우리는 이
순간에 나를 맡기고 받아들이는 데서 현실을 바꿀 수 있다.

우리는 우리가 있어야 할 곳에 있고, 그것은 괜찮다. 우리가 내일
가야 하는 곳에 도달하기 위해서 지금 여기 이 순간에 머물러 있는 것
이다. 그리고 그곳은 좋은 곳일 것이다.

우리를 위하여 사랑으로 계획된 곳이다.

수치심을 내려놓기

수치심은 우리를 뒤처지게 만드는 아주 어둡고 강한 감정이다. 수치심은 우리가 올바르지 않은 행동을 하는 것을 막기도 한다. 그러나 많은 사람은 우리가 제일 관심 있어 하는 부분의 건전한 행동에게 수치심을 가져다 붙이는 방법을 배웠다.

수치심은 우리가 원하고 필요한 것을 요청하는 것에, 우리가 직접적이고 정직하게 대화하고 사랑을 주고받는 데 첨부될 수 있다.

수치심이 있으면 어떤 때는 두려움, 노여움, 무관심으로 나타날 수 있고 때로는 멀리 떠나서 숨을 필요가 있다고 합리화하기도 한다.

회복 단계에서 우리는 수치심을 구별해내는 일을 한다. 우리가 그것을 알아차리게 되면, 우리는 그것을 내려놓기 시작할 수 있다. 우리는 지금부터라도 자신을 사랑하고 받아들일 수 있다.

우리는 지금 여기에 있고, 우리 자신일 권리가 있다. 우리는 수치심이 이와 다른 이야기를 하게 할 필요가 없다.

오늘, 나는 내 인생의 수치심을 공격하고 정복할
것이다.

관계에서의 정직함

우리는 사람들과의 관계에서 우리의 경계선과 특정한 범위에 대하여 정직하고 솔직할 수 있다.

우리는 이 모든 관계 내에서 정직하고 솔직할 수 있어야 한다. 우리의 관계의 범위에서 정직하고 솔직해질 수 있다. 샤를로트 카슬(Charlotte Kasl)의 말에 의하면 솔직함 속에서 우리들의 관계는 분명해질 수 있다. 그리고 그들에게 우리와의 관계에서의 시야를 정의하는 데 정직하고 솔직해 달라고 부탁한다.

정직함은 제일 좋은 방책이다. 우리는 경계선들을 세울 수 있다. 만약 어떤 사람이 우리보다 더 열정적인 관계를 원한다면, 우리가 원하는 것과 참여하기를 원하는 정도에 대해서 명확하고 정직할 수 있다. 이것이 우리가 주고 싶은 정도이기에 그 사람에게 우리에게서 얼마만큼의 적당한 정도를 기대하라고 말할 수 있다. 그 사람이 이것을 어떻게 받아들이냐는 그의 문제이지 우리의 문제가 절대로 아니다. 그러나 그 사람에게 말하느냐 안 하느냐는 우리의 문제이다.

우리는 사람들이 우리를 혼돈시킬 때 경계선을 세우고 우정을 정의해 볼 수 있다. 관계가 이루어지기까지는 시간이 걸린다. 그렇지만 어느 순간에 도달하면 우리는 그 관계에 대해서, 그리고 그것의 경계들에 대하여 명확한 정의를 기대할 수 있다. 만약 관계와 정의가 서로 충돌한다면, 우리 자신을 돌보기 위해 필요한 정보를 바탕으로 언제든지 새로운 결정을 내릴 수 있다.

———

253

관계에서 떨어져 나오기

처음으로 분리시키는 개념에 노출되면, 사람들은 그것이 반대할 만하고 의문스럽다고 생각한다. 떨어져 나오는 것이 더 이상 신경 쓰지 않는 것과 같다고 생각한다.

우리는 규제하고, 걱정하고, 강제로 일이 일어나도록 노력하는 것들이 우리가 얼마나 신경을 쓰고 있는지를 보여 준다고 믿는다.

우리는 규제하고, 걱정하고, 강제로 하는 것이 우리가 원하는 결과에 영향을 줄 수 있다고 생각할지도 모른다. 그러나 규제하고, 걱정하고, 강제적인 것은 도움이 되지 않는다. 우리 말이 맞다 할지라도 규제하는 것은 도움이 되지 않는다. 어떤 때는 규제하는 일이 우리가 원하는 결과가 일어나는 것을 막을 수도 있다.

사람들에게서 떨어져 나오는 원리를 연습하면서 우리는 진실에 대해 알게 된다. 떨어져 나오기는, 가급적이면 애정 관계에로부터, 작용되는 관계에의 하나의 행동 양식이다.

오늘, 나는 사랑으로부터 떨어져 나오는 과정을
믿을 것이다. 나는 내가 단지 놓아 버리는 것만
이 아니라는 것을 이해할 것이다.

254

가족에 대한 책임

나는 어머니가 모든 책임은 나에게 있다고 하면서 심장을 쥐어뜯으며 심장마비로 죽을 것이라고 협박하던 모습을 아직도 잊을 수가 없다.

- 무명씨

우리 중의 어떤 사람은 우리가 다른 사람의 감정에 대해 책임이 있다는 생각은 어렸을 때 생겼으며 우리의 직계 가족 구성원들에 의해 완성이 되었다. 우리는 우리가 어머니와 아버지를 불행하게 만들었다는 말을 들어왔다. 이것은 우리가 그들을 행복하게 해 줄 책임이 있다고 만들었다. 부모의 행복이나 불행에 대한 우리의 믿음은 과장된 감정의 힘과 죄의식을 우리 마음속에 서서히 주입시켜 주었다.

우리는 부모에 대해 그럴 만한 힘이 없다. 그들의 감정, 그들의 인생에 대해서 말이다. 우리는 그들이 우리에게 그런 힘을 쓰도록 허락할 필요가 없다. 부모님은 할 수 있는 최선을 다하셨다. 그러나 그렇다고 해서 그들이 건강하지 못한 믿음을 믿을 필요는 없다. 그들은 분명히 우리 부모이지만, 그렇다고 해서 그들이 언제나 맞다는 보장은 없다. 그들은 우리 부모이지만, 그렇다고 해서 그들의 믿음과 행동이 언제나 건강하고 우리의 주 관심사는 아니다. 우리는 우리의 믿음을 잘 살펴보고 선택할 권리가 있다.

죄의식을 떨쳐 버려라. 부모님과 다른 가족 간에 지나치고 올바르지 못한 감정을 버려라. 그들의 파괴적인 믿음이 우리, 우리의 감정, 우리의 행동, 우리의 인생을 조종하게 놔둘 필요가 없다.

자신을 돌보는 것

우리는 언제쯤이면 다른 사람들에게 사랑받을 수 있을까? 우리는 언제쯤이면 안전하다고 느낄까? 우리는 언제쯤이면 우리가 그렇게 도 받을 가치가 있는 보호, 양육함, 사랑을 받게 될까?

　　　　　　　　　　　　　 - 『Beyond Codependency』(Melody Beattie)

　우리가 원하고 필요한 것을 우리 자신에게 준다는 개념은 혼란스러울 수 있다. 특히 자신을 돌보는 것이 괜찮은 것인지를 모르고 수많은 나날을 보냈으면 더할 것이다. 남들과 그들의 책임에 집중되어 있는 에너지를 가져다가 우리 자신과 우리의 책임에 집중시키는 일은 얻을 수 있는 회복의 행동이다. 이것을 우리는 매일매일 연습하면서 배운다.

　우리는 먼저 마음을 편하게 하고, 숨을 깊게 들이마시고, 우리가 두려움을 버려서 최대한 평안한 마음을 가지게 한다. 그러고 나서 자신에게 물어보자. 오늘 아니면 지금 이 순간 자신을 돌보기 위해 무엇을 해야 하는가? 내가 무엇을 필요로 하고, 무엇을 하고 싶어 하는가? 어떠한 것이 사랑과 내 자신에 대한 책임을 설명해 줄 것인가? 혹시 다른 사람들이 나를 기쁘게 하는 데 책임이 있거나, 나에 대한 책임이 있다는 믿음에 사로잡혀 사는 것은 아닌가? 그렇다면 제일 먼저 해야 할 일은 나의 믿음 체계를 올바르게 바꾸는 일이다. 나는 내 자신에게 책임이 있다. 자신을 돌보는 것에 대한 처방법과 법칙을 인도

하는 책은 없다. 우리의 인도자는 밖에 있지 않고 바로 나 자신의 내면에서 찾을 수 있다.

나 자신을 사랑하고 책임 있게 돌보기 위해서 내가 해야 할 일이 무엇인가? 그러고 나서 우리는 그 해답을 들어야 한다. 자신을 돌보는 일은 그다지 힘들지 않다. 제일 힘든 부분은 그 답을 믿고, 들은 즉시 그것에 따라 살아가는 용기를 가지는 것이다.

보상하기를 원하는 것

이 단계는 치유의 변화인 마음을 변화시키는 것을 의미한다.

이 태도는 다른 사람과 내 자신과의 관계에서 굉장한 고리를 치료하고 치유하기 시작한다는 것을 의미한다. 또 이것은 우리의 딱딱하게 굳은 마음—우리가 사랑을 주고받음에 있어서 가장 큰 장애물이 되는 것—을 놓아 버리기를 원한다는 뜻도 된다.

우리가 아프게 한 사람들의 명단을 쓰고, 우리가 그들을 위해 치유의 태도를 가지는 경험을 한다. 이것은 사랑의 태도이다. 이 단계에서 무조건 "미안해!"라고 다짜고짜 외치는 것이 아니다. 올바른 보상을 하기 전에 우리의 태도를 먼저 변화시켜야 한다. 여기서부터 치유가 시작된다. 우리 안에서부터 말이다. 이것은 사랑의 문을 열어 준다. 이것은 사랑과 치유의 에너지의 문을 열어 준다. 이것은 우리가 부정적인 감정과 에너지를 내버리고 긍정적인 감정과 에너지를 가지게 해 준다. 그 에너지는 이 모든 세계에 퍼져 있으며 우리 안에서부터 시작된다.

우리는 우리가 고통받은 후에 그 사람이 우리의 고통과 아픔을 알아주기만을 바라고 그냥 "미안해."라는 말만이라도 해 주기를 바란 적이 얼마나 많았던가? 그 사람이 그냥 우리를 보고, 듣고, 관심을 가져 주기를 바란 적이 얼마나 많았던가? 마무리 지어지지 않은 사업 관계나 나쁜 감정이 있는 관계에서 그냥 아주 작은 심정의 변화, 약간의 화해를 바란 적이 얼마나 많았던가?

보상하기

보상을 할 때에는 우리가 왜 사과를 하고 있는지를 명확하게 알고, 최선의 방법으로 해야 한다. 우리가 보상하는 그 행동은 우리의 행동에 대해 책임을 지는 것과 같다. 우리는 그 과정이 자기 파괴적이거나 자신을 아프게 하는 것이 아님을 확신해야 한다.

어떤 때는 우리가 행한 어떤 일이나 우리가 저지른 어떠한 문제의 특정한 부분에 대해서 직접적으로 사과를 해야만 한다. 우리가 한 일을 들추고 그것에 대해 사과하는 것이 일을 더 나쁘게 만들 수도 있다.

우리는 이 과정에서 시기, 직감, 인도함을 믿어야 한다. 한 번 보상하기를 원하기 시작하면, 우리는 마음 편하고, 지속적이고, 조화가 있게 보상할 수 있게 된다.

만약 감정이 옳지 않고 적당하지 않다고 생각이 들고, 우리의 행동이 위기나 파괴를 가져올 것이라고 생각된다면, 그 감정을 믿어야 한다. 태도, 정직함, 열어놓음, 그리고 원하는 마음은 여기에 포함된다. 평화롭고 조화로운 상태에서 우리는 우리의 관계를 명확하게 정의하기에 힘쓸 수 있다.

우리는 자신과 남들과의 관계에서 편해질 가치가 있다.

꾸물거리는 것

꾸물거리는 것—제때에 맞추어 일을 하지 않는 것—은 자기를 파멸시키는 행동이다. 이것은 인생이 지금이 때라고 하는 그 일에 대한 걱정, 죄의식, 부조화, 성가신 자각을 생성시킨다.

어떠한 일을 하는 것을 연기한다고 해서 꾸물거리는 것이 아니다. 어떤 때는 정해진 때보다 너무나 성급하게 먼저 해 버리는 것 또한 너무 오래 기다리는 것만큼의 파괴를 가져온다.

우리 자신, 우리의 절대권자, 이 모든 세계를 믿고 그것들의 목소리를 들어라. 그들의 계시와 신호를 기다려라. 무슨 일을 해야 할 때가 오면, 그것을 지금 해라. 아직 때가 오지 않았다면, 때가 올 때까지 기다려라.

어떠한 일에서 자신을 돌보는 것

어떠한 일에서 우리 자신을 돌보아도 괜찮다. 괜찮은 것만이 아니라 필수적인 것이다.

그 일 가운데에서 자신을 돌본다는 것은 우리의 감정과 올바르게 대하는 것이다. 다른 말로, 우리는 우리 자신을 책임진다는 말이다. 우리는 때가 오면, 우리 자신을 분리시킨다. 우리는 필요할 때, 경계선을 세운다.

우리는 충돌과 협상한다. 우리는 우리의 문제를 다른 사람의 문제와 분리시키고, 우리 자신이나 다른 사람에게서 완전함을 기대하지 않는다.

우리는 가능한 한 사람들에게 매우 부드럽고 사랑스럽게 대해야 한다. 그러나 우리는 필요한 때 가서는 독단적이고 단호한 태도를 보인다. 우리는 우리의 힘의 한계를 포함한 우리의 약점을 받아들인다.

우리는 우리가 변화시켜도 되지 않을 일에 관해서 규제하고 변화하기를 그만두기에 애쓴다. 우리는 우리의 책임과 우리가 변화시킬 수 있는 일에 대해서만 집중한다.

우리는 직장에서 우리가 원하는 것이 무엇인지 올바르게 물음으로써 우리 자신을 돌본다. 만약 어떤 것이 우리를 미치게 만든다면, 아니면 만약 함께 일하는 사람이 우리를 방해하는 어떤 장애를 가지고 있다면, 우리는 그 문제를 부인함으로써 자신을 더욱더 미치게 만들지 않는다. 우리는 현실을 받아들이고 자신을 돌보기 위해 무엇을 할 수 있나를 알아내려고 노력한다.

　하루에 한 번씩, 우리는 무엇이 좋은지를 즐기고, 우리가 해결해야
할 문제를 해결하고, 그리고 일하는 데 자신을 칭찬해야 한다.

오늘, 내 인생을 증진시킬 수 있는 회복의 행동
들을 연습하는 데 집중할 것이다. 나는 그 일에
서 내 자신을 돌볼 것이다.

우리의 에너지를 가지는 것

너의 에너지를 네 안에 간직하는 법을 배워라.
- 『Woman, Sex, and Addiction』(Charlotte Davis Kasl)

많은 이유로 우리는 우리의 에너지를 무조건 나누어 주는 예술을 마스터했다. 이것은 어렸을 적에 배웠을 것이다. 그때 느꼈던 감정이 너무 압도적이었거나, 아니면 그것들을 처리하고 수용하는 방법을 몰랐을 것이다.

사람들에 대한 집착의 대부분은 종속적인 관계라는 것을 경험하기 용이하게 이루어진다.

우리는 집착하고, 수다를 떨고, 걱정스러워진 된다. 우리는 남들에 대해 규제하고, 돌보고, 야단스럽게 군다. 우리의 에너지는 다른 누군가에게로 쏟아진다.

우리의 에너지는 우리의 것이다. 우리의 감정, 느낌, 문제, 사랑에 대한 에너지는 우리의 것이다.

최선을 받아들이는 것

우리는 언제든 우리가 할 수 있는 것보다 더 잘할 필요는 없다. 그 순간에 최선을 다하고, 그다음에 놓아 버려라. 만약 그 일을 다시 해야 한다면, 다음 기회에 다시 최선을 다하면 된다.

우리는 그 순간에 우리가 할 수 있는 것보다 결코 더 잘할 수 없다. 우리는 지금의 최선보다 더 큰 것을 기대하기에 자신을 처벌하고 미치게 만든다.

우수함을 위해 애쓰는 것은 긍정적인 면이다.

완전함을 위해 애쓰는 것은 자기 파멸적인 일이다.

어떤 사람이 우리가 무엇을 더 하거나, 더 주거나, 더 잘나기를 기대한 적이 있나? 어떤 사람이 인정하기를 언제나 보류했나?

우리가 최선을 다했다고 여기는 시기가 온다. 그 시기가 오면, 그것을 놓아 버려라.

자신에게 힘을 주고 칭찬하는 것은 우리를 게으르게 만들지 않을 것이다. 그것은 우리를 양육하고 최선을 다할 수 있는 힘을 부여할 것이다.

오늘, 나는 나의 최선을 다한 후에 놓아 버릴 것이다.

———

265

부인

내가 어렸을 때, 나는 내 자신과 가족을 지키기 위해서 부인을 하였다. 나는 보기에 너무 고통스러웠거나 느끼기에 너무 압도적이었던 감정에게서 내 자신을 보호하였다. 부인하는 것은 내가 절대로 살아남기 위한 희망조차 없었던 충격적인 상황 속에서 나를 안전하게 여기까지 오게 하였다.

부인의 부정적 측면은 내가 내 자신과 감정과의 연락을 잃어버렸다는 것이다. 나는 내가 고통받고 있음에도 아주 나를 다치게 하는 상황 속에 참여하곤 했다. 나는 이것이 정상이 아니라는 생각은 조금도 하지 않으면서 아주 굉장한 고통과 학대를 참아 낼 수 있었다.

나는 내 자신을 학대하기를 배웠던 것이었다. 부인하는 것으로 고통에서 벗어났을지는 몰라도, 나를 내 감정과, 욕구와, 그리고 내 자신에게서 눈이 멀게 하였다. 그것은 나를 덮고 숨 막히게 만든 크고 두꺼운 담요와 같았다.

결국 나는 나의 고통, 감정, 행동에 대해 인식하기 시작하였다. 있는 그대로의 내 자신과 이 세계를 보기 시작하였다. 내가 과거에 너무나도 많이 부인했었기에 내 몸에 너무나도 두껍게 쌓여있었고, 그것이 갑자기 모두 찢겨나갔기에 나는 갑작스런 노출의 충격으로 거의 죽을 뻔하였다. 나는 통찰력, 회상, 깨어남, 그리고 아주 부드럽고 천천히 치유함을 받아들여야 했다.

인생은 이 과정에서 나와 함께 하였다. 인생은 아주 부드러운 선생님이다. 내가 회복하는 데 인생은 내가 아직도 부인하고 있다는 것을 깨우쳐 주기 위한 사건들을 가져왔고, 내가 과거에 대한 치유가 더 필요하다고 말해 주기도 하였다.

인내

때로는 우리는 원하는 것을 바로 얻는 경우가 있다. 또한 우리는 우리의 욕구가 과연 이루어질까라는 의문을 가질 수도 있다.

우리는 가장 좋은 방법으로 가장 빨리 충족되기를 바란다. 그러나 때로는 시간이 걸리는 수가 있다. 어떤 때는 우리가 받을 가치가 있는 것을 받아들일 수 있도록 배우는 가르침을 먼저 배워야 한다. 모든 일은 우리 안에서, 또 남들 안에서 이루어진다. 우리 안의 장벽은 없어질 것이다. 그리고 아주 튼튼한 기반이 자리 잡을 것이다.

그러므로 인내하여라. 마음을 편하게 가지고 믿어라. 놓아 버려라. 그리고 나서 더 놓아 버려라. 좋은 일이 우리에게 일어나도록 계획되어 있다. 우리는 그것들이 유효해지는 첫 순간에 받을 것이다. 우리의 모든 마음이 그것을 기다려야 한다.

마음을 편하게 가지고 믿어라.

사랑하는 마음으로 자녀와 분리하는 것

내 남편에 대해 집착을 버리고 그가 결과를 겪기를 놔 두는 것은
해야 할 일 중 하나이다. 그러나 어떻게 내 자식에 대해서 그렇게
할 수 있을까? 자식에게는 경우가 다르지 않은가? 부모로서의 책
임이 있지 않은가?

- 무명씨

우리는 어른과 자녀에게 모두 다른 책임이 있다. 우리는 우리 자녀
에게 금전적으로 책임이 있다. 다시 말하면, 우리는 그들이 물질적으
로 필요한 것들과 생활하는 데 돈을 다 주어야 한다.

우리 아이들은 사회생활을 할 수 있게 될 때까지 우리에게서 배울
것이 신발끈 매는 법에서부터 시간표를 짜고 사람들을 만나는 계획
등까지 매우 많다. 그들은 우리의 사랑과 인도가 필요하다. 그들은
한 번 한계가 정해진 이상, 지속적인 경계선 강조가 필요하다. 그들
은 우리의 협력이 필요하고, 자라는 데 양육적인 환경이 필요하다.
그들은 교훈적인 면도 필요하다.

그러나 우리는 우리 자녀들을 규제하는 것에 대해 책임이 없다. 모
든 사람이 그렇게 생각하고 있으나, 사실 억지로 규제하는 것은 아무
런 도움도 되질 않는다. 훈계와 양육하는 것이 합쳐졌을 때 도움이
되는 것이다.

말의 힘

나는 내가 지배한다는 것을 안다. 그러나 내 남편 또한 그러하다. 아마도 그는 나보다 더할 것이다. 내가 그를 떠나겠다고 결심했을 때마다 내가 그를 떠나기 시작했을 때, 그는 어떤 말을 하면 내가 다시 돌아올 것이라는 것을 너무나도 잘 알고 있었다.

- 무명씨

우리 중에는 말에 굉장히 약한 사람이 있다.

시기에 잘 맞는 "나는 너를 사랑해." 순간을 잘 선택한 "정말 미안해." 감정을 잘 실어 넣은 변명. 머리를 쓰다듬어 줌. 12송이의 장미. 키스 카드. 사랑의 약속이 담겨져 있는 몇 마디에 우리는 부인의 구덩이로 빠져든다. 어떤 때는, 우리가 속고 있거나, 학대받고 있거나, 남용되고 있다는 사실을 계속해서 부인하게 만든다.

개중에는 얕은 속임수로 우리를 일부러 흔들거나, 지배하거나, 교묘하게 다루려고 한다! 그들은 시기에 잘 맞는 몇 마디 말이 우리를 굉장히 약한 상태로 빠지게 할 수 있다는 것을 완벽하게 이해하고 있다! 그 순진함에서 깨어나라. 그들은 그들이 무엇을 하고 있는지 잘 알고 있다. 그들은 자기네들이 우리에게 끼칠 수 있는 영향에 대해 잘 알고 있다!

오늘, 나는 내가 말에 약한 습성을 놓아 버릴
것이다.

방향 찾기

나는 다른 사람에게 반응하고 대응하느라 너무 시간을 보낸 나머지 내 인생에서 갈 길을 잃어버렸었다. 다른 사람들의 인생, 문제들, 원하는 것들이 내 인생의 행로를 정해 버렸었다. 내가 생각하고 원하는 것을 확인하게 된 순간, 놀랄만한 일들이 내 인생에서 생기기 시작하였다.

- 무명씨

우리 각자는 목적과 의미가 있는 개개인의 삶이 있다. 우리는 목표를 세움으로써 우리의 절대권자에게 갈 길과 목적을 주는 데 도움을 줄 수 있다. 우리는 목표를 고비가 있는 해마다, 달마다 아니면 매일매일 세울 수 있다. 목표는 방향과 발걸음의 속도를 정해 준다. 또한 목표는 우리 자신을 위해 선택된 길에서 인생을 잘 다룰 수 있게 도와준다. 우리는 목표를 세움으로써 우리의 인생에 방향을 정해 주는 것이다.

다른 사람들에 대하여 무력한 것

다른 사람들을 위하여 변명하기를 멈추어라.

우리 자신을 위하여 변명하기를 멈추어라.

동정심을 발달시키고 용서함, 받아들임, 그리고 사랑을 얻는 것이 우리의 목표이다. 그렇지만 현실을 받아들이고 사람들의 행동에 대해 책임을 묻게 하는 것 또한 우리의 목표이다. 우리는 우리의 행동에 책임을 묻는 동시에 우리 자신에 대해 동정심과 이해를 가질 수 있다.

무력함을 주장하는 것은 무책임함을 주장하는 것과 다르다. 우리는 다른 사람이 무엇을 하거나, 했거나, 할 것을 지배할 힘을 가지고 있지 않다. 단지 우리는 정신력과 규제에 기초를 둔 효율적이지 못한 인생을 끝마치겠다는 것을 주장하는 것뿐이다. 그리고 우리는 자신에 대해 책임지는 영적이고, 정신적이고, 감정적인 여행을 시작하게 된다.

우리는 죄인이 아니다. 우리는 속수무책도 아니다. 적당한 때에 무력함을 받아들이는 것은 우리 자신을 돌보기 위한 진정한 힘을 가질 수 있게 되는 길이다.

273

우리의 고통을 멈추는 것

나의 어떤 감정은 너무나도 오랜 시간 동안 쳐박아 두어서 극도로
차가운 데서 비롯된 화상 자국들이 있다.

- 『Beyond Codependency』(Melody Beattie)

우리 인생에서 고통의 원천이 되는 것들이 많다. 어른 아이나 종속
적인 관계의 문제들을 가지고 있는 우리 중에는 과거의 풀리지 않은
고통의 구덩이에 자주 빠지게 된다. 우리는 너무나도 아프거나 우리
가 처리하기에 도움과 허락이 없다고 생각한 감정들이 아주 어렸을
적부터 지금까지 존재한다.

우리 인생에서 피할 수 없는 고통의 원천들도 있다. 우리가 우리
인생의 한 부분을 놓아 버리고 새로운 곳으로 여행을 떠나는 변화를
경험할 때, 그것이 좋은 것이라 할지라도 슬픔과 비통함이 따른다.

회복에는 지금까지의 보호막과 부인함을 없애 버리고 우리 자신
이 느끼도록 하기에 고통이 따른다. 어떤 고통은 우리의 미래를 위해
제대로 된 선택을 할 수 있도록 이끌어 주고 인도해 준다.

만약 우리가 고통에 의해서 작게 부수어지고 있다면, 거기에는 교
훈이 따르는 법이다. 그 개념을 믿어라. 우리 안에서 무엇인가가 해
결지어지고 있다. 해답은 습관적이나 강박관념적인 행동에서 비롯되
지 않을 것이다. 우리는 우리의 감정을 느낄 때 비로소 정답을 얻을
수 있을 것이다.

가만히 서서 기다리며 우리가 느껴야 할 감정을 느끼기를 원하는 것은 용기가 필요하다. 어떤 때는, 우리는 우리 안에 끝없는 고통의 막들이 있다고 느낀다. 고통은 아프다. 비통해함은 아프다. 슬픔도 아프다. 이것들은 좋게 느껴지지 않는 감정이다. 그러나 벌써 존재하는 감정을 부인하는 것도 마찬가지이다. 그것들은 단지 필요한 만큼만 잠시 동안 아프게 할 것이고, 이것은 치유의 한 부분으로 우리에게 좋은 것이다. 우리는 치유의 좋은 부분으로서 피할 수 없는 고통스러운 감정을 포기하고 받아들일 수 있게 될 수 있다.

흐름이 당신을 편하지 않은 곳으로 데려간다 할지라도 몸과 마음을 그 흐름에 맡겨라. 방출, 자유, 치유, 그리고 좋은 감정이 건너편에서 당신을 기다리고 있다.

사물을 내다보는 견해

우리는 아직 때가 이르지 않았음에도 불구하고 명확한 시각을 가지려고 너무나도 자주 노력한다. 이것은 우리를 미치게 만들 것이다.

우리는 어떠한 일이 왜 그렇게 일어났는지 확실한 이유를 알지 못할 때가 많다. 우리는 어떠한 특정한 관계가 잘 될지 알지 못할 때가 많다. 또한 우리는 우리의 감정의 원천이 무엇인지, 왜 이 특정한 길을 걸어왔는지, 우리 안에서 무엇이 해결되고 있는지, 우리가 어떠한 가르침을 얻고 있는지, 왜 재활용을 해야 하는지, 왜 기다려야 했는지, 왜 훈계를 받는 시기를 거쳐야 했는지, 왜 문이 닫혀 있어야 했는지를 이해를 못할 때가 많다. 현재의 상황이 어떻게 전개되어 나갈 것인지에 대해서는 확실하지가 않다. 이것은 원래 그렇게 되야만 한다. 사물을 바라보는 견해는 회고에서부터 올 것이다.

우리는 이듬해에 갑자기 알게 될 수 있는 어떠한 의미에 대해서 오늘 몇 시간이고 애쓰면서 보낼 수 있다. 놓아 버려라. 우리는 모든 일을 해결해야 하고, 모든 것이 다 내 조종 아래에 있어야 한다는 관념을 버려야 한다. 지금이 그것을 할 수 있는 시기이다. 느끼고, 겪고, 일이 일어나게 놔 두고, 배워라. 지나고 나서 보면 알 것이다. 그것은 명확해질 것이다. 오늘은 그냥 이대로가 충분하다. 우리 인생에서 모든 일은 우리에게 좋은 쪽으로 일어날 것이라는 것을 들어 왔다.

우리는 그것이 지금 일어난다는 것을 느끼지 못할지라도 크게 봤을 때 느낄 수 있을 것이다.

자신을 인정하는 것

대부분의 사람은 상대방의 마음에 들기를 원한다. 우리는 사람들이 우리를 착하고, 친절하고, 상냥하고, 사랑스러운 존재로 생각하기를 원한다. 우리 대부분은 남들의 인정을 받고 싶어 한다.

우리 중에는 어렸을 적부터 인정을 받으려고 애써 온 사람들이 있다. 우리는 사람들이 우리는 좋아하고, 우리를 높이 평가하기를 원했다. 우리는 우리의 행동을 그들이 옳지 않다고 판단해서 우리를 떠날 것이라고 항상 두려워해 왔다.

우리는 우리에게 아무것도 줄 수 없는 사람에게까지 인정을 받으려고 노력했을지도 모른다. 우리는 지금 우리가 사랑을 받을 자격이 있다는 것을 모를 수도 있다.

행복한 삶을 살고, 우리의 절대권자가 원하는 대로 지속적으로 살고, 이 세계와 조화가 되어 살려면 우리는 인정받기를 원하는 극도의 필요성을 놓아 버려야 한다.

인정받음과 사랑을 얻고 싶어 하는 충만되지 않는 이 욕구들은 다른 사람들이 우리를 지배할 수 있게 한다. 이 욕구들은 우리가 원하는 방식으로 행동하고 자신에게 솔직해지는 것을 방해할 수 있다.

우리는 우리 자신을 인정할 수 있다. 결국에는 그것만이 가장 가치 있는 인정이다.

대립과 분리

관계에서는 두 사람 모두에게 일이 순조롭게 풀릴 때가 있어서 분리되야 한다는 개념에 너무 몰두하지 않아도 되는 경우가 있다. 그러나 한 사람이 고비에 있거나 변화의 시기에 시험에 들게 되는 경우가 있다. 이런 때는 분리할 필요가 있다.

그런가 하면 두 사람 모두가 아주 스트레스가 가득한 상태에 계속 있어서 아주 감정적인 문제의 한가운데 있을 수 있다. 둘 다 필요한 것이 있으나 서로 줄 수 있는 게 없다. 분리시키는 것과 우리 자신을 돌보는 일이 아주 어려운 경우가 있다.

이런 때는 문제를 파악하는 것이 도움이 된다. 그러나 두 사람 모두가 대응하고 치유하는 중간에 있다. 그 순간만큼은 둘 다 서로 줄 것이 없다. 그런데 두 사람 모두가 특정한 것을 매우 필요로 한다.

이것이 문제이다. 그럼 해결책이 무엇인가?

완전한 해결책이 없을 수도 있다. 분리하는 것은 분명 좋은 방법이지만, 우리 자신이 지탱해 주는 힘이 필요하다면 이 일은 힘들 수 있다. 사실, 상대가 힘을 주기보다는 도와달라고 할 때가 있다. 그래도 우리는 분리하기 위해 노력할 수 있다. 우리는 우리의 감정을 파악해 나갈 수 있다. 우리는 이것을 일시적인 주기라고 생각하고 그 사람이 그 순간에 줄 수 없는 것을 더 이상 기대하지 않게 된다. 좋은 관계는 최하점에 와 있더라도 그것을 지탱하고 거기서 살아남는다. 어떤 때는 우리가 자라고 배우기 위해서 그런 것들이 필요하다. 어떤 때는

우리를 위해 있는 사람들이 있을 수 없는 경우도 있을 것이다. 그러
면 우리는 자신을 돌보기 위해 다른 방법을 찾을 수 있다.

회복과 치유

우리는 시간이 천천히 치유하는 것에 대해 성급해 하지 않는 것을
배워야만 한다. 우리는 슬픔에서 다시 찾은 평온에 이르기까지의
고속도로에는 거쳐야 할 많은 단계가 있다고 자신에게 가르쳐야
한다. 감정의 회복기에서 다음의 단계들을 예상할 수 있다. 참을
수 없는 고통, 마음에 사무치는 듯한 비통함, 허무한 나날들, 현실
을 점차적으로 받아들이는 것……. 새로운 행동 방식으로 사는 것
이다.

- Joshua Loth Liebman

회복은 하나의 과정이다. 이것은 점차적이고, 치유적이고, 영적인
과정으로, 목적지보다는 여행이다.

종속적인 관계가 인생을 차지하고 점차 진보하듯이, 회복도 진보
한다. 하나가 다른 것을 일어나게 하면서 점차 좋아지게 되는 것
이다.

우리가 회복에서 연습하던 것이 인생에서 나타날 때도 있다. 이런
변화의 시기는 매우 강렬하지만 의미가 있다.

우리는 우리의 가슴이 품을 수 있는 만큼의 즐거움과 사랑을 받을
수 있게 준비되는 것이다.

회복은 치유의 과정이다. 이것을 이해하지 못한다 할지라도 우리
는 이것을 믿을 수 있다. 우리는 이 과정에서 있어야 할 곳에 지금 있

다. 다른 말로, 우리는 지금 우리가 경험해야 할 그 과정을 통과하고 있는 것이다. 그리고 우리가 지금껏 가 본 곳 중에서 가장 좋은 곳에 가게 될 것이다.

제게 좋은 것이 무엇입니까

우리는 하루에도 수 차례 크고 작은 결정에 직면한다. 자기 성찰을 할 때, 우리는 이 질문하기를 배울 수 있다. 이것이 저에게 좋은 것입니까?…… 제가 원하는 것이 정말로 이것입니까?…… 이것이 제가 필요한 것입니까?…… 이 방향이 맞는 방향같이 느껴집니까?…… 아니면 다른 사람이 저를 지배하고 영향을 주는 것에 제가 굴복하고 있습니까?

만약 어떤 것이 우리에게 좋다면, 물어보는 것은 건강하지 못한 이기적인 생각이 아니다. 그것은 예전의 사고방식이다. 어떤 것이 우리에게 좋은 것인지를 물어보는 것은 건강한 사고방식이며 절대로 수치심을 느낄 것이 아니다.

우리는 어떤 것이 우리에게 좋은 것인지를 물어보며 방종의 이기적인 길에서 돌아다니지 않을 것이다. 이 단순한 질문을 자신에게 함으로써 우리는 우리 인생을 최상으로 이끌기를 연습한다. 우리는 우리의 힘을 가지고 그 안에서 자신감을 가진다.

힘든 시기를 이겨 내는 것

우리는 튼튼한 존재이다. 그러나 여러 면에서 우리는 매우 여리다.
우리는 변화와 잃어버림을 받아들일 수 있으나 이것은 우리에게 맞
는 속도와 방식으로 찾아온다.
- 『Codependent No More』(Melody Beattie)

우리는 힘든 시기에 에너지를 사용해서 해결하거나, 문제들을 풀
어나갈 수 있다. 우리는 이 힘든 시기를 우리의 기술과 영적인 면을
조화시키는 데 사용할 수 있다. 아니면 우리는 이 상황들을 고통스러
워하고, 쓸쓸함을 쌓아 두고, 자라거나 변화하기를 거부하면서 지낼
수 있다.

힘든 시기는 우리의 최고인 면을 불러내게 하는 데 동기를 부여해
줄 수 있다. 우리는 이 시기를 앞으로 나아가고, 더 높은 사람, 사랑
함, 자람의 단계로 가게 할 수 있다.

그 선택은 우리에게 달려 있다. 우리 자신이 느낄 수 있도록 허락
할 것인가? 과연 우리는 그 일에 대하여 감사하는 마음이 포함된 영
적인 길을 선택할 것인가? 우리는 인생에 대해서 의심을 가지고, 또
지금 우리가 무엇을 배우고, 하고 있어야 하는지에 대해 절대권자에
게 질문을 할 것인가? 아니면 이 사건을 통해서 지난날의 낡고 부정
적인 믿음을 사용할 것인가? 우리는 과연 "좋은 일은 절대로 나에게
일어나질 않아…… 나는 희생자일 뿐이야…… 사람들은 정말로 믿을

수가 없어…… 인생은 살 가치가 없어."라고 말할 것인가?

우리는 언제나 강한 에너지나 스트레스가 우리가 자라고 변하는 데 동기를 줄 것이라고 요구하지 않는다. 우리는 스트레스를 일부러 만들거나, 찾거나, 끌어당길 필요는 없다. 우리가 힘든 시기에 있다면 우리는 성숙해질 것이고 언젠가는 좋은 것을 얻기 위한 밑거름이 될 것이다.

저의 힘든 시기가 치유의 시기가 될 수 있도록 해 주십시오.

복수

우리는 그 사람이 우리를 아프게 한 방법으로 그 사람이 고통을 받는 것을 보고 싶어 한다. 우리는 인생이 그 사람과 대응하는 것이 우리에게 보상을 줄 수 있는지 알고 싶어 한다. 사실 우리는 인생을 도와주고 싶어 한다.

그것은 아주 정상적인 감정이다. 그러나 우리는 그것에 따라 행동하면 안 된다. 이 감정들은 우리의 화의 일부분이나, 우리가 판단할 문제는 아니다.

우리는 자신이 화를 느끼게 허락할 수 있다. 이때 한 걸음 더 들어가서 당신의 아주 깊이 있는 감정들—아픔, 고통, 고뇌 등—을 느껴보는 것이 도움이 될 수 있다. 그러나 우리의 목표는 그런 감정들을 방출해내고, 그것들을 이겨 내는 것이다.

우리는 다른 사람이 설명을 해 줄 의무가 있다고 할 수 있다. 우리는 그 사람에게 책임이 있다고 할 수 있다. 그러나 판결을 내리는 것은 우리 책임이 아니다. 열심히 복수할 기회를 찾는 것은 우리에게 아무런 도움도 되지 않는다. 그것은 우리를 막고 뒤에 남아 있게 할 뿐이다.

그 자리에서 떠나라. 게임하는 것을 그만두어라. 그 고리에서 빠져 나와라. 교훈을 배워라. 당신이 매우 귀중한 것을 얻게 해 준 그 사람에게 감사해라.

새로운 관계의 행동들

우리는 회복의 새로운 관계의 행동에 대하여 이야기한다. 과민반응하지 않고 다른 사람들이 그들 자신처럼 행동하는 것을 허락하는 것과 우리 자신을 돌보기 위해 우리의 힘을 가지는 것. 우리는 규제해야 할 필요성을 놓아 버리고, 자신을 책임지는 데 집중하고, 우리자신을 무시하고 대신 다른 사람에게 초점을 맞추는 것에 대해 이야기한다. 우리는 건강한 경계선을 가지고 세우는 것, 솔직하게 말하는 것, 우리가 원하고 필요한 것에 대해 책임을 지는 것에 대해 이야기한다.

이런 행동은 우리가 중독된 사람들을 대면하는 데 도움을 준다. 하지만 이 행동들은 '기능장애가 있는 관계'에만 국한된 행동이 아니다.

이것들은 우리의 새로운 관계의 행동이다. 이것들은 아주 스트레스가 심한 관계에 있는 우리를 도와준다. 이것들은 우리가 건강한 관계에서 스트레스를 이겨낼 수 있게 도와준다.

우리가 배우고 있는 회복의 행동—건강한 관계의 기술—은 우리의 모든 관계의 질을 향상시켜 줄 도구이다.

좋은 일이 일어나게 놔두는 것

나는 나의 일을 제대로 하지 못했었다. 나는 제대로 기능을 하지 못하는 가정 안에서 구겨져 있었다. 그러나 나는 적어도 무엇을 기대해야 하는지는 알고 있었다!

— 무명씨

나는 내 인생의 전반부에 비참하였기에 후반부는 좋기를 바란다. 때로는 나는 그렇게 되지 않을 것 같아서 두렵다. 어떤 때는 그럴 것 같아서 두렵다.

좋은 부분은 우리를 무섭게 할 수 있다. 아무리 좋은 변화라 할지라도, 변화는 무서울 수 있다. 어떤 좋은 변화는 힘든 시기에 겪는 그것보다 더 두려울 수 있다.

우리는 더 이상 인생의 희생양이 되고 싶어 하지 않는다. 우리는 불필요한 위기와 충격을 피하는 방법을 배웠다.

인생은 더욱 좋아진다.

"내가 그 좋은 것에 어떻게 대처하지요?"라고 한 여인이 물었다. "고통이나 비극보다 더 힘들고 낯설어요."

"우리가 힘들고 고통스러웠던 경험에 대처했듯이 하면 됩니다."라고 나는 대답했다. "하루에 한 번씩."

제 밑바탕과 균형을 평화, 즐거움, 그리고 감사
하는 마음속에서 찾을 수 있도록 해 주십시오.
제가 고통스럽고 힘든 일을 받아들였던 것처럼,
저에게 좋은 것을 쉽게 받아들일 수 있도록 도
와주십시오.

사과

우리는 때때로 약간 불편한 상태로 행동한다. 그것이 인간이다. 그렇기 때문에 우리에게는 이 말이 있다. "미안해." 이 말은 상대방과 나 사이의 빈 공간을 치료해 주고 연결해 준다. 그러나 우리는 아무런 잘못을 하지 않았다면 "미안해."라고 할 필요가 전혀 없다. 수치심을 느끼게 되면 우리는 우리의 모든 행동, 모든 말, 우리가 살아있다는 것에, 그리고 지금의 우리 모습에 대해 사과를 하게 된다.

우리는 우리 자신을 돌보는 것, 감정을 처리하는 것, 경계선을 세우는 것, 재미있게 사는 것, 건강해지는 것 등에 대해 사과를 할 필요가 없다. 우리는 지금 가는 방향이 우리가 원하는 것이라면 절대로 바꿀 필요가 없다. 그러나 보통의 사과는 다른 감정들을 인정하고 어떤 상황이나 관계의 명확하지 않은 문제에 도움이 될 수 있다. 우리는 이렇게 말할 수도 있다. "내가 저지른 소동에 대해 정말 미안해. 내 자신을 돌보려고 했던 것이 너를 아프게 했다면 미안해. 정말 일부러 그런 것이 아니었어."

한 번 사과를 하고 나면, 우리는 계속해서 할 필요가 없다. 만약 어떤 사람에 같은 사건에 대해 계속해서 사과를 받아 내려고 하는 것은 그 사람의 문제이기에 우리까지 그 고리에 걸릴 필요는 없다.

우리는 우리의 사과를 신중하게 받아들이고, 그것이 정당하지 않다고 생각할 때에는 사과를 하면 안 된다. 자신에 대해 기분이 좋을 때, 우리는 미안하다고 해야 할 때와 하지 않아야 할 때를 안다.

자발적인 행동

우리는 이 자발적인 행동을 중독적이고, 강제적이고, 자기 파괴적이거나 책임 없는 행동이라고 일컫는다. .

그러나 회복에서 말하는 것은 이것들이 아니다. 긍정적인 자발성은 우리가 누구인지를 즐겁지만 남의 권리를 침범하지 않는 한도에서 자유롭게 표현하는 것이다.

우리는 자기개발과 자신감 안에서 자라면서 자발적이고 자유롭게 행동하는 것을 배운다. 자발성은 자신의 확실함과 믿음이 증가하면서 밖으로 나오게 되고, 그러면서 우리는 건강한 경계선 안에서 더욱 더 안정되어 간다.

우리는 자신을 다치게 하지 않는 범위 내에서 자발적인 행동을 할 수 있다. 사실 우리의 자발성으로 인해 모든 사람이 이득을 볼 것이다.

급박감을 놓아 버리는 것

한 번에 한 가지만 하여라.

그렇게만 하면 된다. 두 가지를 한 번에 하라는 것이 아니라, 한 가지 일을 평화 속에서 하여라.

한 번에 한 가지 일만 하여라. 한 번에 한 감정만 느껴라. 한 번에 하루씩, 한 번에 한 문제만, 한 번에 한 단계만, 한 번에 한 가지만 즐겨라. 마음을 편안하게 가져라. 급박감을 놓아 버려라. 지금 침착하게 시작해라. 한 번에 한 가지 일만 선택하여라.

자, 보아라. 모든 것이 해결되고 있지 않은가?

자신을 믿는 것

많은 사람은 절대권자의 말을 따르는 것이 엄격한 규율들을 따라야 하는 것이라고 믿고 있다.

그러나 우리는 이제 그렇게 믿지 않는다. 그 딱딱하고 엄격한 끝없는 완전함을 얻기 위한 규율은 우리의 절대권자가 속삭여 주는 말이 아니다.

우리는 자신에게 자신감을 가지고, 우리의 목소리를 듣고 믿을 수 있다. 우리는 우리에게 속삭이는 절대권자의 부드럽고 사랑스러운 목소리를 자유롭게 들을 수 있다.

참을성

참을성을 연습해라.

우리의 변덕, 감정, 반응, 독자성, 인간됨을 참아라. 기분 좋음과 나쁨, 변화하기 싫어서 저항하는 것, 애씀, 그리고 어색함을 참아라.

두려움, 실수, 문제들과 고통에서 피하려는 우리의 경향 등을 참아라. 우리가 가까워지고, 자신을 노출시키고, 말에 잘 넘어가려고 하는 망설임을 참아라.

우리가 가끔씩 우세하다고 느끼고, 어쩔 때 부끄러움을 느끼고, 그리고 가끔씩 사랑을 공평하게 나누려고 하는 필요성을 참아라. 우리가 몇 발자국 걸어가다가 다시 두세 발자국만큼 다시 뒤로 오는 우리의 전진하는 방법을 참아라.

절제해야 한다는 본능과 분리하는 것을 마지못해 배우는 것을 참아라. 우리가 사랑을 원한다고 말하는 방법을 참고, 때로는 다른 사람들을 나에게서 밀어내어라.

어떤 것들은 우리가 참아 내지 못한다. 다른 사람이나 우리 자신에게 향한 학대적이고 파괴적인 행동을 참지 마라.

건강하고, 사랑에 근거한 자신에 대한 참을성을 연습해라. 그러면 우리는 다른 사람에 대한 참을성도 배울 것이다. 한 단계 더 깊이 들어가라. 우리가 참아내는 모든 인간적인 면이 우리와 다른 사람들을 아름답게 만드는 것이라는 것을 믿어라.

우리 자신을 허락하는 것

우리는 자신이 무엇을 필요로 하는 사람이라는 것을 받아들일 수 있다. 그것은 편안함, 사랑, 이해, 우정, 그리고 건강한 손길에 대한 필요함이다. 우리는 긍정적인 지원, 우리의 말을 들어줄 그 누군가, 우리에게 줄 수 있는 그 누군가가 필요한 것이다. 우리는 그것들을 원한다고 해서 약한 것이 아니다. 그 욕구는 우리에게 인간적이고 건강하게 해 준다. 우리의 욕구를 충족시키는 것—우리의 욕구를 충족받을 만한 가치가 있다고 믿는 것—은 우리를 기쁘게 한다.

일상생활에서의 원하는 것들에 더해서 특히 더 궁핍하게 느껴질 때가 있다. 이런 때에는 우리는 줄 수 있는 것보다 받고 싶은 것이 더 많다. 그것도 괜찮다.

그리고 우리가 원하는 것들은 충족되기 시작한다.

> 오늘, 나는 나의 욕구와 내가 필요로 하는 면을
> 받아들일 것이다. 나는 내가 필요로 하는 것들
> 을 충족받을 권리가 있다고 믿고 있으며, 나는
> 이 일이 일어나도록 할 것이다.

———

294

과거에 대한 편안함

하나님일지라도 과거를 바꿀 수는 없다.

- Agathon

　죄의식, 그리움, 부인, 원망에 의해서 과거에 집착하는 것은 오늘과 내일을 변화시킬 수 있는 귀중한 에너지를 낭비하는 것이다.

　"나는 내 과거 속에서 살아왔다."라고 한 여인이 말했다. "나는 그것을 바꾸려고 하거나 과거가 나를 지배하도록 내버려 두었다. 보통 두 가지 일이 다 일어났다." 나는 지난 일에 대해 계속 죄의식을 느껴왔다. 내가 한 일, 남들이 나에게 한 일 등 내가 거의 모든 것에 대해 보상을 했음에도 그 죄의식은 내 마음속 깊이 파고들었다. 모든 일은 왜 그랬는지는 몰라도 나의 잘못 때문이었다. 나는 그것들을 그냥 놓아 버릴 수가 없었다.

　"나는 내가 이럴 권리가 있다고 내 자신에게 말하면서 몇 년 동안이나 이 노여움에 집착하였다. 어떤 때는 내 과거를 완전히 잊어버리려고 노력했으나, 한 번도 제대로 생각하면서 정리를 해 본 적이 없다. 나의 과거는 나를 항시 따라 다니는 검은 구름과도 같았으며 나는 그것을 깨끗하게 나에게서 없앨 수가 없었다. 나는 그것을 놓아 버리기가 무서웠고, 오늘을 두려워했으며, 내일을 두려워했는지도 모르겠다. 내가 지금까지 배워 온 것이 죄의식, 분노, 나무람, 수치심 없이 받아들이는 것이라는 것을 알게 되었다. 나는 내가 여태껏 살아

오면서 죄의식, 분노, 수치심, 그리고 나 자신을 나무라면서 지내온 나날들까지도 받아들여야 했다."

우리는 과거를 조절할 수 없으나 우리는 그것에서 치유하고 자신과 남들을 사랑으로 받아들이면서 바꿀 수 있다. 나는 안다. 왜냐하면 그 여인이 바로 나이기 때문이다.

보호받고 있음을 느끼는 것

우리의 과업은 안전하게 느끼고, 유토피아에서 사랑하며 사는 그런 천진난만한 것이 아니다. 한 여인은 우리의 과제는 안전하지 않은 세계에서 사는 법과 사랑하는 법을 배우면서 우리 자신을 안전하다고 느끼게 만드는 것이라고 하였다.

우리는 부정적인 효과가 있는 위험한 것들 안에서 머무르고 싶지 않아야 한다. 그렇다고 해서 그것들을 무시하고 없는 것처럼 행동해도 안 된다.

만약 우리가 일광욕을 하고 싶다면 우리는 해가 끼치는 나쁜 영향에 대해 순진하게 행동할 수만은 없다. 우리는 태양에서 나오는 해로운 자외선 등의 물질이 화상을 입힐 수 있다는 것을 안다. 알기에 자신을 보호할 수 있다.

평안 속에 걸어 나아가라. 안전하게 나아가라. 자, 지금 당신이 언제나 보호받고 있다는 것을 알고 나아가라. 가야 할 곳이면 다 가라. 악은 당신 곁으로 올 수 없다. 좋은 것만 당신에게 쏟아질 것이다. 당신은 자신을 보호하려고 그렇게 애쓰지 않아도 된다. 당신은 마음을 편하게 가지고 인생을 즐기며 당신이 안전하다고 믿을 수 있다. 당신은 사랑과 보호에 감싸였기에 두려움 없이 나아가라. 그리고 당신은 언제나 그런 상태로 있을 것이다.

297

잠시 동안의 퇴보

때로는 우리 인생의 모든 것이 더 나빠지고 있다고 느낄 수 있다. 우리의 금전적인 문제, 관계, 건강이 더욱 악화되고 있는 것처럼 보일 수 있다.

이것은 아주 잠깐 동안뿐이다. 이것은 회복과 치유의 정상적인 한 부분이다. 이것은 한동안 이런 상태로 지속될 수 있으나 계속 이러지는 않을 것이다.

회복하는 데 주력해라. 그러면 추세는 바뀔 것이다. 멀지 않아서 모든 일이 예전보다 더 좋아질 것이다. 이번에는 기초가 튼튼할 것이다.

모든 문제들은 잠시 동안만 있을 것이고, 그것들이 해결되는 날에 저는 더 단단한 지면 위에 서 있을 것이라고 생각하게 도와주십시오.

기도

이것은 내가 제일 좋아하는 기도문들이다.

도와주십시오. 제발. 그러지 마세요. 저에게 보여 주십시오. 인도
해 주십시오. 거기 계십니까? 왜 저에게 그러셨습니까? 아, 그러셨어
요? 감사합니다.

돈의 중요성

정말로 하기 싫지만 '돈을 위해서'라는 명목으로 강제로 하고 있는 일이 있는가? 이 행동들은 보통 기대와는 어긋나는 결과를 낳게 하는 것들이다. 자신을 비참하게 하고, 돈은 돈대로 잃어버리게 된다.

나는 내가 지금 해야 할 일에 충실하게 따르면 돈은 거기에 따르게 되어 있다는 것을 배웠다.

어떤 때는 그것이 내가 원하는 만큼 나오지 않았을 수도, 내가 정말로 기뻐할 만큼 나왔을 수도 있다. 그러나 나는 내가 충분히 가지고 있다는 생각만으로 만족한다.

돈은 분명히 고려할 문제이다. 그러나 우리가 영적 안정과 마음의 평안을 얻으려면 이것은 최우선의 고려가 되어서는 안 된다.

오늘, 나는 돈에 대해 고려할 것이지만, 이것을
나의 최우선의 고려로 만들지는 않을 것이다.

희생자가 아니다

당신은 희생자가 아니다.

얼마나 자기 자신에 대한 이미지가 희생자의 것이라는 것이 마음 속에 깊이 뿌리박혀 있는지! 비참함과 무력함을 얼마나 습관적으로 생각하는지! 자신을 희생자라고 인식하는 것은 우리를 둘러싸고 있는 회색 망토를 덮고 있는 것과 같다. 이것은 우리를 희생시키고 우리가 희생되었다는 감정을 만들어 낸다.

이 희생시킴이 너무나도 습관적이 되면, 아무리 좋은 일이 일어나도 우리는 희생되었다고 느끼게 된다!

경계선을 세워라! 분노에 대응해라! 상대방을 거절하거나 그것을 멈추게 해라! 어떤 관계에서 나와라! 네가 원하는 것이 무엇인지 자신에게 물어보아라! 그것들을 위해 선택하고 책임을 져라. 선택권이 무엇들이 있는지 탐색하여라. 네가 필요한 것들을 자신에게 주어라! 똑바로 일어서고, 머리는 세우고, 자신의 힘을 주장해라. 너 자신을 책임지기를 주장해라!

그리고 좋은 일을 즐기기를 배워라.

오늘, 나는 희생자처럼 생각하고, 말하고, 대화하고, 행동하기를 거절할 것이다. 대신에 나는 내 자신을 책임지겠다고 기쁘게 주장할 것이고, 내 인생에서 좋은 것과 올바른 것들에 집중할 것이다.

우리 자신대로 사는 것

회복 단계에서 우리는 새로운 행동 양식을 배운다. 그것은 바로 우리 자신이 있는 그대로로 사는 것이다. 우리 주위에는 이런 것이 두려운 사람도 있을 것이다. 우리가 느끼는 것을 느끼고, 우리가 원하는 것을 말하고, 우리의 믿음에 대해서 확실함, 우리가 필요한 것들에 대해 소중하게 여긴다면 무슨 일이 일어날까? 상황에 적응하는 우리의 위장술을 놓아 버리면 어떻게 될까? 우리 자신이기 위한 힘을 가지게 되면 어떤 일이 일어날까? 그래도 사람들이 우리를 여전히 좋아할까? 우리 곁을 떠날까? 그들이 화가 날까?

우리가 그 모험을 하기 원하고 준비되는 때가 온다. 계속 성장하고 우리 자신 안에서 편하게 살기 위해서는 우리 자신을 해방시켜야만 한다는 것을 깨달아야 한다. 다른 사람이 우리를 지배하는 것을 더 이상 허락하지 않고 남들의 반응이 어떠하든 간에 우리가 있는 그대로 행동할 때가 온다.

머지않아 우리는 이해하기 시작한다. 어떤 사람들은 우리를 떠날 수도 있다. 그러나 그 관계는 언젠가는 끝나게 되어 있었던 것들이다. 어떤 사람들은 우리 자신을 위해 모험을 했기에 우리 곁에 남아서 우리를 더욱 사랑하고 존중하게 된다. 우리는 친밀감과 잘 풀리는 관계를 얻게 된다.

우리는 지금 이대로가 충분히 좋았다는 것을 발견하게 된다. 우리는 이런 사람이 되려고 의도되었다.

오늘, 나는 내 자신이기 위한 힘을 가질 것이다.

가족들과 대처하는 것

가족들과 자신을 돌보는 일은 여러 가지가 있다. 어떤 사람들은 가족들과 연락을 한동안 끊고 산다. 어떤 사람들은 가족들과 연락을 계속하면서 다른 행동들을 배운다. 어떤 사람들은 연락을 잠시 하지 않다가 천천히 다시 하기 시작한다.

우리의 목표는 가족들과 사랑 안에서 분리하는 것이다. 우리의 목표는 가족 구성원들이 하건 안 하건 간에 자신을 돌보고, 사랑하고, 건강한 삶을 사는 것이다. 우리는 이것을 하기 위한 경계선이나 결정을 내리게 된다.

우리가 원하는 것이 그러하다면 가족들에게 "아니요."라고 해도 괜찮다. 그것이 옳다고 느껴진다면 "예."라고 그들에게 말해도 괜찮다. "잠시만요."라고 해도 괜찮고, 다른 사람으로 변해도 괜찮다.

불편함을 이겨 내는 것

즐거워하라. 우리 자신은 평화로운 환경에서 살고 싶다. 그것을 하기 위해서 우리는 때때로 불편함을 직면하고 느끼고 이겨 내야만 한다.

나는 지금 비참함과 고통에 중독된 것에 대하여 이야기하고 있는 것이 아니다. 나는 불필요한 고통을 만들어 내는 것을 이야기하는 것이 아니다. 나는 우리가 치유하면서 느껴야만 하는 합리적인 불편함을 말하는 것이다.

수술을 받으면 그 고통으로 하루 동안 매우 아프다. 우리가 회복 단계에서 그 비슷한 일을 직면하게 되면, 우리는 자신에게 감정적인, 정신적인, 그리고 영적인 수술을 하는 것이다. 우리는 감염되고 염증이 난 부분을 없애는 것이다. 그 과정이 매우 고통스럽다.

우리는 강해짐으로써 불편함과 잠시 동안의 정신적 고통에서 살아남을 수 있다. 한번 불편함과 고통에 직면하기를 원하게 된다면, 그것을 방출하기 전 단계까지 온 것이다.

오늘, 나는 치유와 방출이 저 건너에 있다는 것
을 믿으며 나의 불편함을 직면할 수 있다.

확신과 돈

때로는 원하는 것을 이루기 위한 돈이 충분하지 않을 때가 있다.

그럴 때마다 사람들은 예산안을 세우라고 충고하지만, 우리는 가볍게 듣고 넘기는 경우가 있다. 우리가 살아남기 위해 들어가는 돈은 우리의 수입보다 훨씬 많다. 우리는 이런 상황을 보고, 머리를 흔들면서 "절대로 안 돼."라고 말한다.

우리는 이러한 상황을 이겨나가야 한다. 지금 이 시기에 당황하면 안 된다. 지금 절망에 빠지면 안 된다.

공포와 절망은 우리를 나쁘게 판단하게 하고 자포자기하는 행동을 하게 만든다. 이럴 때 우리는 두려움을 확신과 바꾸어야 한다.

당신의 인생에서 돈의 흐름을 멈추는 방해물이 있는지 잘 검토해 보라. 당신이 변화시켜야 하거나 배워야 할 태도, 문제나 교훈이 있는가? 그렇다면 그 간단한 교훈은 확신에 관한 것일 수도 있다. 성경에 적혀 있기를, 예수님께서 물 위를 걸으셨다고 하였다. 그의 제자도 할 수 있었으나, 두려움이 온몸을 휩싸는 순간 빠지기 시작했다고 나와 있다.

금전적으로 힘든 시기에 우리는 금전적인 문제로 '물 위를 걸어 다니기'를 배울 수 있다. 만약 우리가 예산안을 만든다면, 그리고 사는 데 적절하게 지출할 돈이 없다면, 최선을 다한 후에 놓아 버려라. 당신의 필요한 것을 놓아 버려라.

지식

　우리 자신과 다른 사람들을 위한 성장을 생성시키는 가장 좋은 개념은 우리 자신이 우리만의 과정을 만든다는 것이다. 이 과정을 걸어가면서 우리는 격려의 힘, 용기를 북돋아 줌을 주고받을 수 있다. 우리는 다른 사람의 말에 귀를 기울이고 우리가 생각하는 점을 말할 수 있다. 우리는 경계선을 세우고 필요한 때에 자신을 돌볼 수 있다. 그러나 우리는 판단하지 않고 모든 것이 잘될 것이라는 믿음을 가지고, 우리 자신과 다른 사람들에게 자기만의 속도로 나아갈 권리를 주어야 한다.

　우리가 준비되고, 때가 왔고, 우리의 절대권자가 준비되었을 때, 우리는 우리가 알아야 할 것들을 알게 될 것이다.

우리 자신을 돌보는 것

다른 사람들의 감정과 필요한 것들에 대해서 고려하고 대답을 잘하는 것은 건강하고, 지혜롭고, 사랑스런 행동이다. 이것은 사람을 관리하는 것과는 다르다. 관리하는 것은 자멸적이고 확실한 관계도 파괴시키는 행동 양식이다. 이 행동은 역효과가 생기고 우리 자신이 희생될 수 있다고 느끼게 하는 원인이 된다. 왜냐하면 우리가 느끼고, 원하고, 필요한 것은 언젠가는 밖으로 나오게 되어 있기 때문이다.

예전의 정서적으로 관리하던 습관과 자신을 무시해 버리는 행동으로 돌아가 버린다고 해도 자신을 이해하도록 해라.

그러나 오늘 그 악순환을 멈춰라. 우리는 다른 사람들에 대해서 책임을 질 필요가 없다. 우리는 그 사람들에 대해 책임을 지지 않는다고 해서 죄의식을 느낄 필요가 없다. 우리는 우리의 욕구와 감정에 대해서 책임지는 것에 대해 좋게 생각하게 놔 둘 수 있다.

순진함을 놓아 버리는 것

인생은 우리를 시험에 들게 할 수 있다. 사람들은 우리의 약점을 찾아내려 할 수 있다. 우리 인생에서 시험되는 것들 중에서 우리는 공통요소를 찾을 수 있다. 만약 우리가 어떤 면에서 약한 점이 있다면 우리는 가족, 친구, 직장 동료, 이웃에 의해 반복적으로 시험에 들고 있는 우리를 발견할 수 있을 것이다. 인생, 사람들, 우리의 절대권자, 그리고 이 모든 세계가 어떤 특정한 것을 가르치려 하는지도 모른다.

그 교훈을 배우고 나면 우리는 그 면에 대한 문제가 점차 사라지는 것을 발견하게 될 것이다. 그 경계선은 세워졌고, 힘도 가지게 되었다. 지금으로서는 그 교훈은 얻은 것이다. 우리는 한동안 우리의 참을성을 끝까지 시험해 본 어떤 특정한 사람들에게 화를 내야 할 수도 있다. 그것은 괜찮다. 머지않아 우리는 그 분노를 잊어버리고 그것을 감사하는 마음으로 변화시킬 수 있다. 이 사람들은 우리가 어떤 것을 원하지 않고, 무엇을 참지 않을 것이며, 우리만의 힘을 어떻게 가질 것인지를 가르쳐 주기 위해 있는 것이다.

우리는 우리가 지금껏 배워 온 것에 대하여 그들에게 감사할 수 있다. 우리는 얼마나 참을 수 있는가? 우리는 다른 사람들이 우리를 어느 정도까지 끌고 가게 놔 둘 수 있는가? 우리의 분노와 직감을 어느 만큼이나 감소시킬 수 있는가? 우리의 한계는 어디에 있는가? 과연 그것들이 있는가? 만약 그것들이 없다면 우리는 큰 문제에 빠진 것이다. 다른 사람들을 믿지 않을 시기가 있다. 그러나 그 대신에 우리는 우리 주위에 있는 사람들과 우리 자신을 믿고 경계선을 세워야 한다.

기다리기를 배우는 것

나는 기다리는 것은 예술이고, 그리고 기다리는 것은 모든 일을 성사시킨다는 것을 깨닫기 시작하였다. 기다리는 것은 매우, 매우 강력해질 수 있다. 시간은 아주 소중한 것이다. 만약 당신이 2년을 기다릴 수 있다면, 당신은 오늘 성사시키지 못한 어떠한 것을 성사시킬 수 있다. 얼마나 열심히 일하였건 간에, 얼마나 많은 돈을 세상에 뿌렸건 간에, 벽에 자신의 머리를 얼마나 여러 번 내리쳤건 간에…….

- 『The Courage to Change』(Dennis Wholey)

지금 가장 성공적으로 살고 사랑하는 사람들은 기다리는 것을 성공적으로 배운 사람들이다. 많은 사람들이 기다리는 것과 침착성을 배우려는 것을 즐기지 않는다. 하지만 기다리는 것은 우리가 더 나은 것을 성사시키는 것을 도와줄 아주 강력한 도구이다.

우리는 우리가 원한다고 해서 항상 그것을 원하는 때에 그것을 가질 수 없다. 많은 이유 때문에 우리는 우리가 원하고, 가지고 싶은 것, 이루고 싶은 것이 지금 유효하지 않다. 우리가 미래에는 가질 수 있는 것을 지금은 그 무엇을 한다 해도 할 수 없거나 가질 수가 없다. 우리는 나중에 우리에게 쉽고 자연스럽게 올 것을 지금 이루기 위해서 자신을 미치게 만든다.

우리는 모든 것이 계획되어 있다는 것을 믿을 수 있다. 기다리는 것은 낭비하는 시간이 아니다. 우리 안에서, 혹은 다른 사람 안에서 나 이 세상에서 무슨 일이 일어나고 있다.

우리는 기다리는 동안 우리의 인생을 붙잡아 둘 필요가 없다. 우리는 우리의 관심사를 다른 곳으로 돌릴 수 있다. 우리는 그 사이에 받아들임과 감사하는 마음을 연습할 수 있다. 우리는 기다리는 동안 살아야 하는 인생이 있다는 것을 믿을 수 있다.

당신의 좌절과 조바심에 대해 처리하지만 기다리는 것에 배워라. 예부터 전해져 내려오는 말이 있다. "너는 원하는 것을 언제나 가질 수는 없다." 그런데 이 말이 완전히 맞는 것은 아니다. 인생에서 자주, 우리는 우리가 원하는 것—특히 우리 마음의 욕구들—을 우리가 기다리는 것만 배우면 얻을 수 있다.

오늘, 우리는 기다림의 예술을 배우기를 원한다. 만약 내가 어떤 일이 일어나기를 기다리고 있고 그 시기에 대해 제대로 조절하지 못하고 있는 것에 대해 무력함을 느낀다면, 나는 기다림을 배움으로써 그 유효한 힘에 집중할 것이다.

———

자기 폭로

자신을 부드럽게 노출시키는 것을 배우는 일은 관계에서 우리가 사랑과 친밀함에 얼마나 자신을 열어 놓았는지에 달려 있다.

많은 사람은 다른 사람들이 우리를 보거나 아프게 하는 것을 막아 주는 보호막 아래 숨어 있다. 우리는 그렇게까지 약하기를 원하지 않는다. 우리는 우리의 생각, 감정, 두려움, 약함, 그리고 어쩔 때는 힘까지도 남에게 노출시키고 싶지 않아 한다.

우리는 진정한 우리의 모습을 남이 보는 것이 싫고, 그들이 우리를 판단하고, 떠나고, 좋아하지 않게 될까 봐 두려워한다. 우리는 지금의 우리가 괜찮고, 우리 자신을 남에게 어떻게 드러내느냐에 대해서도 확실하지 않다. 말에 약한 것은 두려움을 줄 수 있다. 특히 우리를 남용하고, 학대하고, 교묘하게 이용하고, 우리를 감사히 여길 줄 모르는 사람들과 살았더라면 더 힘들 것이다. 아주 조금씩 우리는 자신을 드러내는 모험을 하는 것을 배울 수 있다. 우리는 다른 사람에게 우리 안의 진정한 사람을 폭로하기 시작한다. 우리는 안전한 사람들을 선택하고, 자신에 대해 작은 조각 하나하나씩 폭로하기 시작한다. 꽃처럼 우리는 매우 부드럽게 자신을 열어 놓는 것을 배운다. 우리는 햇빛이 비치고 따뜻함이 있을 때 그렇게 할 것이다.

회복

우리의 문제를 남에게 덮어씌우는 일은 정말 쉽다. "저 남자가 하는 것 좀 봐." "내가 얼마나 기다렸는지 알아?" "왜 그녀가 전화를 하지 않지?" "그가 바뀐다면 나는 얼마나 기뻐질지……."

우리의 비난은 자주 이런 식으로 정당화된다. 우리는 아마도 아프고 좌절감을 느끼고 있을 것이다. 그럴 때 우리는 고통과 좌절감을 해결해 줄 수 있는 것은 그 사람에게 우리가 원하는 일을 하게 하거나, 아니면 우리가 원하는 결과를 가지는 것이라고 굳게 믿고 있다. 그러나 이 자멸적인 착각은 우리 인생의 힘과 지배권을 다른 사람들의 손에 맡기는 결과를 낳는다. 이것을 우리는 '종속적인 것'이라고 부른다.

우리의 고통과 좌절의 열쇠는 우리의 감정을 인식하는 것이다. 우리는 분노와 비통함을 느낀다. 그리고 나서 우리는 그 감정들을 놓아 버리고 우리 안에서 평안을 찾는다. 우리는 자신에게 그러하다고 설득했는지는 몰라도 우리의 기쁨이 다른 사람에 의해 지배되는 것이 아니라는 것을 알고 있다. 우리는 이것을 '받아들임'이라고 부른다.

우리는 우리의 상황이 다르기를 원하나, 이렇게 일어나는 것은 다 어떠한 이유가 있어서 그런 것이라고 생각할 수 있다. 이 게임에서 우리가 이해하지 못하는 더 심오한 목적과 계획이 있을지도 모른다. 우리는 이것을 '신뢰'라고 부른다.

우리는 우리가 해야 할 일이 무엇인지, 자신을 돌보기 위해 우리의 힘을 가지고 무엇을 해야 하는지를 결정해야 한다. 이것을 우리는 '회복'이라고 한다.

다른 사람에게 손가락을 향하는 것은 쉬운 일이나, 자신에게 부드럽게 향하게 하는 것이 더 보람 있는 일이다.

자신에게 부드럽게 하는 것

변화와 잃어버림에 적응하는 과정은 에너지를 요한다. 비통함을
다 빨아 내리고 어떤 때는 굉장히 우리를 피로하게 한다.

우리는 평소보다 더 피곤함을 느낄 수 있다. 삶에서의 다른 면에서
작용하는 능력이 일시적으로 줄어들 수 있다. 우리는 침실 안에 안전
하게 숨고 싶을 수 있다.

비통함은 굉장히 힘든 것이다. 이것은 우리를 무너뜨릴 수 있다.

변화와 슬픔을 견디는 동안 자신에게 부드럽게 대해도 된다. 그렇
다. 우리는 회복의 훈계들을 유지하고 싶다. 그러나 우리는 자신에게
동정심을 가져도 된다.

우리는 이 시기에 우리가 자유롭게 할 수 있는 만큼보다 더 많은
것을 기대하지 않아도 된다. 우리가 보통 적당하게 기대하는 만큼 자
신에게 기대하지 않아도 된다.

본질 위의 형체

내가 내 인생의 대부분을 본질 대신 형체에만 너무 집중해 있었다
는 것을 많은 이유에 의해서 배우고 있다. 나의 관심사는 머리를
완벽하게 정리하고, 바른 옷을 입고, 화장을 꼼꼼하게 하고, 바른
곳에 살고, 가구를 그 집에 딱 맞는 것을 선택하고, 좋은 직장에서
일하고, 이상적인 남자를 만나는 것에 있었다.

- 무명씨

최고로 보이길 원하는 바람에 잘못된 점은 없다. 우리가 자신, 관
계, 인생을 최고로 만들어 나가려고 애쓰든 간에 우리는 우리가 어떻
게 보이고 싶은지에 대한 확신이 있어야 한다.

형체는 우리에게 어떻게 시작할 것인가를 제시해 준다. 그러나 우
리 대부분에게 형체는 본질을 대신하는 것이 되어 왔다. 우리는 두려
움과 열등감을 메꾸려고 형체에 그렇게 집중하였는지도 모른다. 우
리는 본질에 어떻게 초점을 맞추는지 몰라서 형체에 초점을 두었는
지도 모른다.

형체는 단지 윤곽이고, 본질이 그 안을 채운다. 우리는 인생의 윤
곽을 최선을 다하여서 확신을 가지고 채우는 것이다.

오늘, 나는 내 인생의 본질에 초점을 맞출 것이
다. 나는 내 자신의 선들을 진짜 사람인 나로 채
울 것이다. 나는 내 관계들의 겉보기가 아니라
본질에 충실할 것이다. 나는 내 인생의 부속물
이 아니라 실제 일에 집중할 것이다.

지배

내가 살아가야 한다는 사실이 너무나도 두렵고 그것에 압도당한 나머지 나는 앞으로 5년 후의 날까지 매일매일의 계획을 세우던 때가 있었다. 나는 내가 해야 할 모든 자질구레한 일, 그것들을 언제 할지를, 휴식을 취할 때가 언제인지를 다 포함하고 싶었다. 나는 너무나도 당황스런 기분을 어느 정도 정리하고 싶었다. 나는 내가 지배하고 있다는 느낌을 받고 싶었다.

- 무명씨

두려움, 공포, 그리고 무력함에 대한 직접적 반응은 지배하는 것이다. 이것은 압도당한 느낌과 믿지 못하는 것에 대한 반응이다.

우리는 우리 자신, 절대권자, 그 계획, 이 세상, 인생의 과정을 믿지 않을 수 있다. 믿는 대신에 지배로 되돌아가는 것이다.

우리는 두려움에 대응함으로써 이 필요한 것에 다가갈 수 있다. 우리는 우리 자신, 절대권자, 이 세상의 사랑과 격려, 그 계획, 그리고 인생과 회복이라고 하는 과정을 믿으면서 두려움에 대처할 수 있다.

우리는 그 지시대로 듣고 행동할 것이다. 우리는 여행에 필요한 모든 것을 오늘 하루에 다 받지 않을 것이다. 우리는 오늘 필요한 만큼만, 내일은 내일 필요한 만큼만 받을 것이다. 우리는 전체 여행을 위한 모든 필수품을 지니고 다니지 않도록 의도되었다. 만약 그러하다면, 우리의 부담은 너무나 커지게 된다.

320

당신을 믿어라. 계획하고, 규제하고, 예정표를 짤 필요가 없다. 그 시간표와 계획은 벌써 만들어져 있다. 우리가 해야 할 일은 그냥 따라가기만 하는 것이다.

그 길은 명확하고 그 공급은 충분하게 한 번에 하루씩 주어질 것이다. 친구여, 오늘을 믿어라.

대혼란을 놓아 버리는 것

좋은 일은 불안한 마음으로 만들어지지 않는다.

근심, 두려움, 분노나 슬픔이 우리에게 동기를 부여할 수 있다. 그러나 우리의 최고의 업적은 이 감정들이 평안과 바뀌었을 때 나타날 수 있다.

우리는 우리의 일을 급함, 두려움, 노여움이나 슬픔으로 행하면서 더 빨리, 더 잘 성사시키지 않을 것이다.

마음속의 불안을 놓아 버려라. 그리고 그 공간을 평안이 채우도록 해라. 우리는 우리의 힘, 우리의 평안을 상실한 채 오늘 해야 할 일을 할 필요가 없다. 우리는 때가 되면 우리가 하기로 되어 있는 일을 할 수 있을 만큼의 충분한 힘이 주어질 것이다.

평안이 먼저 오게 하라. 그리고 나서 나아가라. 일은 자연적으로 시간 내에 마무리될 것이다.

오늘, 나는 평안을 먼저 찾을 것이고, 그것을 바탕으로 나의 일과 인생이 나타나게 할 것이다.

우리 자신과 솔직한 것

우리 자신과의 관계는 우리가 유지해야 하는 관계 중에서도 가장 중요하다. 그 관계의 질은 우리의 다른 관계들의 질을 결정짓는다.

우리가 어떻게 느끼는지를 자신에게 말할 수 있고, 우리의 감정을 받아들일 수 있다면 우리는 다른 사람들에게도 말할 수 있다.

우리가 원하고 필요한 것을 받아들일 수 있다면, 우리는 우리의 원하는 것과 필요한 것을 충족시킬 수 있다.

우리가 생각하고 믿는 것을 받아들일 수 있고, 무엇이 중요한지를 받아들일 수 있다면 우리는 이것을 다른 사람에게 이것을 전해 줄 수 있다.

우리 자신을 심각하게 받아들이는 것을 배운다면, 다른 사람들도 그렇게 할 수 있다.

오늘, 내 자신과 좋은 관계를 유지하는 데 집중할 것이다.

감정과 포기

포기하는 것은 굉장히 개인적이고 영적인 경험이다.

포기는 우리 머릿속으로 할 수 있는 것이 절대로 아니다. 이것은 강제로 하거나 정신력으로 할 수 있는 것이 아니다. 이것은 우리가 경험하는 것이다.

받아들이기나 포기하는 것은 아주 깨끗하고 잘 포장된 꾸러미가 아니다. 이것은 보통 방출과 안심 뒤에 따르는 노여움, 분노, 그리고 슬픔과 같은 다루기 힘든 감정들로 가득찬 꾸러미이다.

우리는 보호받고 있다. 우리는 인도되고 있다. 좋은 일은 우리에게 일어나도록 계획되고 있다. 지금 다음 단계가 행해지고 있다. 포기는 우리를 앞으로 나아가도록 도와주는 하나의 과정이다. 이 방법으로 절대권자는 우리를 앞으로 나아가게 하신다. 이 영적인 경험을 겪으면서 시기의 적당함과 저 건너편에 자유가 우리를 기다리고 있다는 것을 믿어라.

나는 내 인생에서 포기하는 과정에 내 자신을 열어 놓을 것이다. 나는 어색하고 세력이 있는 감정을 내 자신이 방출하게 할 것이다.

책 내다 버리기

많은 사람은 규율이 적혀 있는 책, 현미경, 그리고 이 삶을 겪어나가기 위한 보증서가 필요하다고 느낀다. 우리는 확실하지 않고 두려움을 느낀다. 우리는 무엇이 일어날 것이고, 어떻게 행동해야 하는지에 대한 확신을 얻고 싶어 한다.

우리는 자신이나 인생을 믿지 않는다. 우리는 그 계획을 믿지 않는다. 우리는 규제를 받고 싶다.

"나는 내 선택에 대해 아주 끔찍한 실수를 저질렀다. 그 실수는 나를 거의 파멸시킬 뻔했다. 인생은 나를 진정으로 충격받게 하였다. 어떻게 내 자신을 믿을 수 있지? 내가 겪은 것을 다시 돌아볼 때 어떻게 내가 인생과 나의 본능을 믿을 수 있을까?"라고 한 여인이 물었다.

우리가 종속적인 관계의 바닥에서 헤매고 있던 시절을 고려해 보면 우리가 다시 뭉개지는 것을 두려워한다는 것은 이해할 만하다. 우리는 두려워할 필요가 없다. 우리는 우리 자신, 우리의 행로, 우리의 본능을 믿을 수 있다.

우리는 지금 우리의 과거를 놓아 버리고 자신을 믿을 수 있다. 우리는 우리의 과거로 현재의 우리를 처벌할 필요가 없다. 우리는 규율책, 현미경, 보증서 등이 필요 없다. 우리가 필요한 것은 단지 거울 하나뿐이다. 우리는 그 거울을 들여다보고 "나는 너를 믿어. 어떠한 일이 일어나든지 간에 너는 너 자신을 돌볼 수 있어. 그리고 일어나는 모든 일은 네가 생각하는 것보다 계속해서 좋을 거야."

———

우리의 좋은 점들

우리는 부정적인 것에 대하여 우리 자신의 목록에 한계를 지울 필요가 없다. 우리의 종속적인 관계에서 무엇이 잘못 되었느냐에 초점을 맞추는 것이 아주 핵심적인 문제이다.

솔직하고 두려움 없이 물어보라.

"내가 옳은 점이 무엇이냐? 나의 좋은 점이 무엇이냐?"

"내가 사랑스럽고, 돌볼 줄 알고, 영양분을 주는 사람인가?

우리는 다른 사람들을 돌보는 과정에서 자신 사랑하기를 무시해 버렸을 수도 있다. 그러나 영양을 주는 것은 자신의 자산이다.

"내가 특별히 잘하는 것이 있나?" "나에게 강한 믿음이 있나?" "남들이 필요로 할 때 내가 큰 도움이 되나?" "내가 팀원으로서 좋은가, 아니면 리더로서 좋은가?" "내가 말을 잘하나?" "내가 유머가 있나?" "내가 사람들을 기쁘게 하나?" "내가 남들을 편안하게 잘 하나?" "내가 아무것도 아닌 상태에서 좋은 것으로 만들어 낼 능력이 있는가?"

이것들은 성격의 자산이다. 우리는 이것으로 극단적으로 행동을 하였을 수도 있으나, 그것은 괜찮다. 우리는 지금 균형 있게 사는 방향으로 가고 있으니까 말이다.

오늘, 나는 내 자신에 대해 옳은 것에 초점을
둘 것이다. 나는 내가 세상에서 돌보았던 것을
내 자신에게도 줄 것이다.

사랑으로 분리하는 것

우리가 사랑하는 사람들은 때때로 우리가 좋아하지 않거나 인정하지 않는 일을 한다. 우리는 반응한다. 그들은 반응한다. 머지않아 우리는 서로에 대해 반응하면서 문제는 차츰 확대된다.

우리는 언제 분리하나? 우리가 분노, 두려움, 죄의식이나 수치심의 반응을 하게 될 때, 우리가 그런 힘의 싸움에 말려들어서 그들을 지배하려 하거나 그들이 원하지 않는 일을 강제로 하게 하려고 만들 때, 우리가 반응하는 것이 그 사람을 전혀 돕지 못하거나 문제를 해결할 기미가 보이지 않을 때, 우리가 반응하는 방법이 우리를 아프게 할 때…….

잠시 산책을 하여라. 그 방에서 잠시 나가 있어라. 사람들과 만나라. 아주 긴 뜨거운 목욕을 하여라. 친구에게 전화를 걸어라. 하나님을 불러라. 숨을 깊게 들이마셔라. 평안을 찾아라. 그러면 그 평안의 복음자리에서 해답이 나타날 것이다.

오늘, 나는 포기하고 해결책이 근처에 있다는 것을 믿을 것이다.

금전적인 책임

"나는 처음에는 돈을 많이 벌지는 못했지만, 보상을 한다는 것이 나에게는 더 중요하였다. 나는 몇 년 동안 내지 않은 청구서들이 있었다. 나는 새로운 청구서들에는 충실하려고 노력하였다. 나는 내가 중독되기 전에는 돈이 더 많이 있었다. 그러나 시간이 지나면서 차츰 차츰 나의 금전적인 상황은 정리가 되기 시작하였다. 나는 신용을 되찾았고, 은행 계좌도 열 수가 있었다. 나는 은행에 돈이 조금 있게 되었다.

"그리고 나서 나는 알코올중독자와 결혼했고 나의 종속 관계를 아주 힘든 방법으로 배웠다. 나는 내 자신, 감정, 정신적으로 온전함, 그리고 지금까지 쌓아 왔던 금전적인 것들을 다 잃어버렸다. 나와 남편은 함께 은행 계좌를 열었고 돈이 은행에 없음에도 계속해서 수표를 사용해서 결국은 은행 계좌를 가질 권리를 다시 빼앗기고 말았다. 나는 그가 내 신용카드를 사용하게 놔 두었다." 우리는 차츰차츰 가라앉고 있는 배를 떠 있게 하려고 계속해서 돈을 빌리고 빌렸다. "특히 부모에게서 많이 빌렸다."라고 그녀는 말했다.

"종속 관계에서 내가 회복을 시작했을 때, 나는 다시 정말로 큰 금전적인 궁지에 빠지게 되었다. 나는 분노했으나 누가 무엇을 했는지는 더 이상 중요하지 않았다. 나는 내가 살면서 다시 수습할 수 없을지도 모르는 금전적인 문제를 직면하게 되었다."

하루에 한 번씩, 우리는 회복 안에서 정신적으로, 정서적으로, 영적으로, 육체적으로, 그리고 금전적으로 복구될 수 있다. 우리는 현실을 잽싸게 피하는 것이 아니라 마침내 직면하는 것이기에 상황이 호전되기 전에 더욱 나빠질 수도 있다. 그러나 일단 한 번 자신을 금전적으로 책임지기를 결정하였다면 좋아질 것이다.

현재의 금전 상황이 어떠하든 간에 제 인생을 계속해 나갈 수 있도록 도와주십시오. 제가 보상하고 책임지기를 원한다면 모든 일은 잘 풀려 나갈 것이라는 것을 믿을 것입니다.

자신의 것을 소유하는 것

네 자신을 믿어라. 네가 알고 있는 것을 믿어라.

어떤 때는 우리 자신의 진실 위에 서 있으면서 우리가 알고 있는 것을 믿는 것은 힘들다. 특히 다른 사람들이 우리가 다르게 생각하도록 설득한다면 더욱 그러하다.

이런 경우에는 다른 사람들이 죄의식과 수치심의 문제에 대처하고 있을지도 모른다. 그들은 그들만의 일정이 있을 것이다. 그들은 부인에 열중하고 있을지도 모른다. 그들은 우리가 알고 있는 것을 우리가 모른다고 믿게 하고 싶은 것이다. 그들은 우리가 자신을 믿기를 원하지 않는다. 그들은 어리석은 말로 우리를 끌어당긴다.

우리는 우리의 진실과 힘을 다른 사람에게 박탈당할 필요가 없다. 그것은 종속적인 행동이다.

거짓말을 믿는 것은 매우 위험한 일이다. 우리의 진실을 믿기를 멈출 때, 우리의 본능을 억누를 때, 우리가 느끼는 것을 느끼고, 믿는 것을 믿는 것이 우리가 잘못되었기에 그러하다고 생각할 때, 우리는 자신과 건강에 아주 치명적인 강타를 가하는 것이다.

우리는 우리의 진실을 알고 있는 매우 중요한 부분을 우리 중심에서 잘라 버린다. 우리는 미칠 것만 같게 된다. 우리는 수치심과 두려움, 혼돈에 빠진다. 우리 밑에 있던 깔개를 어떤 사람이 확 빼 간다면 우리는 무슨 태도를 가져야 할지를 모르게 된다.

아침 신호

매일 우리에게 첫 번째로 주어지는 중요한 메시지가 있다.

우리가 하루를 시작하면, 아침에 일어나자마자 보다 자신과 인생에 귀를 덜 기울인다.

자신에게 귀를 기울일 가장 이상적인 시간은 우리가 조용히 아무런 방어를 하지 않는 상태이다. 이때 우리 마음은 열려 있고, 가장 말에 약할 때이다.

우리 마음에 첫 번째로 흘러들어 오는 생각은 무엇인가? 혹시 그 생각이 오늘 하루의 일을 피하려는 감정인가? 우리는 화가 났거나, 좌절했거나, 다쳤거나, 혼란스러웠나? 이것이 우리가 초점을 맞추고 해결해야 할 일이다. 이것이 우리가 말을 할 문제이다.

잠에서 막 깨어났을 때, 제일 처음 드는 생각이 무엇인가? 우리가 시간을 지켜야 하는 프로젝트를 끝마쳐야 하는가? 부정적인 생각부터 하게 되는가? 어떤 사람과 해결해야 할 문제가 있는가?

누군가에게 어떠한 말을 해야 하는가? 무엇이 당신을 괴롭히고 있나? 어떤 특정한 것에 기분이 좋은가?

인생의 조화에 저항하는 저의 생각을 놓아 버릴
수 있도록 도와주십시오. 제가 흐름에 따라가고
저에게 제공해 주시는 도움과 격려의 힘을 받아
들일 수 있도록 해 주십시오.

자신을 사랑에 열어 놓는 것

우리를 위해서 여태껏 기다린 사랑을 우리는 받을 준비가 되어 있고 인식할 것이다. 우리는 친구들의 사랑을 느끼고 감사히 여길 것이다. 우리는 가족에게서 오는 사랑을 알아채고 즐길 것이다. 우리는 특별한 사랑의 관계에서도 사랑을 받을 준비가 될 것이다. 우리는 안전하지 못한 사람들—우리를 착취하거나, 관계에 함께 관여하고 싶지 않은 사람들—의 사랑을 받을 필요는 없다.

유효한 사랑은 얼마든지 많다. 그 사랑은 마음을 치유하고, 욕구를 충족시키고, 영혼이 노래 부르게 한다.

우리는 자신을 너무나도 오랫동안 부인해 왔다. 우리는 너무나도 오랫동안 희생양이 되어 왔다. 우리는 너무 많이 주기만 했고, 너무 조금만 받았다. 우리는 우리의 치러야 할 것들을 치렀다. 이제는 받는 것을 허용하면서 주고받는 순환을 계속해야 한다.

오늘, 나는 이 세상에서 나에게로 오는 사랑에 나를 열어놓을 것이다. 나는 그것이 도달하면 받아들이고 즐길 것이다.

과거를 놓아 버리는 것

사람들은 우리가 선택했다고 한다. 우리가 우리의 인생—사건들, 사람들, 완전하게 배워야 할 교훈을 배우고 문제를 해결하기 위해 일어날 모든 상황—을 설계하는 데 참여했다는 것이다.

우리의 철학이 무엇이든 간에 우리의 해석은 다 비슷하다. 과거는 결코 사고나 실수가 아니다. 우리는 필요한 사람들과 같이 우리가 있어야 할 곳에 있었던 것이다. 우리는 우리의 과거를, 그것의 고통, 불완전함, 실수, 비극을 수용할 수 있다. 이것들은 우리만의 특별한 것이다. 이것은 우리만을 위해 의도된 것들이다.

오늘, 우리는 지금 있어야 할 곳에 와 있는 것이다. 우리의 현재 상황은 지금 있어야 할 곳에 와 있다.

명확성

우리가 어떠한 경험을 하고 있는 중에는 거기에 계획이 있다는 것을 잊어버리기가 쉽다. 어떤 때는 오늘 하루밖에 보지 못한다.

만약 우리가 어떤 텔레비전 프로그램을 한 2분 정도밖에 보지 않았다면, 그것을 잘 이해할 수 없을 것이다. 그것은 연결되지 않는 사건이다.

만약 우리가 어떤 사람이 벽걸이용 융단을 짜고 있는 것을 구경하고 있는데 아주 작은 조각만 잠시 동안 들여다보았다면 그것이 아름답게 보이지 않을 것이다. 그것은 그냥 독특한 실들이 일관성 없이 놓인 것이라고만 생각할 것이다.

우리가 인생을 바라볼 때 얼마나 자주 이런 한정된 시야를 가지고 바라보았나. 특히 힘든 시기를 거치는 과정에서는 더욱 그러하였다. 우리는 그런 혼란스럽고, 힘든 배우는 시기를 거치는 동안에 시야를 넓히는 법을 배울 수 있다. 우리가 느끼고, 생각하고, 질문을 하게 된다면 우리는 아주 중요한 것을 배우는 중간 과정에 있는 것이다.

오늘, 나는 내 인생의 사건들은 일관성이 없다고 생각하지 않을 것이다. 나의 경험들은 실수가 아니다. 이 세상, 절대권자, 그리고 인생은 나를 헐뜯는 것이 아니다.

336

묵상과 기도

묵상은 집착과 걱정하는 것과 다르다. 집착과 걱정하는 것은 두려움과 연결되어 있다. 묵상은 우리의 마음과 영적인 에너지를 하나님과의 연결에 열어놓는 것을 의미한다.

우리의 하루와 인생의 바쁜 가운데에서 잠시 속도를 낮추는 것, 하던 것을 멈추는 것, 그리고 잠시 휴식을 취하는 것이 시간 낭비라는 생각이 들지도 모른다. 그러나 이것은 자동차의 휘발유가 바닥 나서 잠시 주유소에서 기름을 넣는 만큼의 시간 낭비밖에 되질 않는다.

이것은 꼭 필요하고, 이득이 되고, 시간을 아끼는 일이다. 사실, 명상은 우리가 일부러 만들려는 것보다 더 많은 시간과 에너지를 창조해 낸다. 곧바로 해답과 통찰력과 영감을 얻을 것이라는 생각은 옳지 않다.

그러나 해답은 오고 있다. 만약 우리가 해야 할 일인 묵상과 기도를 하고 나머지를 놓아 버렸다면 그들은 벌써 오고 있다.

받아들임

마법적인 물약이 우리에게 오늘 유효하다.

그 물약은 받아들임이라고 한다.

우리는 많은 것을 받아들이라고 강요당한다.

우리 자신, 우리의 감정, 필요한 것들, 욕구, 선택, 그리고 지금 이 상태, 다른 사람들은 또 그들 나름대로 그러하다.

그들과의 관계의 현재 상태, 문제들, 축복, 금전 상태, 우리가 살고 있는 곳, 직장, 일, 그리고 이것들을 실행하는 데 필요한 능력……

저항하는 것은 원하지 않는 것들을 없애 주지 못할 뿐만 아니라 우리를 앞으로 나아가지 못하게 한다. 그러나 우리의 저항도 어느 정도는 받아들여져야 한다. 저항하는 것은 변화에 의해 생겨나고 변화된다.

받아들임은 변화를 가능하게 하는 마법이다. 이것은 지금 이 순간을 위한 것이지 영원한 것은 아니다.

받아들임은 현재 우리의 상황을 좋게 만드는 마법이다.

이것은 평화와 만족감을 가져오며 성장하고, 변화하고, 앞으로 나아가게 하는 데 문을 열어 준다.

오늘, 나는 받아들일 것이다. 나는 내 자신과 환
경에 저항해야 한다는 필요성을 버릴 것이다.
나는 포기할 것이다. 나는 만족감과 감사하는
마음을 경작하게 될 것이다. 나는 내가 지금 와
있는 만큼을 받아들이면서 앞으로 나아갈 것
이다.

자신을 소중히 여김

우리는 자신만의 진짜 인생이 있다. 그렇다. 우리는 가지고 있다. 우리를 제외한 모든 사람이 중요하고, 소중하고, 더 나은 인생을 가지고 있다는 빈 생각은 과거의 잔여물이다. 이것 또한 정확하지 않은 자멸적인 행동이다. 우리는 실제로 존재한다. 우리의 인생 또한 그러하다. 그것에 뛰어들어라. 그리고 어떻게 되는지 보자.

우리의 모든 필요한 것들

우리의 임무는 우리의 근원과 조화를 이루도록 자신을 허용하는 일이다. 우리는 우리의 진정한 근원을 믿고, 바라보아야 한다. 우리의 임무는 두려움, 부정적인 생각, 한계, 그리고 받을 은혜가 없다는 생각을 방출해야 한다.

우리가 필요할 것 모두는 다 공급될 것이다. 그것이 모든 상황에 자연적인 대답이 되게 하여라.

두려움을 거절해라. 받을 은혜가 없다는 생각과 한정적으로 생각하는 것을 거절해라. 무한함에 마음을 열어라.

우리가 필요한 것을 소중히 해라. 왜냐하면 그것은 우리와 하나님과 그 세계와의 관계이기 때문이다. 하나님은 우리가 필요한 모든 것을 충족시키려고 계획하셨고, 당신이 그것들을 공급하기 위하여 그 필요한 것들을 우리 안에 만들어 놓으셨다.

슬픔을 통한 변화

우리는 수용하는 방법을 배우려 노력한다. 즉, 우리 자신, 우리 과거, 다른 사람들, 그리고 우리의 현재 상황을 수용하는 방법을 배우려 노력한다. 수용은 평화, 치유, 그리고 자유—우리 자신을 돌볼 수 있는 자유—를 가져다준다.

수용은 한 단계 과정이 아니다. 수용을 성취하기 전에, 우리는 부정, 노여움, 협상, 그리고 슬픔의 단계를 거친다. 우리는 이러한 단계를 슬픔 과정이라 부른다. 슬픔은 좌절에 빠지게 할 수 있다. 슬픔은 혼란스러울 수 있다. 우리는 슬픔과 부정 사이에서 오락가락 할 수 있다. 우리의 행동은 오락가락할 수 있다. 다른 사람은 우리를 이해하지 못할 수 있다. 우리가 손실을 슬퍼하는 동안, 우리는 우리 자신과 우리 행동을 이해하지 못할 수 있다. 그러다 어느 날, 모든 것이 명확해진다. 안개가 걷히고, 우리는 우리가 특정 현실을 직면하고 수용하기 위해 몸부림치고 있었다는 것을 알게 된다.

걱정하지 말라. 우리가 자신을 돌보기 위한 단계를 밟고 있다면, 우리는 정확한 페이스로 이 과정을 극복할 것이다. 우리가 변화를 겪는 이 인간적인 방식을 봤을 때, 자신과 타인을 이해하도록 하라.

슬픔 과정

우리는 어떻게 슬퍼할까?

어색하게. 불완전하게. 주로 많은 저항과 함께. 종종 노여움과 함께 그리고 협상하기 위한 시도와 함께. 궁극적으로 고통에 항복함으로써…….

엘리자베스 큐블러-로스(Elisabeth Kubler-Ross)가 말하길, 슬픔 과정은 다섯 단계의 과정이라 했다. 부정, 노여움, 협상, 슬픔, 그리고 마지막으로 수용. 이것이 우리가 슬퍼하는 방법이다. 이것이 우리가 수용하는 방법이다. 이것이 우리가 용서하는 방법이다. 이것이 삶이 우리의 길에 던지는 많은 변화에 우리가 반응하는 방법이다.

우리는 이 슬픔 과정을 이해하는 방법과 이것이 회복에 적용될 수 있는 방법에 대해 배울 수 있다. 회복의 좋은 변화조차 손실을 그리고 궁극적으로는 슬픔을 가져올 수 있다. 우리는 이러한 과정을 이해하고, 이에 친숙해짐으로써 자신과 타인을 도울 수 있는 방법에 대해 배울 수 있다. 즐거움과 사랑을 느끼기 위해, 우리는 손실을 완전히 슬퍼하는 방법, 고통을 느끼는 방법, 수용하는 방법, 용서하는 방법에 대해 배울 수 있다.

부정

부정은 우리가 종속이라 부르는 행동(통제, 다른 사람에게 집중하는 것, 그리고 자시 자신을 소홀히 하는 것)의 비옥한 생산지이다. 병이나 충동적이거나 중독적 행동 또한 부정의 단계에서 나타날 수 있는 것이다.

부정은 수면과 비슷하기 때문에 혼란스러울 수 있다. 그래서 우리가 부정행위를 끝내기 전에는 우리가 부정하고 있다는 사실을 인식하지 못할 수 있다. 진실을 직면하도록 자신이나 다른 누군가를 강요하는 것은 보통 도움이 안 된다. 준비가 될 때까지는 우리는 사실을 직면하지 않을 것이다. 다른 사람들도 그럴 것이다. 우리가 순간적으로 그 진실을 인정할 수는 있으나, 우리가 안전하다고 느끼고 그 진실을 감당하고 대처할 충분한 준비가 될 때까지는 우리가 알고 있는 것을 자신이 알도록 하지 않을 것이다.

사랑, 지지, 용기, 그리고 확언이 무엇인가를 아는 친구들과 얘기하는 것은 도움이 된다. 자기 자신을 부드럽게 대하고, 자신을 사랑하고 확언하는 것은 도움이 된다. 우리를 인도하고 우리가 변화를 잘 극복할 수 있도록 해 달라고 우리 자신과 우리의 높으신 분에게 요청하는 것은 도움이 된다.

노여움

　노여움을 느끼는 것, 그리고 때때로 슬픔을 비난하는 행동을 느끼는 것은 손실과 변화를 수용하기 위해 자연스럽고 필요한 부분이다. 우리가 부정에서 수용으로 다가갈 때, 우리는 자신과 타인이 화내는 것을 내버려 두어도 된다.

　손실과 변화와 같은 것을 직면하게 되면, 우린 자신이나 위대한 힘, 그리고 다른 사람들을 비난할 수 있다. 그 비난받는 자는 손실과 연관된 사람일 수도 있고, 순진한 방관자일 수도 있다. 자신이 다음과 같이 말하는 것을 들을 수 있다.

　"그가 그 일을 하기만 했으면…… 내가 그 일을 하지 않았더라면…… 왜 신은 다르게 하시지 않았을까?"

　우리는 비난이 별로 도움이 되지 않는다는 것을 안다. 회복을 할 때, 주의해야 할 것은 비난이 아닌 자기 책임과 개인적 책무이다. 궁극적으로 항복과 자기 책임만이 우리를 전진시킬 수 있는 개념이다. 하지만 그 단계에 이르기 위해서는, 우리는 자신이 화내는 것을 허락하고 때로는 비난에 탐닉할 수 있도록 해야 한다.

협상하기

수용의 단계에서 가장 좌절스러운 단계 중의 하나는 바로 협상 단계이다. 부정의 단계에는 환희가 있다. 노여움의 단계에서는 힘이 느껴진다. 협상의 단계에서는 우린 어떠한 것들을 변화시키기 위해 우리가 무엇인가를 할 수 있다는 믿음과 그렇지 못하다는 인식 사이에서 오락가락한다.

우리는 희망을 갖고 또 갖지만, 그 희망은 부서질 뿐이다.

우리 중 다수는 현실과 타협하기 위해 자신을 많이 변화시켰다. 우리 중 일부는 수용을 성취했을 때는 불합리하게 보이는 것을 행했을 수 있다.

"내가 더 나은 사람이 되고자 노력한다면, 이런 일이 일어나지 않을 거야……. 내가 좀 더 예쁘고, 집을 더 깨끗이 하고, 체중을 줄이고, 더 많이 웃고, 놓아 버리고, 더 확고히 견디고, 눈을 감고 10까지 세고, 소리를 지르면, 난 이와 같은 손실과 변화를 직면하지 않아도 될 거야……."

현실을 수용하는 데 있어 다른 대체 방법은 없다. 현실 수용이 우리의 목표이다. 하지만 그 길을 가는 도중 우린 협상하려는 시도를 할 수 있다. 현실을 직시하려고 하는 시도를 인식하는 것은 우리의 삶을 감당하는 데 도움이 된다.

삶을 즐기는 것

오늘 재미있는 일을 하라.

쉬고 있다면, 죄의식 없이, 끝마치지 못한 일에 대한 걱정 없이, 쉬어라. 사랑하는 사람과 있다면, 당신이 그들을 사랑할 수 있도록 하고, 그들이 당신을 사랑할 수 있도록 하라. 친밀감을 느낄 수 있도록 하라. 당신의 일을 즐길 수 있도록 하라. 이 또한 즐거운 일일 수 있다. 재미있는 일을 하고 있다면, 그것을 즐겨라. 무엇이 기분을 좋게 해 줄까? 당신은 무엇을 즐기나? 손을 뻗칠 수 있는 긍정적 기쁨이 주위에 있나? 빠져들어라.

회복이 고통을 멈추는 것만을 의미하지 않는다. 회복이란, 자신을 더 기분 좋게 만드는 방법에 대해 배우는 것이다. 그다음, 자신을 더 기분 좋게 만드는 것에 관한 것이다. 당신의 하루를 즐겨라.

관계에서 오는 선물

각각의 관계에는 우리에게 다가오는 선물이 있다.

때로는 그 선물이 우리가 습득하기 위해 배우는 행동일 때가 있다. 분리, 자기존중, 경계선을 설정할 만큼 확신하는 것, 아니면, 다른 방식으로 우리의 힘을 소유하는 것.

어떠한 관계는 우리의 치유의 방아쇠를 당겨 준다. 즉, 과거의 사건이나 오늘날 우리가 직면하고 있는 일로부터 치유하는 것의 불씨가 되어 준다.

때로는 우리를 도와주리라 기대하지도 않았던 사람들로부터 가장 중요한 가르침을 얻고 있는 자신을 발견한다. 관계는 자신과 타인을 사랑하는 것에 관해 우리에게 가르침을 줄 수 있다. 또는 다른 사람이 우리를 사랑하게 허락하는 것에 관한 가르침을 줄 수 있다. 때로는 우리가 배우고 있는 가르침이 무엇인지 명확하지 않을 때도 있다. 특히, 우리가 과정의 중간에 있을 때는 이것이 심할 수 있다. 하지만 가르침과 선물이 그곳에 있음을 믿어도 된다. 우리는 이 과정을 통제하지 않아도 된다. 때가 되면, 우린 이해할 것이다. 우리는 또한 그 선물이 우리가 필요로 하는 것임을 믿어도 된다.

자신에게 진실하기

밤이 낮을 뒤따르는 것처럼, 스스로에게 진실된 자는 다른 사람에게도 거짓될 수 없다.

- William Shakespeare

'자신에게 진실해라.'라는 말은 다른 사람의 필요와 감정의 폭풍에 휩싸이게 되는 우리에게 기초적인 말이다.

스스로에게 귀를 기울여라. 우리가 필요한 것이 무엇인가? 그 필요가 충족되고 있는가? 우리가 느끼는 것은 무엇인가? 우리의 감정을 돌보기 위해 우리가 해야 하는 일은 무엇인가? 우리 자신과 우리가 가야 하는 방향에 대해 우리 감정이 말해 주고 있는 것은 무엇인가?

우리가 하고 싶은 일, 하고 싶은 말은 무엇인가? 우리의 본능이 무엇을 말하고 있는가? 이것들을 믿어라. 이것들이 말이 안 되는 것 같고, 다른 사람의 규칙이나 기대에 부합하지 않는다 하더라도 이것들을 믿어라.

때로는 다른 사람의 요구와 자신에 대한 혼란스러운 기대—다른 사람에 대한 우리의 책임에 관한 메시지—가 크고 복잡한 일을 만들 수 있다.

심지어 우리는 다른 사람을 기쁘게 하고, 본능을 거스르며, 정직하지 않는 것이 친절하고 정직한 것이라고 우리 자신을 설득할 수도 있다.

사랑을 수용하기

우리 대다수는 관계가 원활히 돌아가게끔 만들기 위해 필요 이상으로 노력했다. 때로는 다른 사람이 참여할 수 없었기 때문에, 또는 참여하기를 거절했기 때문에 그 관계들이 잘 될 수가 없었다.

최상의 관계에서, 한쪽이 관계에 더 많이 참여하는 일시적 기간을 우리 모두 갖게 된다. 이것은 정상적인 일이다. 하지만 이것이 관계에 참여하는 영원한 방식이 될 때에는 우리를 피곤하게, 힘을 소진한 것 같게, 도움이 필요한 것 같게, 그리고 화나게 만든다.

우리는 적당한 정도로만 관계에 참여하고 나머지는 그 관계가 스스로 잘 돌아갈 수 있도록 하는 방법을 배울 수 있다. 우리가 모든 것을 결정하는가? 우리가 모든 것을 시작하고 있는가? 우리만이 베풀고 있는가? 감정에 대해 얘기하고 친밀감을 위해 노력하는 것은 우리인가? 기다리는 것, 희망하는 것, 그리고 모든 일을 하는 사람이 우리인가?

우리는 놓아 버릴 수 있다. 만약 관계가 운명이라면, 그렇게 될 것이다. 그것을 통제함으로써 우리가 그 과정을 돕지 못한다. 강요하거나 모든 일을 우리가 함으로써 우리 자신, 다른 사람, 그리고 관계를 돕지 못한다.

내버려 두라. 기다리며 보라. 그것이 일어나게끔 만드는 것에 대해 걱정하지 말라. 무슨 일이 일어나는지 관찰하고 그것이 당신이 원하는 것이지를 이해하기 위해 노력하라.

훈련

아이들은 안전함을 느끼기 위해 훈련이 필요하다. 어른도 마찬가지이다.

훈련은 우리의 행동에 논리적인 결과가 있다는 것을 이해하는 것을 의미한다. 훈련은 우리의 행동과 그 결과에 대해 책임을 지는 것을 의미한다. 훈련은 우리가 원하는 것을 기다리는 것을 배우는 것을 의미한다. 훈련은 우리가 원하는 것을 위해서 그리고 그것을 향해서 일할 의지가 있음을 의미한다. 훈련은 새로운 행동을 배우고 연습하는 것을 의미한다. 훈련은 우리의 감정과 상관없이 우리가 있어야 할 시간에, 우리가 있어야 할 곳에 있는 것을 의미한다.

훈련은 하루하루의 일을 수행하는 것으로, 그 임무는 회복을 위한 행동일 수도 있고, 접시를 닦는 것일 수도 있다. 훈련은 우리가 우리의 목표를 달성할 수 있다는 것을 믿는 것을 포함한다. 비록 우리가 그것을 보지 못한다 하더라도 말이다. 훈련은 고통스러울 수 있다. 우리는 두려움, 혼란, 불명확성을 느낄 수 있다.

나중에 우린 그 목적을 알게 될 것이다. 하지만 보통 직관의 명확성은 훈련 도중에는 생기지 않는다. 우리가 앞으로 나아가고 있다는 사실조차 믿기 힘들 수 있다. 하지만 우린 전진하고 있다.

훈련 도중에 주어진 일은 간단하다. 듣고, 믿고, 복종하라.

351

타이밍

  적절한 때가 될 때까지 기다려라. 연기하거나 지체하는 것은 자기 패배적이다. 너무나 일찍 또는 적절치 못한 때에 행동에 옮기는 것도 자기 패배적이다.

  때로는 우리는 당황하여 두려움 속에 행동을 취한다. 때로는 우리는 복수 또는 다른 사람을 벌하기 위해 시기가 적절치 못한 행동을 취한다. 우리는 다른 사람을 통제하거나, 그 사람의 특정 행동을 강요하기 위해 너무나 일찍 행동하거나 말한다. 때로는 우리는 불편한 감정이나 상황의 결과에 대한 걱정을 없애기 위해 너무나 일찍 행동을 취한다. 너무나 일찍 취한 행동은 늦게 취해진 행동만큼 비효과적이다. 해결하는 문제보다 더 많은 문제를 만드는 역효과가 있을 수 있다. 보통, 우리가 적절한 때—때로는 몇 분이나 몇 시간 상관일수도 있는—를 기다릴 때, 불편함은 사라지고, 우리가 해야 할 일을 성취하기 위한 힘을 얻게 된다.

우리의 화를 분출하기

화내는 것은 괜찮다. 하지만 분노하는 것은 건강에 나쁘다. 우리가 어렸을 때 무엇을 배웠느냐에 상관없이, 우리의 모델로 누구를 보아 왔는지에 상관없이, 우리는 자신과 주변 사람들에게 건전할 수 있는 방법으로 화를 감당하는 방법을 배울 수 있다. 우리는 노여운 감정을 가질 수 있다. 그 감정과 자신을 연결시킬 수 있고, 그 감정을 소유할 수 있고, 느낄 수 있고, 표현할 수 있고, 놓아 버릴 수 있고, 끝내 버릴 수 있다.

우리가 무엇을 원하고 자신을 돌보기 위해서 필요한 것이 무엇인지에 관해 '화'가 말해 주는 것을 듣는 방법을 배울 수 있다.

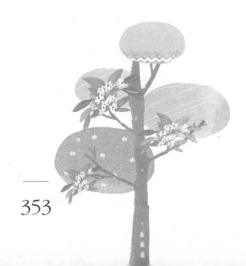

회복의 이로운 면

회복을 하는 것에 있어 두 가지 이로운 점이 있다. 단기 성취와 장기 성취가 있다.

단기 이익은 오늘 우리가 할 수 있는 것들로 우리의 기분을 즉시 좋게 하는 데 도움을 준다. 우리는 아침에 일어나 명상하는 책을 단 몇 분간 읽음으로써 기분이 좋아질 수 있다.

과거로부터의 수치심, 죄의식, 분노, 자기혐오, 그리고 다른 부정적인 것들을 눈물로 씻어 버리면서 아름답게 성장하는 자신을 볼 수 있었다. 우리는 가족, 친구들, 그리고 배우자와의 관계의 질이 향상하는 것을 볼 수 있었다. 우리는 친밀해지는, 그리고 주고 받는 능력이 서서히 그리고 점진적으로 성장하는 자신을 발견할 수 있었다. 우리는 직장에서 성장하는 우리 자신을 볼 수 있었고, 창조적이고 영향력 있으며 그리고 생산적일 수 있는 우리의 능력을 볼 수 있었다. 또한 우리의 기분도 좋아지면서 남을 이롭게 하는 방법으로 우리의 재능을 사용하며 성장하는 자신을 볼 수 있었다. 우리는 우리 안의, 다른 사람 안의, 그리고 삶의 즐거움과 미를 발견한다. 장기적인 진보는 엎치락뒤치락 하면서 일어나는데, 지속적이긴 하나 때로는 매우 느리다. 회복의 행동에 대한 충분한 연습과 축적된 단기 성취가 장기 성취로 이어진다.

피해자의 덫

삶은 힘들고 어려운 것이라 믿는 믿음은 순교자를 만든다.

우리는 삶에 대한 부정적 생각과 고통을 멈출 수 있는 힘과 자신을 돌볼 수 있는 힘을 우리가 가지고 있는지에 대한 생각을 변화시킬 수 있다.

우리는 무기력하지 않다. 우리는 우리의 문제를 해결할 수 있다. 우리에게는 힘이 있다. 타인은 통제하고 변화시킬 힘이 아닌, 우리의 문제를 해결할 힘이 있다.

우리의 길에 놓이는 문제를 삶이 얼마나 힘들고 우리가 얼마나 무기력한지를 증명하기 위해 이용하는 것은 바로 종속이다. 이것은 피해자의 덫이다.

삶은 힘들 필요가 없다. 사실, 삶은 순탄할 수 있다. 삶은 좋은 것이다. 우리는 삶을 또는 우리 자신을 끔찍한 것으로 만들 필요가 없다. 우리는 밑바닥에서 살 필요가 없다.

우리에게는 힘든 때조차도 우리가 알고 있는 것 이상의 힘이 있다. 힘든 시기가 삶이 나쁘다는 것을 증명하지 않는다. 그 시기는 삶의 기복 중 일부분일 뿐이다. 종종 그 시기는 가장 좋은 시기로 연결되기도 한다.

우리는 태도를 바꿀 수 있다. 우리 자신을 바꿀 수 있다. 때로는 주위 환경을 바꿀 수 있다.

355

슬픔과 행동

어제와 내일의 통로로써 자신이 슬퍼하도록 허락하는 것은 중요하다. 하지만 슬픔이나 고통이 우리를 통제하게끔 내버려둘 필요는 없다.

주위 환경의 힘겨움, 피곤함, 지루함을 충분히 슬퍼하고 이에 항복했었던 적이 있었다. 그것으로부터 빠져 나와야 하는 시간이 된 것이다. 행동을 취해야 하는 시간이 온 것이다.

슬픔의 일상을 언제 깨고 나와야 하는지 우리는 그 시기를 알 수 있을 것이다. 우리 안에 그리고 주변에 징조가 나타날 것이다. 우리는 힘겨움에 지칠 것이다. 그리고 아이디어가 떠오를 것이다. 기회가 스스로 모습을 드러낼 것이다. 우리는 생각할 수 있다. 아니. 너무나 많은 노력이야……. 하지만 행하라. 무언가를 시도해 보아라. 손을 뻗쳐라. 평소에 하지 않는 일이나 다른 일, 또는 특별한 일을 하라.

오늘, 나는 신과 섭리를 믿는다. 그러나 또한 나는 더욱 나를 발전시키는 행동을 취할 것이다.

우리의 감정을 수용하기

왜 우리는 감정 때문에 몸부림치는가? 왜 우리는 감정, 특히 다른 사람에 관한 감정을 부인하기 위해 그렇게 노력하는가? 그것들은 감정일 뿐이다!

하루를 보내는 동안, 우리에게 서비스를 파는 사람들의 반응이 우리를 좌절하게 만든다는 것을 부인할 수 있다. 친구의 반응이 우리를 좌절하게 하고, 화나게 하고, 상처를 주고 있다는 것을 부인할 수 있다.

우리의 아이들에게서 느끼는 두려움, 노여움의 감정을 부인할 수 있다. 배우자나 사랑하는 관계에 있는 사람에게서 느껴지는 모든 감정을 부인할 수 있다. 우리가 일을 해 주는 사람이나 우리를 위해 일을 해 주는 사람에게서 유발된 감정을 우리는 부인할 수 있다.

때로는 감정이 다른 사람에게로의 직선적 반응이다. 때로는 사람들이 오래된 슬픔이나 좌절과 같은 깊은 감정을 유발시키기도 한다. 우리 감정의 소스가 무엇이든 간에 그것들은 우리의 감정이다. 우리는 그 감정을 소유한다. 그리고 그것들을 없애기 위해 유일하게 필요한 것이 수용이다.

원하는 것 적기

　대다수의 우리는 인생에서 갖고 싶은 것들을 가질 수 없다고 생각하게끔 세뇌당해 왔다. 그것이 순교자의 믿음이다. 순교자는 박탈과 두려움으로 태어났다.

　우리가 원하는 것이 무엇이고 필요로 하는 것이 무엇인지를 확인한 다음, 종이에 쓰는 것은 사건의 연속이 일어나는 것을 시작하게 해준다. 이것은 우리 자신에 대한 책임을 우리가 지고, 하나님과 우주가 우리의 필요와 욕구를 공급하는 것을 우리가 허락한다는 것을 나타낸다.

　성격과 관계의 변화, 현재 관계의 새로운 장, 소유, 특정 단계의 건강, 삶, 사랑, 성공 등을 우리가 가질 가치가 있다는 믿음은 그 욕망을 현실화할 강력한 힘이다.

　종종 우리가 무엇을 원한다는 것을 인식할 때, 그 느낌은 하나님이 우리가 그것을 얻을 수 있도록 우리를 준비시키는 느낌이다!

　들어라. 믿어라. 당신이 원하고 필요로 하는 것들에 신경을 씀으로써 삶의 좋은 것을 허용하라. 종이에 써라. 정신적으로 그것을 확인하라. 그것에 대해 기도하라. 그리고 놓아 버려라. 하나님에게 맡겨 어떤 일이 일어나는지 보라.

　당신이 생각하는 것보다 결과가 좋을 수 있다.

감사와 수용의 기적

감사와 수용은 우리에게 가능한 두 가지 마술이다. 우리가 누구든, 우리가 어디에 있건, 우리가 무엇을 가지고 있든, 감사와 수용은 효과가 있다.

결과적으로 우리가 너무나 행복해져 우리의 현재 상황이 좋은 것임을 깨달을 수 있다. 아니면 현재 상황을 마스터 한 다음, 다음 단계의 상황을 향해 나아갈 수 있다.

어디에 걸리거나, 비참해지거나, 덫에 걸리고 무기력하다는 느낌이 들면, 감사와 수용을 시도해 보아라. 만약 우리가 우리의 현 상황을 바꾸는 것에 실패하고, 벽에 머리를 박고 싶은 느낌을 갖기 시작하면, 감사와 수용을 시도해 보아라.

모든 것이 어둡게 느껴지고 밤이 끝나지 않을 것처럼 느껴진다면, 감사와 수용을 시도하라. 무섭게 느껴지고 불명확하게 느껴진다면, 감사와 수용을 시도하라.

모든 것을 시도해 보았지만 아무것도 효과가 없는 것 같으면, 감사와 수용을 시도하라. 무언가를 극복하려 하고 있다면, 감사와 수용을 시도하라. 다른 모든 것이 실패하면, 기초로 돌아가라.

감사와 수용은 효과가 있다.

건전한 성

우리 삶의 많은 부분은 치유가 필요하다.

우리 삶의 중요한 부분 중 하나는 '성'이다. 성에 대한 우리의 느낌과 믿음, 성을 돌보고, 소중히 하고, 즐기는 우리의 능력, 자신을 성적으로 존중하는 우리의 능력, 성적 수치심과 혼란을 놓아 버릴 수 있는 우리의 능력은 모두 우리의 종속으로 인해 불완전하고, 혼란스러울 수 있다.

우리의 성적 에너지는 막혀 있을 수 있다. 아니면 우리가 사람들과 연결하기 위해 배운 유일한 방법이 섹스일 수 있다. 우리의 성이 나머지 우리와 연관되지 않았을 수 있다. 섹스가 사랑과 연결되지 않았을 수 있다.

성적 에너지가 개방되고 치유되도록 하는 것은 괜찮고 건전한 일이다. 이것은 우리의 창조성, 우리의 마음과 연결되어 있다. 성적 에너지가 우리의 관계를 통제하게끔 내버려 둘 필요는 없다. 성에 대해 건전하고 적절한 경계선을 유지하고 설정할 수 있다. 우리의 삶에 있어 성이 무엇을 의미하는지 발견할 수 있다. 인간일 수 있는 선물을 즐길 수 있다. 즉, 그 선물을 학대하고 무시하지 않으면서, 성적 에너지를 선물로 받은 인간이 되는 선물을 즐길 수 있다.

인식

　문제나 상황, 또는 감정을 처음 인식하게 되면, 우리는 두려움이나 걱정과 함께 반응할 수 있다. 인식을 두려워 할 필요는 없다. 절대 그럴 필요 없다.

　인식은 긍정적 변화와 성장으로 향한 첫 번째 단계이다. 문제를 해결하거나, 필요를 충족시키기 위한 첫 번째 단계이다. 미래를 향한 첫 번째 단계이다. 우리가 다음 레슨에 집중하는 방법이다.

　인식은 삶과 우주, 그리고 우리보다 위대한 분이 우리의 주의를 끌고, 변화를 위해 우리를 준비시키는 방법이다. 변화가 이루어지기 위한 과정은 인식과 함께 시작한다. 인식, 수용, 그리고 변화가 돌아가는 순서이다.

　우리는 인식으로 인한 일시적 불편함을 수용할 수 있다. 왜냐하면 그것이 우리가 더 나은 곳으로 나아가는 방법이기 때문이다.

자기 비판을 놓아 버리기

우리가 얼마나 멀리 왔는지 보아라!

앞의 일에 집중하고, 해야 할 일이 무엇인지에 집중하는 것은 좋다. 우리가 성취한 것을 기뻐할 수 있도록 잠시 멈추는 것도 중요하다.

그렇다. 변화가 천천히 온 것처럼 보일 수 있다. 때로는 변화는 고통스럽다. 우리는 뒤로 몇 걸음 간 적도 있다. 하지만 우리가 있어야 할 바로 그곳에 있다. 우리가 있을 필요가 있는 곳에 우리가 있다. 우리는 매우 먼 길을 왔다.

때로는 성큼, 때로는 작은 걸음으로, 때로는 발로 차고 소리를 지르면서, 때로는 소매를 걷어붙이고 우리는 가르침을 얻었다. 성장했다. 변화했다. 우리가 얼마나 멀리 왔는지 보아라.

우리는 자신을 믿을 수 있다

우리 중 다수에게는 다른 사람을 다시 신뢰할 수 있느냐가 중요 관심사가 아니다. 우리의 판단을 다시 신뢰할 수 있느냐가 중요 관심사이다.

만약 우리가 일에서나 사랑에서 항상 잘못된 판단을 내리고 있다면, 왜 자신을 패배시키는 결정을 내리는지를 배울 필요가 있다.

하지만 대부분의 우리는 발전한다. 우리는 배운다. 우리는 실수에서 성장한다. 천천히 우리의 관계는 개선된다. 일에서의 선택도 향상된다. 친구들과 아이들과의 상황을 어떻게 감당할지 내리는 결정도 개선된다. 우리는 우리의 실수에서 이익을 얻는다. 우리의 과거로부터 이익을 얻는다. 우리가 실수를 했다 하더라도, 우리의 길을 가는 도중 가르침을 얻기 위해 그 실수를 한 것이다.

떨어지기

어느 날, 아들이 집에서 키울 거빌(gerbil, 게르빌루스쥐)을 가져왔다. 우리는 그것을 상자 속에 넣었다. 며칠 후, 그 거빌은 도망쳤다. 그리고 6개월 동안 그 동물은 집안을 두려움에 떨며 마구 뛰어다녔다. 우리도 그것을 잡기 위해 마찬가지였다.

"저기 있어. 잡아!" 한 사람이 그 동물을 볼 때마다 우린 소리 질렀다. 나나 아들은 우리가 하고 있는 일을 팽개치고, 집안을 가르며 그 동물을 향해 돌진하곤 했다.

그 동물이 시야에 없을 때에도 난 걱정하곤 했다. '이것은 옳지 않아.'라고 난 생각했다. "거빌이 집안을 뛰어다니게 할 수는 없어. 우리는 잡아야만 해. 무슨 조치를 취해야만 해."

쥐만 한 조그만 동물이 온 집안을 흥분 상태로 몰아넣었다.

어느 날, 거실에 앉아 있는데, 그 동물이 복도를 가로지르는 것을 보았다. 난 보통 때처럼 그 동물에게 돌진하기 시작했다. 그러다 내 자신을 중지시켰다.

아무런 행동을 취하지 않는 나의 새로운 대처 방식이 편해지기 시작했다. 그리고 얼마 안 있어 그 상황에서 완전한 평화를 찾았다. 거빌과 싸우는 것을 멈췄다.

어느 날 오후, 내가 새로운 태도를 연습하기 시작한 지 일주일 정도 지나서, 거빌은 내 곁을 뛰어갔지만 난 거의 쳐다보지도 않았다. 그러자 그 동물은 멈춰 서서 나를 쳐다보았다. 내가 돌진하자, 그 동

물은 다시 도망쳤고, 난 멈췄다.

"그래, 네가 하고 싶은 대로 해라."라고 난 말했고, 진심이었다.

한 시간 후, 거빌은 내 곁으로 왔다. 그리고 기다렸다. 난 거빌을 부드럽게 안아 다시 상자 속에 넣었다. 그리고 그 동물은 이후 그곳에서 행복하게 살았다.

사람들이 우리 곁에 있도록 허락하기

때로 우리는 남의 보살핌이 필요하다. 때로 우리는 남의 지지가 필요하다.

우리 중 다수는 너무나 오랫동안 다른 사람의 보살핌과 지지를 박탈당하여, 그것이 우리가 원하고 필요한 것이라는 것을 인식하지도 못할 수 있다. 우리 중 다수는 원하고 필요한 것을 얻으려 하는 자신을 막는 방법을 배웠다.

우리의 필요를 충족시키기 위해 손을 뻗지 않을 수 있다. 우리의 필요를 충족시켜 줄 수 없거나, 충족시키려 하지 않는 사람들과 관계를 맺고 있을 수 있다. 아니면 우리의 직설적 요구에 행복하게 반응을 보일 사람들과 관계를 맺고 있을 수 있다.

이렇게 하기 위해서는 무언가를 포기해야 할 수도 있다. 순교자 역할이나 피해자 역할을 버려야 할 수도 있다. 우리가 원하는 것과 필요한 것을 요구하고 그것들을 충족하면, 그 결과가 실망스럽다고 하여 나중에 사람들을 벌하거나 그들을 우리로부터 밀어낼 수 없다. 다른 사람이 우리를 사랑하고 지지할 수 있게끔 허락할 때 발생하는 친밀감을 충분히 경험할 수 있도록 두려움을 놓아 버려야 할 수도 있다. 하루에 하나씩, 행복해지는 방법과 만족하는 방법을 배워야 할 수도 있다.

우리의 삶을 잠시 멈추기

다른 사람이 우리를 충만하게 해 주고, 삶을 더 나아지게 해주길 기다리며, 아니면 누군가가 우리에게로 다가와 우리가 원하는 사람이 되어 주길 기다리며, 우리의 필요를 잠시 멈추게 할 수는 없다. 이는 분노, 적대감, 건강치 못한 의존성, 그리고 후에 감당해야 할 문제를 야기할 뿐이다.

특정 관계를 원한다고 결정했거나, 특정 관계 안에서 결정을 내리는 것을 잠시 보류하고 싶은 생각이 든다면, 이를 고수해야 한다.

이것은 힘든 일일 수 있다. 우리의 인생을 맡겨 버리는 것이 더 자연스럽게 느껴질 수 있다. 이때가 우리가 종속적 믿음에 걸려드는 때이다. 저 사람은 날 행복하게 만들어 줄 수 있어……. 내가 행복해지기 위해서는 특정 사람이 특정 일을 해 주어야 해…….

이러한 상황은 우리의 낮은 자기 존중, 자기 의심, 그리고 자신을 소홀히 하려는 성향을 끄집어 낼 수 있다.

무슨 일이 일어나게 하기 위해 우리 삶을 사는 것을 중지시키는 것은 효과가 없다. 이는 우리를 비참하게 할 뿐이다. 왜냐하면 우리 삶을 사는 것을 멈추었기 때문이다.

건전한 인내를 개발하는 것

우리 대다수는 우리에게 상처 주는 것들을 부정하고 무시하는데 소질이 있다. 자신에게 특정한 상황이 그리 나쁘지 않다고 반복적으로 말하면서 그 상황을 견딘다. 우리가 그렇게 요구를 해서는 안 해……. 곧 바뀔 거야……. 그냥 참고 살 수 있어야 돼……. 우리를 괴롭히지 않고 있어……. 상대방이 생각 없이 한 일이야……. 아프지 않아……. 어쩌면 우리 때문이야…….

우리는 고통의 현실과 유효성에 대해 자신과 논쟁하고 싸울 수 있다. 즉, 그 고통을 느끼고, 무슨 조치를 취할 수 있는 권리에 대해 자신과 논쟁하고 싸울 수 있다.

종종 너무나 많이 참아 화가 불같이 나고 더 이상 참기를 거부할 수 있다. 그때 우리는 차분한 인내심을 개발하는 방법을 배울 수 있다. 차분함과 화남의 경계선을 설정하고 이를 조절할 수 있는 힘을 갖고 있다고 믿는다. 자신에게 신경을 씀으로써 고통을 줄일 수 있다. 경계선을 설정할 필요를 인식하는 것과 명확하고 직설적인 행동을 취하는 것 사이의 시간을 줄일 수 있다.

우리는 미치지 않았다. 어떤 행동은 진정으로 우리를 귀찮게 한다. 어떤 행동은 진정으로 부적절하며, 짜증이 나며, 우리를 아프게 하고, 학대한다.

우리가 필요한 경계선을 인식한 후부터는 자신을 돌보는 것에 대해 죄의식을 느낄 필요가 없다. 경험을 하나의 실험으로 보아라. 즉,

---

자신을 위해, 새롭고 건전한 경계선과 제한을 설정할 수 있는 힘을 소유하는 것에 관한 실험으로 보아라.

경계선을 설정한 후, 죄의식을 느끼거나, 사과를 하거나, 자신을 설명할 필요가 없다. 우리는 사람들에 대해 경계선을 설정함으로써 생기는 어색함과 불편함을 수용하는 것을 배울 수 있다. 우리는 이러한 제한점들을 가질 권리를 가질 수 있다. 우리는 다른 사람에게 그 또는 그녀의 감정을 느끼고, 탐험할 수 있는 여유를 줄 수 있다. 힘을 소유하기 위해, 그리고 좋고 효과적인 관계를 만드는 데 노력하는 과정에서 우리가 우리의 감정을 가질 수 있도록 자신에게 여유를 줄 수 있다.

자신을 돌볼 수 있는 우리의 능력을 신뢰하기 시작하면, 우리는 타인에 대한 건전하고 이성적인 인내심을 개발할 것이다.

놓아 버리기

"우리는 얼마만큼을 놓아 버려야 하는 것일까?" 한 친구가 어느 날 물었다.

"글쎄, 잘 모르겠지만, 어쩌면 전부 다." 내가 대답했다.

놓아 버리는 것은 영적, 감정적, 정신적, 그리고 육체적 과정으로 어떤 때는 우리가 그리도 매달리고 있는 것들을 하나님과 우주에게 놓아 버리는 신비한 형이상학적 과정이다.

우리는 사람, 결과, 아이디어, 감정, 욕구, 필요, 바람 등 모든 것에 대한 우리의 붙잡음을 놓아 버린다. 우리는 회복의 과정을 통제하려는 우리의 시도를 놓아 버린다. 그렇다. 우리가 원하는 것과 일어나기를 바라는 것을 인식하고 수용하는 것은 중요하다. 하지만 놓아 버림으로써 그것을 따르는 것도 똑같이 중요하다.

놓아 버리는 것은 신념의 행동 부분이다. 이것은 하나님과 우주가 우리에게 우리가 가져야 하는 것들을 보내 주는 것을 허락하는 행동이다.

놓아 버린다는 것은 문제를 해결하고, 사람을 변화시키고, 우리가 바라는 결과를 얻는 데 우리가 매달리는 것이 도움이 되지 않는다는 것을 인식하는 것을 의미한다. 이는 우리를 돕지 못한다. 사실, 우리는 매달리는 것이 오히려 우리가 원하고 필요한 것을 얻는 데 방해가 된다고 배운다.

모든 일이 일어나야 하는 대로 일어나고 있지 않다고 말하는 우리는 누구인가?

놓아 버리는 것에는 마술이 있다. 때로는 우리가 놓아 버리자마자 원하는 것을 얻기도 한다. 때로는 시간이 더 걸리기도 한다. 때로는 우리가 바라는 특정한 결과가 나타나지 않기도 한다. 때로는 더 나은 결과가 나타나기도 한다.

놓아 버리는 것은 우리를 자유롭게 하고, 우리를 우리의 소스와 연결해 준다. 놓아 버리는 것은 가장 최상의 가능한 결과와 해결책이 나올 수 있는 주위 환경을 만든다.

> 오늘, 나는 편하리라. 나를 괴롭히는 것을 놓아
> 버릴 것이다. 나는 믿는다. 놓아 버림으로써 사
> 물이 최선의 방향으로 작동하게끔 바퀴를 최초
> 로 돌린 것이리라.

어려운 사람들

아무것도 줄 것이 없는 사람에게서 무언가를 기대하는 것보다 우리를 미치게 하는 것은 거의 없다.

어떤 사람을 그 사람이 아닌 다른 사람으로 만들려고 노력하는 것보다 우리를 좌절시키는 것은 없다. 우리가 어떤 사람을 그 사람이 아닌 다른 사람인 양 가정할 때, 우리는 미친다. 과거나 현재의 특정 사람이 관련된 현실과 타협하느라 몇 년을 소비했을 수 있다. 어떤 사람이 그럴 수 없을 때, 또는 그렇게 하지 않으려고 할 때, 우리는 그 사람이 우리를 사랑하게끔 만들려고 몇 년을 소비했을 수 있다.

현실과 우리의 최대 관심사를 반영하면서, 상대방과 어떤 방식으로 교류하고 싶은지는 우리가 결정한다. 우리는 화가 나고, 상처를 받지만, 놓아 버림으로써 용서하게 된다. 우리는 그를 자유롭게 해 주고, 우리는 그 관계로부터 자유로워진다.

이것이 사랑 안에서 떨어지는 핵심이다.

때가 적절할 때

우리가 무엇을 어떻게 해야 할지, 다음에 어디로 가야 할지 모를 때가 있다. 때로는 그 기간이 짧고, 때로는 그 기간이 길어진다.

우리는 이 기간을 극복할 수 있다. 우리는 프로그램과 회복의 훈련에 의존할 수 있다. 우리의 신념, 다른 사람들, 그리고 우리의 자원을 이용함으로써 극복할 수 있다.

불명확성을 수용하라. 무엇을 해야 하고, 어디로 가야 하는지 항상 알 필요는 없다. 항상 명확한 방향이 설정되어 있는 것은 아니다. 행동하지 않음과 중간 단계를 수용하는 것을 거부하는 것은 상황을 악화시킨다. 일시적으로 방향 없이 있어도 괜찮다. "난 몰라."라고 말하고, 그 발언을 편안히 받아들여라. 지혜, 지식, 명확성이 없을 때, 이를 강요할 필요는 없다.

명확성은 올 것이다. 다음 단계가 스스로 모습을 드러낼 것이다. 결정하지 않는 것, 행동하지 않는 것, 그리고 방향의 결핍은 영원하지 않을 것이다.

우리의 필요를 중시하는 것

우리가 원하는 것과 필요한 것을 구하지 않을 때, 우리는 우리 자신을 무시한다. 우리는 더 나은 대우를 받을 만하다.

어쩌면 자신을 위해 목소리를 높이는 것이 정중하지 못하고 부적절한 것이라고 다른 사람들이 우리를 가르쳤을 수 있다. 사실은, 우리가 하지 않으면, 충족되지 못한 우리의 욕구와 필요는 다시 돌아와 우리의 관계를 힘들게 할 수 있다. 우리는 결국 화내거나 분노할 수 있고, 아니면 우리의 필요를 추정하지 못한 다른 사람을 벌하기 시작할 수 있다. 우리의 필요를 충족시킬 수 없기 때문에 관계를 끝낼 수도 있다.

쌍방이 그들이 원하는 것과 필요한 것에 대해 서로에게 말할 수 있을 때, 관계 안의 친밀감과 가까움이 가능하다. 지속되는 친밀감도 이를 요구한다.

필요에 대한 우리의 태도도 중요하다. 다른 사람이 우리를 심각하게 받아들이기를 원하면, 우리도 필요를 중시하고 심각하게 생각해야 한다. 우리의 필요에 가치와 중요성을 부과하기 시작할 때, 우리는 놀라운 변화를 보게 될 것이다. 우리의 욕구와 필요가 충족되기 시작할 것이다.

도움 요청하기

　도움을 요청해도 괜찮다.

　우리 자신에게 하는 바보 같은 일 중 하나는 친구로부터, 가족 구성원으로부터, 우리의 위대한 힘으로부터, 그리고 적절한 자원으로부터 필요한 도움을 요청하지 않는 것이다.

　우리는 감정과 문제를 혼자 해결하려 몸부림치지 않아도 된다. 우리의 위대한 힘에게 도움을 요청해도 되고, 친구들에게 지지와 용기를 요청해도 된다. 우리가 필요한 것이 정보든, 용기든, 손이든, 말이든, 포옹이든, 우리의 말을 들어줄 사람이든, 차를 태워 주는 것이든, 우리는 요청해도 된다. 우리는 사람들에게서 필요한 것을 요청해도 된다.

　"내 문제는 수치심이다." 한 여자가 말했다. "이를 대처하기 위해 도움을 요청하고 싶었지만, 난 너무나 창피했다. 내가 정신 나간 것 아닌가?" 다른 사람을 도우려 애쓰는 우리는, 우리 자신이 도움 받는 것을 허락하는 방법을 배울 수 있다. 우리가 원하고 필요한 도움을 요청하고, 받는 것에 대한 깨끗한 계약서를 작성하는 방법을 배울 수 있다.

권한 부여하기

당신은 생각할 수 있다. 당신은 좋은 결정을 내릴 수 있다. 당신에게 적합한 선택을 당신은 할 수 있다. 그렇다. 우리 모두는 때때로 실수를 한다. 하지만 우리 자체가 실수 덩어리는 아니다. 우리는 새로운 정보를 반영한 새로운 결정을 내릴 수 있다.

우리는 때때로 마음을 바꿀 수 있다. 이것은 우리의 권리이기도 하다. 좋은 선택을 하기 위해서 지성인일 필요는 없다. 우리 각자에게는 가능한 재능과 목표가 있다. 우리는 각자 우리의 마음, 지성, 그리고 지혜를 표용하고 즐길 자유가 있다.

확인

긍정적 정신 에너지, 긍정적 사고가 우리가 비현실적으로 사고하고, 부정으로 회귀하고 있다는 것을 뜻하지 않는다. 무언가가 싫으면, 우리의 견해를 존중하자. 문제가 생기면, 그것에 대해 정직하자. 무슨 일이 잘 안 되고 있으면, 현실을 수용하자. 하지만 우리 경험의 부정적인 면에 안주하지는 말자.

우리의 에너지를 주는 것이 무엇이든, 그것에 권한을 위임한다.

좋은 것에 권한을 위임하는 것에는 마술과도 같은 것이 있다. 왜냐하면 우리가 권한을 위임하는 것이 무엇이든, 그것은 더 커지기 때문이다. 좋은 것에 권한을 위임하는 한 방법은 확언을 통해서이다. 난나를 사랑한다…… 난 충분히 잘하고 있다…… 나의 삶은 좋다…… 내가 오늘 살아있다는 것이 반갑다…… 내가 원하고 필요로 하는 것은 나에게 오고 있다…… 나는 할 수 있다…….

회복에 있어 우리의 선택은 확언 사용의 여부가 아니다. 우리가 말할 수 있는 나이가 된 후부터 우리는 생각과 믿음을 확언해 왔다. 회복에 있어 우리의 선택은 우리가 확언하고 싶은 것이 무엇이냐 하는 것이다.

하나님의 뜻

매일 오늘 우리가 무엇을 하기를 하나님은 바라시는지 물어라. 그리고 도움을 요청하라. 간단한 요청이긴 하지만 너무나도 심오하고 깊은 것을 담았기에, 그 요청은 우리가 가고자 하는 그 어디라도 데려가 줄 수 있다.

들어라. 우리가 원하는 모든 것, 우리가 필요한 모든 것, 모든 답, 모든 도움, 모든 좋은 것, 모든 사랑, 모든 치유, 모든 지혜, 모든 바람의 충만이 이 간단한 요청 안에 들어 있다. 우리는 "감사합니다." 이상의 것을 말할 필요는 없다.

우리를 위한 이 계획은 박탈의 일부가 아니다. 이것은 충만, 즐거움, 그리고 풍요의 하나이다. 이 안으로 걸어가라.

당신 스스로 보라.

주는 것

주는 것을 두려워하지 말라.

우리가 건전한 '주기'와 우리를 피해자처럼 느끼게 하고 다른 사람을 불쾌하게 만드는 극단적 이타주의의 차이점을 분간하는 법을 배움에 따라 잠시 동안 '주기'에서 한 발짝 물러설 필요가 있을 수 있다.

이것은 일시적 현상이다.

우리의 창조자의 인도를 받으며 건강하기 위해서, 삶의 영적 방식에서 우리의 역할을 다하기 위해서, 우주의 끝없는 원의 일부분이 되기 위해서, 우리는 주고받을 필요가 있다. 양쪽 역할 모두 중요하다. 건전하게 주는 것은 무엇인가?

이것은 우리 자신을 위해 우리 각자가 이해해야 할 행동이다. 건전하게 준다는 것은 주면서 우리의 기분이 좋아지고, 우리가 피해자라는 느낌을 받지 않는 것을 말한다.

이것은 주는 사람과 받는 사람을 모두 높이 존중하는 주기이다.

이것은 죄의식, 동정, 수치심, 아니면 의무에 바탕을 두었기보다 주고자 하는 바람에 바탕을 둔 주기이다.

명확한 생각

　명확한 생각을 위해 노력하라. 우리 중 다수는 부정으로 가려진 생각을 가지고 있었다. 우리 중 일부는 많은 시간을 부정 속에서 살았기 때문에, 심지어 우리 자신에 대한 믿음을 잃어버리기도 했다. 하지만 우리 생각에 대한 믿음을 잃는 것은 우리를 돕지 않을 것이다. 우리가 믿음을 버려야 하는 것은 바로 부정이다.

　명확한 생각이란 우리 자신이 부정적인 것이나 비현실적인 기대에 빠져들지 않게끔 하는 것을 의미한다. 우리는 다른 회복하는 사람들과 연결된 상태로 지낸다. 마음의 평화와 현실적 지지가 가능한 모임에 우리는 참가한다. 우리는 단계들을 밟아 나가고, 기도하며, 명상한다. 그 분이나 다른 사람이 우리를 대신해 우리의 생각을 해 주기를 기대하는 것이 아니라, 우리의 위대한 분에게 우리가 명확한 생각을 할 수 있게 도와달라고 요청함으로써 우리는 우리의 사고를 계속 정상 궤도에 올려놓는다.

감정

　우리의 모든 감정을 지니고 느끼는 것은 괜찮다.

　회복한 지 몇 년이 지나서도, 우리는 이 문제로 계속해서 자신과 싸우고 있을 수 있다. 우리가 덮어 두었던 금기사항 중 이것이 잠재적으로 가장 해가 크고, 오래가는 것이다.

　우리 중 다수는 특정 상황에서 생존하기 위해, 우리의 감정적 부분을 감출 필요가 있었다. 우리는 화, 슬픔, 두려움, 즐거움, 그리고 사랑을 느끼는 우리의 일부분을 감춰 왔다. 우리는 우리의 성적 그리고 감각적 감정도 꺼놓았었을 수 있다. 대다수의 우리는 감정을 참는 것을 거부하는 사람들과 한 시스템 속에서 살았다. 우리는 우리의 감정을 표현하는 것에 대해 수치심을 느껴왔다. 보통 그들 자신의 감정을 억누르라고 배웠던 사람들에게서 수치심을 느꼈다.

　하지만 시대가 변했다. 이제 우리의 감정을 인식하고, 수용해도 괜찮다. 우리의 감정이 우리를 통제하게끔 내버려 둘 필요가 없다. 또한 우리의 감정을 엄격하게 억누를 필요도 없다. 우리의 감정적 핵은 우리의 중요한 일부분이다. 이것은 우리의 건강한 육체, 우리의 사고, 그리고 우리의 영혼과 연관되어 있다.

　우리의 감정은 또한 본능이라고 하는 큰 선물과도 연관되어 있다. 이것은 우리로 하여금 사랑을 주고, 받을 수 있게 해 준다.

　우리가 우리의 감정에 빠진다고 하여 약하거나 부족한 것은 아니다. 이는 우리가 건강해지고, 전인간적이 되어 간다는 것을 의미한다.

———

감정적으로 자신을 돌보기

감정적으로 나를 돌본다는 것은 무엇을 의미하는가? 난 내가 화가 날 때, 이를 인식한다. 그리고 이 감정을 수치심이나 비난 없이 수용한다.

난 내가 상처를 받을 때, 이를 인식한다. 그리고 나의 고통의 근원을 벌하려는 시도 없이 이 감정을 수용한다. 난 두려움이 스스로 그 모습을 드러낼 때, 그 감정을 인식하고 느낀다.

난 행복, 즐거움, 그리고 사랑의 감정이 가능할 때, 내 자신이 이 감정들을 느끼도록 허락한다. 나를 돌본다는 것은 이 감정들을 내가 느껴도 좋다는 결정을 내가 내렸음을 의미한다.

나의 감정을 돌본다는 것은 그 감정을 놓아 버리고 다음으로 넘어가야 할 때가 되기 전까지 그 감정을 내가 갖는 것을 허락한다는 것을 의미한다.

우리의 감정에 열려 있기

우리 대다수는 '느끼지 말라.'라는 규칙을 너무나 잘 따라와서 우리의 감정을 가지지 않도록 자신을 설득할 수 있다.

"내가 진정으로 좋은 프로그램을 따르고 있다면, 난 화를 느끼지 않을 것이다."

"난 화를 내지 않는다. 난 용서하고 잊는다."

"난 화나지 않았어. 난 내가 행복하다는 것을 확언하고 있어."

이 모든 발언은 일부는 꽤 똑똑한 발언이긴 하나, 우리가 다시 '느끼지 말라.'라는 규칙 아래 작동하고 있다는 것을 나타낸다.

좋은 프로그램을 따르고 있다는 것의 일부는, 우리의 감정을 인식하고 감당하는 것을 의미한다. 우리는 화가 분노로 심화되지 않게 하기 위해 화를 수용하고 감당하려 노력한다. 우리는 우리의 감정을 감추기 위해 회복을 구실로 이용하지 않는다.

그렇다. 우리는 용서를 위해 노력하고 있다. 하지만 우리의 감정을 적절히 놓아 버려야 할 시간이 오기 전까지는 우리는 우리의 감정을 느끼고, 귀를 기울이고, 지니고 싶어 한다.

일의 역할

일의 역할에 빠져들기란 얼마나 쉬운 일인가. 다른 삶에게 역할을 부과하는 것은 얼마나 쉬운 일인가. 때로는 이것이 필요하고, 적절하며, 합당하다. 하지만 우리의 역할을 통해 우리 자신도 빛을 발하게끔 할 수 있다.

직장에서 우리의 재능을 나누어 주는 것에는, 그리고 주어진 일에 너무나 몰두하여 우리의 일과 친밀함 관계를 경험하는 것에는 즐거움이 존재한다. 우리가 일을 창조하거나 성취한 후, "잘했어!"라고 말할 때에는 즐거움이 존재한다.

또한 우리 자신이 일할 때, 그리고 우리 주변의 것들을 발견하고 감사해 할 때도 즐거움이 존재한다.

우리 자신을 로봇으로 생각하는 것을 멈출 때, 그리고 우리 자신이 인간이 되는 것을 허락할 때, 가장 재미없고, 세속적인 일이 바람에 날라갈 수 있다.

우리가 주변 사람들을 일이 부과된 사람들이 아닌 개인으로 대할 때, 그들은 따뜻하게 반응할 것이다. 이것은 우리가 다른 사람들과 부적절하게 섞일 필요가 있다는 것을 의미하지는 않는다. 이것이 의미하는 것은 우리가 고용주든 노동자든 간에, 사람이 일 수행자가 아닌 일을 하는 사람이 될 수 있을 때, 더 행복해지고 더 만족스럽게 된다는 것이다.

다른 사람들의 기대

우리의 필요를 확인하고, 그 필요를 충족하기 위한 균형적인 방법을 결정하는 것은 우리 몫이다. 우리는 궁극적으로 어떤 특정 사람이 아닌 우리의 위대한 분과 우주가 우리의 소스가 되기를 기대한다.

다른 사람이 우리의 모든 요청을 충족시킬 수 있으리라 기대하는 것은 합리적이지 못하다. 우리가 원하고 필요한 것을 요청하는 것은 우리의 책임이다. 우리의 요청을 들어줄지 여부를 자유롭게 선택하는 것은 다른 사람들의 책임이다. 다른 사람이 우리 곁에 있기를 강요하는 것은 통제이다. 요청하는 것과 요구하는 것에는 차이점이 있다. 우리는 자유 의지에 의해 주어진 사랑을 원한다.

다른 사람이 우리의 모든 필요의 창고가 되기를 기대하는 것은 이성적이지 못하고 건강하지 못한 일이다. 궁극적으로, 우리는 화가 나고 분노하게 될 것이다. 어쩌면 그 사람이 우리가 기대한 것을 주지 못한 것에 대해 그 사람을 벌하려 할지도 모른다.

우리의 배우자, 아이들, 그리고 친구에 대해 명확하고 잘 정의된 기대를 가지는 것이 이성적이다.

균형

    다른 사람에 대한 균형적인 기대를 위해 노력하라. 건전한 인내심을 위해 노력하라.

    과거에는 너무나 많이 또는 너무나 적게 참았을 수 있다. 우리는 너무나 많이 또는 너무나 적게 기대했을 수 있다.

    우리는 학대, 잘못된 대우, 그리고 기만을 참아내는 것과 다른 사람의 정상적이고, 인간적이며, 불완전한 행동을 참아내는 것을 거부하는 것 사이에서 오락가락했을 수 있다. 어느 쪽이든 극단적인 지점에 너무 오래 머무는 것이 바람직하지 않음에도 이것이 사람들이 변하는 방법이다. 즉, 더 나은 삶과 개선된 관계, 그리고 더 효과적인 관계 행동을 위해 완벽하지 못하게 노력하는 정상적인 사람들이 변하는 방법이다.

    하지만 우리가 우리 자신과 회복 과정에 개방적이라면, 우리는 어느 시점에 다른 방식의 변화를 시작할 것이다. 극단적인 지점에서 균형적인 지점으로 옮겨갈 시간이 올 것이다.

    우리는 우리 자신과 회복 과정이 우리에게 균형 잡힌 인내와 주기(giving), 이해, 그리고 자신과 다른 사람에 대한 균형적 기대를 가져다줄 것이라 믿어도 된다. 회복을 시작하고 지속함에 따라 우리는 균형으로의 각자의 길을 찾을 수 있다.

좋은 것의 도래

당신을 위해 계획된 좋은 일이 어떻게 올지에 대해 걱정하지 말라. 당신에게 올 것이다.

걱정하지 말고, 집착하지 말고, 당신이 통제해야 한다고 생각하지 말고, 그것을 사냥하려 나가지 말고, 그것이 언제 어떻게 당신에게 올 수 있을지를 생각해 내느라고 마음을 복잡하게 하지 말라. 당신을 찾을 것이다. 당신의 위대한 분을 신뢰하라. 그리고 평화롭게 지내라. 믿고, 스스로에게 귀를 기울여라. 이것이 당신이 원하는 좋은 일이 당신에게 오는 방법이다.

당신의 치유, 당신의 기쁨, 당신의 관계, 당신의 해결책, 그 일, 그 바라던 변화, 그 기회, 당신에게 자연스럽고 쉽게 다가올 것이다.

그 답은 구해질 것이다. 그 방향은 올 것이다. 그 돈, 그 생각, 그 에너지, 그 창조성, 그 길은 스스로 당신에게 열릴 것이다. 믿어라. 왜냐하면 당신을 위해 이미 계획된 일이기 때문이다.

어떻게 도래할지에 대해 걱정하는 것은 에너지 낭비일 뿐이다. 그것은 이미 그곳에 있다. 당신은 이미 그것을 가지고 있다. 그것은 있어야 할 그곳에 있다. 당신 보지 못할 뿐이다! 그것에 당신이 데려져 가거나, 그것이 당신에게 데려져 올 것이다.

휴일

　때로는 휴일이 우리가 그해에 느끼는 즐거움으로 가득 찬다. 계절은 흘러가고 마술은 공중에 떠 있다. 때로는 휴일이 힘들고 외로울 수 있다.

　개인적 경험과 연습으로 습득한, 힘든 휴일을 극복할 아이디어 몇 가지가 있다. 감정을 감당하되, 그 감정에 안주하지 않도록 하라. 휴일을 큰 눈으로 봐라. 휴일을 365일 중 하루일 뿐이다. 우리는 24시간을 극복할 수 있다. 그날을 지나가되, 휴일 후유증이 있을 수 있다는 것을 염두에 두라. 때로는 그날을 극복하기 위해 생존 행동을 이용하면, 우리는 그다음 날까지 그 기분에 사로잡혀 있을 것이다. 그것도 감당하라. 가능한 빨리 정상 궤도로 돌아가라.

　우리가 원하는 바로 그것이 아니라 하더라도, 가능한 사랑을 찾아 이를 소중히 하라. 우리가 사랑을 주고, 또 받을 수 있는 사람이 있나? 휴일을 함께할 가족이 있는가? 휴일을 같이 보내자고 하는 우리의 제안을 감사해 할 사람이 있을 수 있다.

　이상적인 휴일을 보내지 못하고 있는 우리는 소수가 아니다. 우리는 갈등 속에 홀로 있는데, 다른 모든 사람은 완벽한 휴일을 보내고 있다고 우리 자신에게 말하는 것은 쉽지만, 그것은 진실은 아니다.

성장

　가장 좋아하는 장난감과 옷들을 차차 놓아 버릴 수 있는 어릴 적처럼, 우리 어른은 때로는 사람, 일, 그리고 가정을 차차 놓아 버린다. 이것은 혼란스러울 수 있다. 작년에 우리에게 그리도 특별했고 중요했던 사물이나 사람이 왜 현재 우리의 삶에 똑같은 방식으로 맞아떨어지지 않는지 의아해 할 수 있다. 우리의 감정이 왜 변했는지 궁금할 수 있다.

　우리가 어렸을 때, 우리는 우리 몸보다 작아진 옷을 입으려 시도했던 적이 있었을 것이다. 이제 어른으로서 우리는, 우리가 이미 극복한 태도들을 다시 우리에게 맞추려 하는 기간을 경험하고 있을 수 있다. 우리는 진실을 인식할 시간을 자신에게 주기 위해 이 같은 기간이 필요한 것일 수 있다. 우리가 변했기 때문에, 과거에 효과적이었던 것과 과거의 우리에게 너무나도 특별하고 소중했던 것이 이제 더 이상 똑같은 작용을 하지 않는다. 우리는 성장했다. 무언가를 우리에게 맞게 하기 위해 노력하고, 또 그것이 우리에게 더 이상 맞지 않으면 왜 그런지를 알아낼 때, 우리 자신이 실험과 슬픔을 경험할 수 있도록 허락해도 된다. 발생한 일에 의한 우리의 감정과 생각을 탐험해도 된다. 그다음, 작년의 장난감을 치우고, 새로운 장난감을 위한 자리를 마련할 수 있다.

정상에 가까이

난 당신이 피곤하다는 것을 안다. 난 당신이 압도당하고 있다는 것을 안다. 이 위험이, 이 문제가, 그리고 이 어려운 시기가 영원할 것 같다고 느낄 수 있다.

그렇지 않을 것이다. 당신은 거의 극복했다. 힘들었다고 생각만 하면 안 된다. 실제로 힘들었다. 당신은 당신이 배운 것에 대해 시험을 당하고, 노력하고, 또 다른 시험을 당했다.

당신의 믿음과 신념은 불 속에서 시험을 당했다. 당신은 믿고, 의심하고, 그리고 또다시 믿는 것에 노력했다. 당신은 믿으라고 요청받았던 것을 보거나 상상할 수 없었을 때에도 신념을 가져야 했다. 당신이 믿고자 희망했던 것들을 믿지 말라고 당신 주변 사람들이 당신을 설득하려 했을 수도 있다.

당신에게는 반대가 있었다. 당신은 이곳에 완전한 지지와 즐거움으로 도달하지 않았다. 당신 주변에서 일어나는 일에도 불구하고, 당신은 열심히 노력해야 했다. 때로는 당신에게 동기를 부여했던 것이 '화'일 수도 있다. 때로는 두려움이었을 수 있다.

이제 모든 것이 제자리를 찾아가고 있다. 당신은 여행의 힘든 부분의 끝에 거의 도달했다. 가르침은 거의 끝나간다. 당신이 싸우고, 저항하고, 배울 수 없다고 주장했던 가르침을 당신은 안다. 당신은 이 가르침들을 거의 정복했다.

당신은 속에서부터 변했다. 당신은 다른 단계, 더 높은 단계, 그리고 더 나은 단계로 이동했다. 당신의 노력은 헛되지 않았다. 이 여행의 모든 투쟁에는 절정이 있고 해결책이 있다.

평화, 즐거움, 풍부한 축복, 그리고 상이 이 지구상에서 당신의 것이다. 즐겨라. 더 많은 산이 있을 것이다. 하지만 당신은 어떻게 올라가야 할지 안다. 그 정상에 무엇이 있는지에 관한 비밀을 당신은 배웠다.

돌연한 공포

패닉(panic) 하지 말라!

당황할 때, 그 패닉이 우리를 통제하게끔 내버려 둘 필요는 없다. 패닉에 의해 통제되는 행동은 자기 패배적이다.

상황이나 환경이 어떻든 간에, 보통 패닉은 좋은 기초가 되지 못한다. 상황이나 환경이 어떻든 간에, 우리는 보통 숨을 깊게 들이마실 시간과 조용함과 평화를 회복할 시간은 최소한 있다.

우리는 절대 우리가 할 수 있는 일의 이상을 하지 않아도 된다! 우리가 할 수 없는 일이나 하는 것을 배울 수 없는 일을 하지 않아도 된다!

우리가 구하는 삶의 건전한 방식인 이 프로그램은 평화와 우리 자신의, 우리의 위대한 분의, 그리고 회복 과정 안의 조용한 자신감을 기초로 하고 있다.

패닉에 빠지지 말라.

이것은 우리를 우리의 길로부터 일탈시킨다. 편히 쉬어라. 숨을 깊이 들이마셔라. 평화가 우리의 몸과 마음속에 흐를 수 있도록 하라. 이것을 기초로, 우리의 소스는 필요한 자원을 공급해 줄 것이다.

앞으로 나가기

수용의 기술을 배워라. 이것은 많은 슬픔이다.

- 『Codependent No More』(Melody Beattie)

때로는 우리 자신을 돌보는 일환으로 특정 관계를 종결해야 하는 시간이 될 수 있다. 때로는 특정 관계의 판도를 바꿔야 하는 시간이 온다.

이것은 사랑, 우정, 가족, 그리고 일에 적용된다. 관계의 종결이나 변화는 쉽지 않다. 하지만 종종 이것이 필요하다.

혼자 있는 것이 두렵고, 종결을 동반하는 피할 수 없는 슬픔 과정을 연기하기 위해, 때로는 이미 끝나버린 관계 안에 우리는 계속 머무른다. 때로는 강해지고 변화를 감당할 수 있기 위해 잠시 동안 그곳에 머물러야 하는 경우도 있다.

만약 이것이 우리가 하고 있는 것이라면, 우리는 우리 자신을 부드럽게 대해도 된다. 모든 것이 확실해지고, 명확해지고, 행동할 수 있을 만큼 일관성이 생길 때까지 기다리는 것이 좋다.

우리는 결코 다시 시작하지 않는다. 우리는 완벽하게 계획된 레슨의 과정을 따라 앞으로 나아가고 있다. 우리는 우리가 그들─사랑하는 사람, 가족, 친구, 일─과 함께 있을 필요가 있을 때, 그들과 함께 있는 우리 자신을 발견할 것이다. 가르침을 모두 정복했을 때, 우리는 앞으로 나갈 것이다. 우리는 새로운 곳에서 우리를 발견할 것이

고, 새로운 사람과 새로운 가르침을 얻고 있는 우리를 발견할 것이다. 아니, 가르침은 고통스럽지 않다. 우리는 고통이 아닌 즐거움과 사랑으로부터 배울 수 있는 곳에 도달할 것이다.

우리의 필요는 충족될 것이다.

기초 쌓기

기초 쌓기가 끝났다.

당신은 이를 보지 못하는가?

목적 때문에 이 모든 것을 경험했다는 것을 이해하지 못하는가?

이유가 있었다. 좋은 이유가 있었다. 기다림, 투쟁, 고통, 그리고 마지막의 해방까지 모든 것에는 이유가 있었다.

당신은 준비가 되었다. 건물을 짓는 사람이 새로운 것을 지을 공간을 마련하기 위해 오래된 것을 허물고 파내는 것과 마찬가지로, 당신의 위대한 분은 당신 인생의 기초들을 다시 쌓았다.

건설 현장에서 건물을 짓는 사람을 본 적이 있는가? 그가 일을 시작하면, 그 전보다 더 안 좋아 보인다. 낡고 썩은 것은 제거되어야 한다. 새로운 것을 지탱하기에 부족하거나 약한 것은 제거되거나, 대치되거나, 강화되어야 한다. 그의 일을 신경 쓰는 사람은 절대 지탱하기에 부족한 시스템 위에 새로운 것을 쌓지 않을 것이다. 그 기초는 곧 무너질 것이다. 오래가지 못할 것이다.

결과물이 바라는 것이 되기 위해서는 밑바닥부터 철저하게 일이 진행되어야 한다. 일이 진행됨에 따라, 그것이 큰 변화인 것처럼 종종 보인다. 종종 말이 안 되는 것처럼 보이기도 한다. 아직 마지막 결과물을 우리가 보지 못하기 때문에, 시간 낭비와 노력 낭비인 것처럼 보일 수 있다. 하지만 재미있는 일이, 그리고 마지막 생성물이 우리가 바라는 것이기를 바란다면, 기초가 올바르게 다져지는 것이 너무나도 중요하다.

당신의 삶에서 이 길고도 어려운 시기는 기초를 쌓는 데 쓰였다. 때로는 목적이 명백하고 눈에 보이지 않았을 수도 있으나, 한 번도 목적이 부재했을 때는 없다.

이제 기초가 쌓였다. 건물이 튼튼하다. 이제 마무리 손질, 완성할 시간이다. 가구를 들이고, 노동의 대가를 즐길 시간이다.

축하한다. 어려운 시기를 참을 인내가 당신에게는 있었다. 당신은 믿었고, 항복했고, 그리고 위대한 힘과 우주가 당신을 치유하고 당신을 준비시키는 것을 허락했다.

이제 당신을 위해 준비된 것들을 즐길 수 있을 것이다.

이제 당신은 목적을 볼 수 있을 것이다.

이제 모든 것이 하나가 되어 이해가 될 것이다.

좋은 것을 확언하기

재미는 재미가 된다. 사랑은 사랑이 된다. 삶은 살 가치가 있는 것이 된다. 그리고 우리는 감사하게 된다.

- 『Beyond Codependency』(Melody Beattie)

우선 기다리고, 당신과 당신이 사랑하는 사람들에게 좋은 것을 기대하라.

무엇이 오고 있는지에 대해 의문을 품을 때, 가장 좋은 것이 오고 있다고 자신에게 말하라. 가장 좋은 삶과 사랑이 줄 수 있는 것과 하나님과 그의 우주가 선사할 수 있는 것 중 가장 좋은 것이 오고 있다고 말하라. 손을 벌려 그것을 받아라. 손을 쥐라. 이제 당신의 것이다.

당신 마음의 가장 좋은 부분을 보라. 어떻게 생기고, 어떻게 느껴질지 떠올려 보라. 명백히 보일 때까지 집중하라. 당신 전체, 당신의 몸과 영혼이 그곳에 들어가 그 이미지를 잠시 동안 잡고 있을 수 있도록 하라.

그리고 놓아 버려라. 오늘, 그리고 현재로 돌아오라. 집착하지 말라. 두려워말라. 흥분하라. 당신의 옛날과 현재, 그리고 미래에 대해 감사를 표현하며, 오늘을 충만하게 살라.

기다려라. 그리고 좋은 것을 기대하라.

저자 소개

조성준(Cho Sung Jun)

서울대학교 의과대학 졸업

정신과 전문의, 의학박사

화가(개인전 2회)

현 아로정신건강의학과의원 원장

〈저서〉

내 마음에 쉼표를 찍고 싶다(마가을, 1997)

결혼, 그리고 거짓말(우석, 2000)

향수의 예술(우석, 2002)

아로마치료(공저, 학지사, 2006)

향기치료의 기적(세경, 2006)

꿈 깨(세경, 2007)

매일 3분 생각
Everyday Thinking for 3 minutes

2018년 5월 25일 1판 1쇄 인쇄
2018년 5월 30일 1판 1쇄 발행

지은이 • 조성준
펴낸이 • 김진환
펴낸곳 • (주) **학 지사**
 04031 서울특별시 마포구 양화로 15길 20 마인드월드빌딩
대표전화 • 02)330-5114   팩스 • 02)324-2345
등록번호 • 제313-2006-000265호

홈페이지 • http://www.hakjisa.co.kr
페이스북 • https://www.facebook.com/hakjisa

ISBN 978-89-997-1562-4 93180

정가 16,000원

저자와의 협약으로 인지는 생략합니다.
파본은 구입처에서 교환해 드립니다.

이 책을 무단으로 전재하거나 복제할 경우 저작권법에 따라 처벌을 받게 됩니다.

이 도서의 국립중앙도서관 출판시도서목록(CIP)은 서지정보유통지
원시스템 홈페이지(http://seoji.nl.go.kr)와 국가자료공동목록시스템
(http://www.nl.go.kr/kolisnet)에서 이용하실 수 있습니다.
(CIP제어번호: CIP2018015146)

교육문화출판미디어그룹 학 지사

심리검사연구소 **인싸이트** www.inpsyt.co.kr
원격교육연수원 **카운피아** www.counpia.com
학술논문서비스 **뉴논문** www.newnonmun.com
간호보건의학출판사 **정담미디어** www.jdmpub.com